格物致理思维进阶

高中物理课堂教学实践探索

黄爱国 蔡钳◎著

光明日报出版社

图书在版编目（CIP）数据

格物致理思维进阶：高中物理课堂教学实践探索 / 黄爱国，蔡钳著． -- 北京：光明日报出版社，2025.1.
ISBN 978 - 7 - 5194 - 8454 - 5

Ⅰ. G633.72

中国国家版本馆 CIP 数据核字第 20259L5M12 号

格物致理思维进阶：高中物理课堂教学实践探索
GEWU ZHILI SIWEI JINJIE：GAOZHONG WULI KETANG JIAOXUE SHIJIAN TANSUO

著　　者：黄爱国　蔡　钳	
责任编辑：杜春荣	责任校对：房　蓉　李佳莹
封面设计：中联华文	责任印制：曹　净

出版发行：光明日报出版社
地　　址：北京市西城区永安路 106 号，100050
电　　话：010-63169890（咨询），010-63131930（邮购）
传　　真：010-63131930
网　　址：http://book.gmw.cn
E - mail：gmrbcbs@gmw.cn
法律顾问：北京市兰台律师事务所龚柳方律师
印　　刷：三河市华东印刷有限公司
装　　订：三河市华东印刷有限公司
本书如有破损、缺页、装订错误，请与本社联系调换，电话：010-63131930

开　　本：170mm×240mm	
字　　数：253 千字	印　　张：16.5
版　　次：2025 年 1 月第 1 版	印　　次：2025 年 1 月第 1 次印刷
书　　号：ISBN 978 - 7 - 5194 - 8454 - 5	
定　　价：78.00 元	

版权所有　　翻印必究

目 录
CONTENTS

第一章　格物致理思维进阶的理论依据 ⋯⋯⋯⋯⋯⋯⋯⋯⋯⋯⋯⋯ 1
　第一节　格物致理思维进阶理论 ⋯⋯⋯⋯⋯⋯⋯⋯⋯⋯⋯⋯⋯⋯⋯ 2
　第二节　高中学生在物理学科学习方面的思维特点 ⋯⋯⋯⋯⋯⋯⋯ 6
　第三节　课程标准关于高中学生思维发展方面的顶层设计 ⋯⋯⋯⋯ 20

第二章　高中物理课堂教学策略 ⋯⋯⋯⋯⋯⋯⋯⋯⋯⋯⋯⋯⋯⋯⋯ 28
　第一节　科学思维在课堂教学中的指导与实践 ⋯⋯⋯⋯⋯⋯⋯⋯⋯ 28
　第二节　在真实情境的教学中培养科学思维的策略 ⋯⋯⋯⋯⋯⋯⋯ 62
　第三节　在真实情境中促使思维发展的问答策略 ⋯⋯⋯⋯⋯⋯⋯⋯ 70
　第四节　促使思维进阶的情境创设教学案例 ⋯⋯⋯⋯⋯⋯⋯⋯⋯⋯ 75
　第五节　发展学生辩证逻辑思维能力的教学策略 ⋯⋯⋯⋯⋯⋯⋯⋯ 82

第三章　高中物理不同课型教学案例与反思 ⋯⋯⋯⋯⋯⋯⋯⋯⋯⋯ 95
　第一节　深入挖掘教材插图功能的新授课教学实践实例分析 ⋯⋯⋯ 95
　第二节　挖掘教学素材促进思维发展的规律课教学实践案例 ⋯⋯⋯ 104
　第三节　促进思维策略高路迁移方面的复习课教学探索案例 ⋯⋯⋯ 110
　第四节　培养质疑创新素养的实验课教学实践 ⋯⋯⋯⋯⋯⋯⋯⋯⋯ 116
　第五节　基于学生思维进阶的单元整体教学设计案例 ⋯⋯⋯⋯⋯⋯ 121

第四章　高中物理学生思维进阶教学评价 ⋯⋯⋯⋯⋯⋯⋯⋯⋯⋯⋯ 129
　第一节　促进思维发展的试题命制理论与实践 ⋯⋯⋯⋯⋯⋯⋯⋯⋯ 129

1

第二节 促进思维发展的作业设计理论与实践 …………………… 135
  第三节 促进思维发展的实验操作评价案例 …………………… 141
  第四节 促进思维发展的课外探究作业评价案例 ……………… 149

第五章 高中物理思维进阶教学问题争鸣 ……………………… 154
  第一节 探讨求解一类圆周运动时间的思维发展过程 ………… 155
  第二节 一类碰撞问题的深度分析与思维过程（上） ………… 161
  第三节 一类碰撞问题的深度分析与思维过程（下） ………… 166
  第四节 由一道高考电学实验题引发"定值电阻"的思考 …… 174
  第五节 探讨在细节分析与临界拓展中促使思维进阶的策略 … 181
  第六节 高中物理的最值问题 …………………………………… 192
  第七节 "垂直最小"的极值解题方法 ………………………… 199
  第八节 探析一类"非常规"高考试题的常规解法 …………… 204

第六章 高中学生思维进阶实践成果 ……………………………… 212
  第一节 测量液体密度实验误差的研究 ………………………… 213
  第二节 运用计算机技术建立"密立根油滴实验"模型 ……… 218
  第三节 利用光学原理对汽车大灯的改进 ……………………… 222
  第四节 可黏式黏滞阻力测量仪 ………………………………… 226
  第五节 传统农具的力学原理分析与改进建议 ………………… 232
  第六节 如何改善农村房屋通风采光的效果 …………………… 237
  第七节 农村农业机械化发展初探 ……………………………… 241
  第八节 飞来峡水利枢纽工程发电及输电机制的调查报告 …… 246

参考文献 …………………………………………………………… 251

附录 华南师范大学附属中学学生物理实验能力发展评价报告 …… 255

第一章

格物致理思维进阶的理论依据

《国家中长期教育改革和发展规划纲要（2010—2020年）》指出：高中阶段教育是学生个性形成、自主发展的关键时期，对提高国民素质和培养创新人才具有特殊意义。适应国家和社会发展需要，遵循教育规律和人才成长规律，深化教育教学改革，创新教育教学方法，探索多种培养方式，形成各类人才辈出、拔尖创新人才不断涌现的局面。[①]《普通高中课程方案（2017年版2020年修订）》指出：全面贯彻党的教育方针，落实立德树人根本任务；关注信息化环境下的教学改革，关注学生个性化、多样化的学习发展需求，促进人才培养模式的转变，着力发展学生的核心素养。[②]

物理学科核心素养主要包括"物理观念""科学思维""科学探究""科学态度与责任"四方面。"格物致理"是通过实验和实证来进行科学研究，引导学生经历科学探究过程，体会科学研究方法，养成科学思维习惯，认识科学的本质。"思维进阶"关注学生的思维活动和进阶发展，注重与具体学科知识融合的思维活动，用具体的科学概念和原理作为思维的工具，发展学生具有学科特性的思维能力。学校课堂教学因素在学生构建学习进阶过程中居关键地位，开展基于核心素养理念的课堂教学改革，关注学生思维进阶，引领学生在学科领域带有层级地学习进阶，进而全面提升学生的综合素质。

---

① 国家中长期教育改革和发展规划纲要（2010—2020年）[EB/OL]. 中华人民共和国教育部官网，2010-07-29.
② 中华人民共和国教育部. 普通高中课程方案：2017年版2020年修订[M]. 北京：人民教育出版社，2020：2-3.

第一节　格物致理思维进阶理论

中国古代哲学家朱熹在《大学章句》中讲道："所谓致知在格物者，言欲致吾之知，在即物而穷其理也。盖人心之灵莫不有知，而天下之物莫不有理。惟于理有未穷，故其知有不尽也。是以《大学》始教，必使学者即凡天下之物，莫不因其已知之理而益穷之，以求至乎其极。至于用力之久，而一旦豁然贯通焉，则众物之表里粗精无不到，而吾心之全体大用无不明矣。此谓物格，此谓知之至也。"这段话是朱熹"格物致知"说的纲领性的叙述。在这里，他明确提出"即物穷理"，说明格物是致知的方法，穷理是格物的内容和目的。认识的对象是"理"。朱熹认为，人们探究科学真理的方法应该是"格物致理"，而不是"空谈理论"，只有通过实践和实证，才能得到真正有用的知识。根据这种观点，朱熹提倡人们要积极探究自然界和社会现象中的本质和规律，以此来帮助人们认识世界、改造世界和掌握世界的运行规律。

实践是检验真理的唯一标准。现代科学强调实证主义，即通过实验和实证来进行科学研究，强调科学研究的客观性和可重复性。正是因为强调实证主义，科学才能够逐步发展、进步，为人类做出了巨大的贡献。而格物致理的思想则是科学实证主义的基石之一，是现代科学的实际方法和价值体系。《普通高中物理课程标准（2017年版2020年修订）》（以下简称《课标》）指出：高中物理课程在义务教育的基础上，帮助学生从物理学的视角认识自然，理解自然，建构关于自然界的物理图景；引导学生经历科学探究过程，体会科学研究方法，养成科学思维习惯，增强创新意识和实践能力；引领学生认识科学的本质以及科学·技术·社会·环境（STSE）的关系，形成科学态度、科学世界观和正确的价值观，为做有社会责任感的公民奠定基础。[1]

---

[1] 中华人民共和国教育部. 普通高中物理课程标准（2017年版2020年修订）[M]. 北京：人民教育出版社，2020：2.

美国教育家杜威（John Dewey）认为，思维是指这样一种思想活动，即由观察到的事物推断出别的事物，将前者作为后者的信念的依据或基础。思维的缘由是遇到了某种困惑或怀疑，思维不是什么自发的燃烧，不会发生什么"一般的原则"，总是要有某样具体事物来引发和激起思维。① 思维的过程是一种事件的序列链。这一生产过程从反思开始移动到探究，再到批判性思维，最后得到比个人信仰和想象更为具体的"可以证实的结论"。思维不是自然发生的，它一定是由"难题和疑问"或"一些困惑、混淆或怀疑"引发的。正是对"解决方案的需要"，维持和引导着反思性思维的整个过程。杜威着重强调了问题之于思维的重要意义，思维的发生就是反思—问题生成—探究、批判—解决问题的过程。美国教育家布卢姆（Benjamin Bloom）按照认知的复杂程度，将思维过程具体化为六个教学目标，即学习时需要掌握的六个类目的行为表现，由低到高包括记忆、理解、应用、分析、综合、评价。记忆、理解和应用，通常被称为低阶思维；分析、综合和评价，通常被称为高阶思维。高阶思维是建立在低阶思维基础上的。之后分析、综合和评价三个高阶思维又被修订为分析、评价和创造。②

思维分为广义思维和狭义思维，广义的思维泛指一切形式的心理活动以及所有的认知或智力活动。狭义的思维包括逻辑思维和形象思维，通常指逻辑思维。

思维发展是个体认知发展的一方面，是个体从直觉行动思维向具体形象思维再向抽象逻辑思维转变的发展过程。幼儿期思维的主要特征是具体形象思维，凭借事物的具体形象或表象来思考。在小学低年级，具体形象思维占主导地位，到小学高年级经验型抽象逻辑思维开始占优势，初中阶段处于主导地位。高中阶段理论型抽象逻辑思维逐步趋于稳定的优势。抽象逻辑思维是指以抽象的概念、判断、推理的形式来反映客观事物的本质特征和内在联系的思维。就抽象水平来说，其包括经验型抽象思维和理论型抽象思维。就其形式来说，其包括形式逻辑思维和辩证逻辑思维两种。前者是抽象思维的

---

① 杜威. 我们如何思维 [M]. 伍中友，译. 北京：新华出版社，2015.
② 王帅. 国外高阶思维及其教学方式 [J]. 上海教育科研，2011（9）：31-34.

初级形式，它要求人们在思考问题时，遵循同一律、不矛盾律和排中律。后者是抽象思维的高级形式，强调人们的思维应反映事物的内部矛盾，符合事物的对立统一原理、量变和质变原理以及辩证否定的原理。高中阶段末期，学生个体的身心发展趋于稳定成熟，思维方式由以形式逻辑思维为主转为以辩证逻辑思维为主，思维更加具有相对性、变通性、灵活性、整合性和实用性。[1]

《普通高中物理课程标准（2017年版2020年修订）》指出：学科核心素养是学科育人价值的集中体现，是学生通过学科学习而逐步形成的正确价值观、必备品格和关键能力。物理学科核心素养主要包括"物理观念""科学思维""科学探究""科学态度与责任"四方面。"科学思维"是从物理学视角对客观事物的本质属性、内在规律及相互关系的认识方式；是基于经验事实建构物理模型的抽象概括过程；是分析综合、推理论证等方法在科学领域的具体运用；是基于事实证据和科学推理对不同观点和结论提出疑问和批判，进行检验和修正，进而提出创造性见解的能力与品格。"科学思维"主要包括模型建构、科学推理、科学论证、质疑创新等要素。[2]

科学教育界对"学习进阶"的定义目前还没有一个统一的界定。美国国家研究理事会（National Research Council，NRC）定义学习进阶为：对学生在一个时间跨度内学习和探究某一主题时，依次进阶、逐级深化的思维方式的描述。学习进阶刻画了学生思维的发展过程，学习进阶也意味着思维进阶。[3] 学习进阶关注的中心是学生的思维活动，与具体学科知识融合的思维活动，用具体的科学概念和原理作为思维的工具，具有学科特性的思维活动。[4] 教学因素在构建学习进阶过程中居关键地位，在学校正常教学影响下，学生在某领域带有层级的学习认知发展轨迹的有机组合构成学习进阶。

北京师范大学物理教育团队在郭玉英教授的指导下经过多年研究，拓展

---

[1] 林崇德. 心理学大辞典：上［M］. 上海：上海教育出版社，2003.
[2] 中华人民共和国教育部. 普通高中物理课程标准（2017年版2020年修订）［M］. 北京：人民教育出版社，2020：4-5.
[3] 姚建欣，郭玉英. 为学生认知发展建模：学习进阶十年研究回顾及展望［J］. 教育学报，2014，10（5）：35-42.
[4] 魏昕. 中学物理能量学习进阶研究［M］. 南宁：广西教育出版社，2016：12.

了学习进阶的内涵和应用领域。(1)拓展了学习进阶的时间跨度,从针对核心概念在较长时间跨度内的学习进阶,拓展到在较短时间内具体物理概念的学习进阶;(2)构建了核心概念学习与学科素养关键能力的整合模型,逐渐形成了以学习进阶作为载体的物理学科核心、关键能力的培养规划模式;(3)构建基于学习进阶的科学概念教学设计模型,有力提升基于证据的教学科学化水平。[1]

思维进阶通常是指一个人对信息内化的过程、由低级到高级的过程,或是在原来的基础上有较大程度的提高。在这一过程中,思维存在阶段性特征,是心理学研究的重要课题。当学生在学习新知识和探究某一个问题或者实践活动时,思维的进阶也说明了学生学习的进阶。思维进阶是指针对思维水平层次而言,低阶思维是向高阶思维发展的基础与前提。不同阶段的思维形态虽然具有本质上的差别,并且表现出了不一样的功能,但不能否认,思维是处于发展中的。而这种发展不是一种替代关系,而是当高层次的思维水平形态出现和发展后又会反作用于低层次思维水平的发展,促进低层次思维形态不断地由低向高的方向发展进行。因此,各个思维水平层次的发展都有自身发生与发展的过程,每种思维水平层次之间又是一种相互促进与相互制约的关系。[2]

为了有效推动学生获得高阶思维能力,学生要在已有的低阶思维基础上展开具有批判性、创造性和问题解决的学习。在课堂教学中,学生根据教师设计的问题层次,来感知教学中的信息材料,首先运用已有知识与经验进行记忆、理解,其次运用抽象与概括形成概念、推理和判断,最后运用到辩证逻辑思维、批判思维、创造思维等高阶思维,直到问题解决。教学过程伴随思维进阶过程,学生的思维由低阶思维向高阶思维推进。

辩证逻辑思维是人类思维发展的高级阶段。它主要是指以反映事物对立规定性的具体概念及其体系,揭示事物辩证本质和运动发展规律的思维。辩

---

[1] 张玉峰. 基于学习进阶的中学物理教学改进研究:电与磁[M]. 北京:北京师范大学出版社,2020:66.

[2] 林崇德. 学习与发展:中小学生心理能力发展与培养[M] 北京:北京师范大学出版社,2017:66.

证逻辑思维是以相互联系、相互制约，从矛盾的运动、变化和发展的观点去观察问题，把客观事物及其在人们头脑中的反映都看成相互联系、相互制约着的，是运动、变化和发展着的。其根本特点在于：它揭示客观事物及其概念的矛盾运动、变化和发展。[1]

批判性思维是有目的的、自我校准的判断。这种判断表现为解释、分析、评价、推断以及对判断赖以存在的论据、概念、方法、标准或语境的说明。批判性思维的培养与学科教学有机结合，通过常规的课堂教学发展学生的批判性思维。学生的批判性思维能力来自其对于知识以及知识习得过程的领悟与归纳。教学方法和教师直接影响着学生对于蕴含于所学具体知识中的批判性思维技能和精神的理解与接收。[2]

人的创造力的核心是创新思维。创新思维是一种求异的思维活动，以求异而非求同为其价值导向。它要求无论是思考问题的方式、方法，还是思维活动的结果方面，都与传统的思维活动存在不同之处。[3] 创新思维是提高创新能力的特定思维过程，是达到产生新的观念的最佳思维状态，是为了提高新观念产生的可能性，使头脑产生新观念的能力最大化，而在特定的方式下的思维，是产生原创的、多样的、精心设计的观念的思考能力，是产生思想变化和发展的一系列精神活动，是探索行动和思维多元化途径的过程。[4]

第二节　高中学生在物理学科学习方面的思维特点

思维是认识过程的高级阶段。思维以感觉和知觉为基础。感觉知觉是对客观事物的直接反应，而思维是间接的反应。感知觉所反映的是个别事物及

---

[1] 赵总宽，苏越，王聘兴. 辩证逻辑原理[M]. 北京：中国人民大学出版社，1986.
[2] 黄芳. 大学生批判性思维能力培养方式实践探索[D]. 上海：上海外国语大学，2013.
[3] 孙延洲. 基于创新思维培养的中学数学教育研究[D]. 武汉：华中师范大学，2012.
[4] 汤铭. 促进学生"创新思维"发展的思维导图教学研究[D]. 上海：上海师范大学，2006.

其属性，而思维所反映的是事物的共同特点和事物间的内在联系，是通过对事物的比较、分析、综合、抽象、概括来完成的。这些就是联想和逻辑推理的过程。

从发展心理学看，人类的思维是从直觉的形象思维，逐步发展到抽象的逻辑思维。这个发展过程通过大脑的结构和功能日益完善，通过不断的学习和社会实践完成。目的性、连贯性、逻辑性是正常的人类思维活动的特征。目的性，指思维是围绕着一定目的，有意识地进行的；连贯性，指思维过程中的概念之间前后衔接，互相联系；逻辑性，指思维过程是有一定道理，合乎逻辑的。

物理思维，就是具有意识的人脑对客观物理事物（包括物理对象、物理过程、物理现象、物理事实等）的本质属性、内部规律及物理事物间的联系和相互关系的间接的、概括的和能动的反映。[1] 物理思维是物理智力活动的核心，学习和研究物理均离不开物理思维，应用物理理论解决实际问题更离不开物理思维。

一、学生学习物理的思维特点

物理学是一门观察、实验和物理思维相结合的科学，它具有严密的理论体系，力求做到精密无误，同时也是一门带有方法论性质的基础学科。它为学习其他学科打下了基础，提供了方法和思想上的依据。物理学习的特点是，物理学习是以观察和实验为基础的，形成概念、掌握规律、建立物理观念和模型是物理学习的核心，数学是物理学习的语言和工具，科学方法是物理学习的手段和桥梁，而物理思维则贯穿于整个物理学习的始终。

在《物理学习心理学》一书中，根据思维的抽象性可以把思维分为直观行动思维、具体形象思维和抽象逻辑思维三类。直观行动思维是直接与物质活动相联系的思维，在物理学习中它常常参与观察和实验活动，对感知和动作加以协调及初步的概括。具体形象思维是以具体表象为材料的思维，在物理学习中它常常参与想象和记忆活动，想象乃是形象思维的一个形式或阶

---

[1] 胡卫平. 物理思维论 [M]. 南宁：广西教育出版社，1999：4.

段。抽象逻辑思维是在实践活动和感性经验的基础上，以抽象概念为形式的思维，它是物理思维的核心形式，渗透于各种智力活动中，支配着各种智力活动的进行。①

中学生思维层级具有从低阶向高阶逐渐发展的特征，在思维方式上会经历由具体到抽象、由线性到非线性的转变，并且思维的质量与速度也在不断发展变化。学生建立物理模型的过程是完成思维进阶，促进物理学科核心素养发展的重要方式。建构模型的过程中，真实的问题情境可以引导学生发散思维，建立科学的概念，在实验与理论探究中培养学生的科学思维能力与科学探究能力。学生在经历抽象、概括、深化的思维过程中，从开始只能利用生活中的现象去尝试解释模型，到最终能利用模型去解决综合性的物理问题，学生思维水平向抽象拓展结构发展，最终达到高阶思维水平。

二、学生学习物理的思维障碍

我们经常听到学生反映上课听教师讲课听得很"明白"，但到自己解题时，总感到无从下手或是一做就错，这也使一部分学生丧失了学好物理的信心。原因可能有多方面，但在物理学习中存在着一定的思维障碍是其中最主要的原因。物理学习思维障碍的根源主要有物理学科本身因素造成的思维障碍；学生自身因素造成的思维障碍；学生与物理问题之间相互作用形式和方法不当造成的思维障碍。分析学生学习过程中的物理思维障碍产生的根源，提升学生思维品质，对高中物理教学的针对性和实效性有十分重要的意义。

物理学习思维障碍，从医学角度讲它并不是一种病理上的思维障碍。中学生的思维本身是健康的，同正常人一样，不存在大脑器官上的病变。物理学习思维障碍，更倾向于是心理学形式上的思维障碍，学生存在思维迟缓、思维不连贯、思维贫乏、思维散漫等问题。但物理学习思维障碍与心理学上的思维障碍又有所区别，它是一种特殊的情况，即学生在学习物理的过程中不能对客观物理事物的本质属性、内部规律性及物理事物间的联系做出正确的反应。物理思维障碍产生的原因在于学生的物理思维中心点不明确，思维

---

① 乔际平. 物理学习心理学 [M]. 北京：高等教育出版社，1991：62.

对象不确定,思维方向不正确,思维逻辑不连贯,思维受到无关因素的干扰。

(一) 前概念思维障碍

学生在学习物理新概念之前,由于自己知识的积累、对物理现象的理解、对物理本质问题的思考等已经在头脑中形成的认识,称为前物理概念,简称前概念。从认识论的角度来看,前概念的产生是必然的,它符合人类认识的一般规律。由于缺乏引导,有些前概念是正确的,有些则是错误的。如果是正确的前概念就会帮助学生理解物理问题、解决物理问题。如果是错误的前概念就会干扰学生学习物理,产生物理学习思维障碍。

例1:在学习力和运动的关系时,许多学生在日常生活中常常感受到需要用力来使物体运动,如搬动物品、提起水桶、推动桌子等,当力消失后物体就不动了。

思维障碍分析:生活经历很容易让学生觉得"需要力来维持物体的运动",这个错误的前物理概念会给学生学习牛顿第一运动定律造成思维障碍。

正确思维分析:教师通过实验演示、具体例子分析和伽利略理想实验论证,帮助学生认知物体动静之间的转变其实是运动状态的转变,这需要力来维持;当物体在做匀速直线运动时,物体的运动状态并没有改变,运动不需要力来维持。

例2:夏季,在华南师范大学的荷花池边,常能看到翠鸟捕鱼的生动画面,右图为一只翠鸟狩猎时站在湖边斜树枝上保持静止不动的相片。则下列说法正确的是( )。

A. 翠鸟对树枝的作用力与翠鸟所受的重力是一对平衡力

B. 翠鸟受到支持力是因为它受到重力发生了形变

C. 树枝对翠鸟的支持力大小等于翠鸟受到的重力大小

D. 树枝对翠鸟的作用力方向一定竖直向上

思维障碍分析:认为作用力就一定是支持力或者压力,而忽略了摩擦力,认为翠鸟受力只有重力和支持力二力平衡,错选C;只考虑平衡力等未

考虑研究对象以及力的方向。

正确思维分析：翠鸟受到三个力的作用，即重力、支持力和摩擦力，其中树枝对翠鸟的作用力为支持力和摩擦力的合力，与翠鸟的重力等反向，为平衡力；翠鸟受到支持力是因为树枝发生了形变，大小必然小于重力。

例3：如图所示，在水平桌面上叠放着质量均为 m 的木板 A 和木板 B 以及木块 C，初始时刻木板与木块均处于静止状态，A、B、C 之间以及 B 与地面之间的动摩擦因数均为 μ，设最大静摩擦力与滑动摩擦力大小相等，重力加速度为 g，现将水平轻绳一端固定在 A 上，另一端绕过光滑滑轮系一质量为 m' 的小物块 D，则以下判断正确的是（　　）。

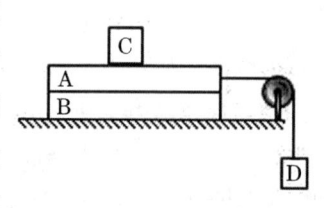

A. 当 $m'g > 3\mu mg$ 时，木板 B 开始滑动

B. B 受到地面的摩擦力大小不可能等于 $\mu m'g$

C. A 和 C 之间的摩擦力大小一定等于 μmg

D. 不管 m' 多大，木板 B 一定保持静止

思维障碍分析：认为 A、B、C 三者之间一定为静摩擦力，得出错误答案 A。对摩擦力概念的不清楚导致了思维障碍。

正确思维分析：B 受到地面的摩擦力及 A 对 B 的摩擦力可能为静摩擦，也可能为动摩擦，但是 A 和 B 之间的最大静摩擦力 $f_{AB} = 2\mu mg$，而 B 与地面的最大静摩擦力 $f_{B地} = 3\mu mg$，因为 $f_{AB} < f_{B地}$，所以 B 一定保持静止，D 正确。A 和 C 之间的摩擦力 $f_{AC} \leqslant \mu mg$，所以 A 和 C 错误。

（二）思维定式思维障碍

思维定式也称思维惯性，它是指人们在解决某些问题时，沿用之前已经积累的思维习惯、思维经验、思维教训去考虑分析问题。学生的思维定式，可以加快学生对知识的掌握，对学生熟练地掌握一定的题型有很大帮助；另外高中要掌握的物理知识方法特别多，对于不同体系的物理知识如果不加辨别还是采用之前的思维方式思考问题就会阻碍学生的学习。

例4：因路面有突发事件，在平直路面上时速为 36km/h 的汽车做加速度大小为 $2m/s^2$ 的急刹车运动，经过 6s 后汽车刹车距离等于多少？

思维障碍分析：汽车初速度 $v_0 = 36\text{km/h} = 10\text{m/s}$，加速度为 $a=-2\text{m/s}^2$，运动时间为 $t=6\text{s}$。由运动学公式 $s = v_0 t + \frac{1}{2}at^2$，代入相应的数据有 $s = 10 \times 6 + \frac{1}{2}(-2) \times 6^2 = 24\text{m}$。按照解决运动学问题的思维习惯，没有考虑汽车刹车后处于静止状态，认为汽车在6s时间里都在运动的思维定式造成解题错误。

正确思维分析：对于汽车刹车过程，首先判断把车刹停需要的时间 $t_0 = \frac{v_0}{a} = \frac{10}{2} = 5\text{s}$。由于 $t_0 = 5\text{s} < t = 6\text{s}$，所以在第6s汽车是处于静止状态的。由运动学公式计算得 $s = 10 \times 5 + \frac{1}{2}(-2) \times 5^2 = 25\text{m}$。若用运动学推导公式 $v^2 - v_0^2 = 2as$ 可以不用时间参数绕开思维定式造成的思维障碍，刹车结束时汽车静止 $v=0$，计算得

$$s = \frac{-v_0^2}{2a} = \frac{-10^2}{2 \times (-2)} = 25\text{m}$$

例5：半径 $R=0.8\text{m}$ 的 $\frac{1}{4}$ 光滑固定圆弧轨道与水平面相切；质量 $m_1 = 1\text{kg}$ 的物块自光滑圆弧的顶端以初速度 $v_0=3\text{m/s}$ 的速度开始下滑，求：物块刚下滑至水平面时的速率 v。

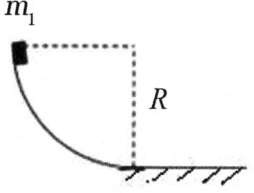

思维障碍分析：这是一道很简单的功能关系的题目，但是由于思维定式的影响，很多同学会认为物块下滑的初速度为0，导致错误：

$$m_1 gR = \frac{1}{2}m_1 v^2 - 0$$

正确思维分析：设滑块 m_1 开始下滑至与水平面相碰前，根据动能定理：

$$m_1 gR = \frac{1}{2}m_1 v^2 - \frac{1}{2}m_1 v_0^2, \quad v = 5\text{m/s}$$

此类思维障碍，关键在于有意识地"设坑"，学生需认真审题，逐步破除思维定式。同时加强答题规范训练，如写动能定理前，先在草稿纸上写成 $W_合 = E_{k2} - E_{k1}$ 的形式，然后受力分析，逐项去找，就能迅速降低错误率。如此题，可以将题目设置成圆弧轨道放置在光滑水平面上，这样就可以破解学

生一看到轨道认为是在竖直平面的思维定式。

（三）概念不清思维障碍

通常所说的掌握物理概念，是指既要理解物理概念的内涵，又要明确其外延。所谓外延，即物理概念适用的范围和成立的条件。教学实践表明，学生弄清概念的外延是深化对概念的理解、正确运用物理概念解决实际问题的前提条件。但由于概念的外延指的是适用该概念的一切有关事物，因此，学生在理解或实际运用概念时会不自觉地缩小或扩大概念的外延，造成错误的判断。

例6：请分析篮球运动员在运球起跳投篮的过程中有哪些力做了功，有哪些能相互之间进行了转换？

思维障碍分析：学生从功能关系分析篮球运动员在地面起跳过程，地面对运动员做功，运动员获得动能向上运动。从功能关系的角度来分析好像很有道理，但是在分析做功时，对于功的概念不清产生思维障碍。

正确思维分析：功有两个要素，作用力和物体在作用力方向上有位移。要素二位移指的是力作用点在力的方向上的位移。这两个要素是充分必要条件，缺一不可。运动员在起跳过程中，地面对运动员有作用力，运动员离开地面后作用力就消失了。在没有特别说明的情况下，以地面为参考系，地面没有位移，力的作用点没有位移，所以地面没有对运动员做功。运动员的起跳过程是运动员的内能转化为肌肉的弹性势能，弹性势能再转化为运动员的动能，然后是运动员的动能转化为运动员的重力势能，地面在整个过程中并没有通过做功给运动员转移能量。

例7：甲乙两个物体在同一直线上运动，其 x-t 图像如图所示，其中直线 b 与曲线 a 相切于点（4，-15）。已知甲做匀变速直线运动，下列说法正确的是（ ）。

A. 前 4s 内两物体运动方向相同

B. 直线 b 对应甲的运动

C. 由图中数据可以求出乙的速度

D. $t = 1$s 末，甲的速度为 0

思维障碍分析：对位移、x-t 图像的斜率表达的物理意义认识不清楚，认为位移的方向发生了变化，一定是因为速度方向发生了变化。

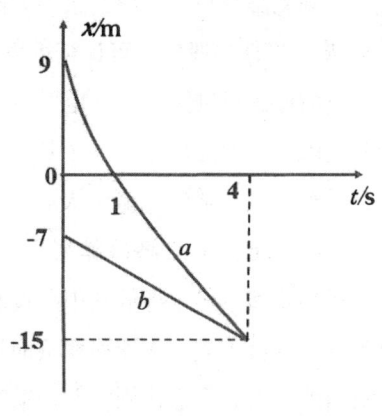

正确思维分析：位移的图像中，纵坐标表示的是物体相对于选定的起始位置的位移。物体的运动速度要看图像的切线斜率，曲线 a 对应的运动斜率始终为负值，表示物体一直向着负方向运动，速度方向不变。直线 b 与曲线 a 在前 4s 内的斜率均为负值，因此运动方向相同，A 正确；直线 b 对应的是匀速直线运动，B 错误；由图线的斜率可以求出乙的速度，$t = 1$s 末，甲的位移为 0，图线的斜率不等于 0，因此速度不等于 0，C 对 D 错，答案选择 A 和 C。引导学生总结各类图像的物理意义。常问：x-t 图像中的图线代表物体的运动轨迹吗？图线能描述曲线运动吗？v-t 图像中的图线能描述曲线运动吗？物体的速度方向发生改变，位移方向就一定改变吗？

例 8：如右图，车轮半径为 0.6m 的自行车，在水平地面上不打滑并做直线运动。气门芯由最高点第一次到达最低点，位移大小约为（ ）。

A. 1.2m

B. 1.8m

C. 2.2m

D. 3.6m

思维障碍分析：对位移概念（从初位置指向末位置的有向线段）不清晰，认为气门芯从最高点到最低点的位移就是车轮直径，忽略了自行车在前行引起的水平方向的牵连位移。

正确思维分析：气门芯水平方向的位移为 $s_x = \pi R$，$s_y = 2R$，根据勾股定理可计算得出 C 答案正确。

对前概念思维障碍，一定要找到学生错误的前概念及其成因，然后加以更正，必要的时候辅助实验进行教学，只有更正了学生的错误认知，才有可能破除概念不清引起的思维障碍。

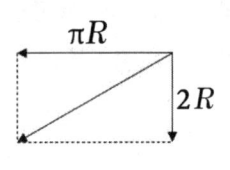

（四）迁移不当思维障碍

迁移是指已经掌握的知识、技能或方法对当前学习的影响。按迁移的效果来分，其可分成正向迁移和负向迁移。前者是指已掌握的知识、技能、方法对当前学习有促进作用，能帮助当前的学习，减小学习难度。后者是指已掌握的知识技能方法对当前学习起阻碍作用，干扰当前的学习效果。

例9：（2022年广州市高三第一次综合测试题）如图，在干燥的冬天，手接触房间的金属门锁时，会有一种被电击的感觉。带负电的手在缓慢靠近门锁还未被电击的过程中（　　）。

A. 门锁近手端感应出正电荷

B. 门锁电势比手的电势低

C. 门锁与手之间场强逐渐增大

D. 门锁与手之间场强保持不变

思维障碍分析：学生在解题时认为人手和门锁构成了一个平行板电容器。平行板电容器在没有外接电源的情况下，调整两板之间的间距时，两板间的电场强度不变。学生物理模型迁移不当的思维障碍导致错误选择 D 选项。

正确思维分析：平行板电容器是由两块无限大的平板构成的，无限大的带电平板产生的磁场是匀强磁场，由高斯定理得，在介质中两无限大极板之间的电场强度为

$$E = \frac{\sigma}{\varepsilon \varepsilon_0} = \frac{Q}{\varepsilon \varepsilon_0 S}$$

式中 $\varepsilon_0, \varepsilon, \sigma, Q, S$ 分别表示真空的介电常数、介质相对介电常数、极板带电电荷面密度、极板带电量、两极板正对面积。在两板间距远小于极板

长宽尺度时忽略边缘效应，有限大的平行板可看成无限大的平行板，平行板电容器的相关规律近似成立。在本题中，手作为一个极板，门锁作为另一个极板，不满足近似为平行板电容器的条件，不能将平行板电容器的规律迁移过来。手和门锁构成一个一般的电容器，手靠近过程中，由于静电感应、电荷分布与导体的形状和位置有关系，曲率半径越大、距离越小导体感应电荷越多，带负电的手在缓慢靠近门锁还未被电击的过程中门锁的感应电荷越来越多（总是小于手的电荷量），所以手和门锁之间的电场强度逐渐增大。

例 10：从下表中选出适当的器材，试设计一个测量阻值约为 15kΩ 的电阻的电路。要求方法简捷，R_x 两端电压能从 0 开始变化，要求有尽可能高的精确度。

电流表 A_1	量程 1mA	内阻约 50Ω
电流表 A_2	量程 300mA	内阻约 300Ω
电流表 A_3	量程 100mA	内阻约 500Ω
电压表 V_1	量程 10V	内阻约 15KΩ
电流表 V_2：	量程 3V	内阻等于 10KΩ
滑动变阻器 R_1	阻值约 50Ω	额定电流为 1AΩ
滑动变阻器 R_2	阻值约 100KΩ	额定电流为 0.001A
电池组	E＝3V	内阻小但不可忽略

开关，导线若干

思维障碍分析：此题是测电阻电学实验题，由于题目要求电压从零开始调节，学生能选出滑动变阻器 R_1 并且知道用分压式接法控制电路，选择电压表时，电压表 V_1 由于量程太大，不符合精确的原则，因此选用电压表 V_2，在涉及测量电路时，很多学生牢牢记住了"大内接，小外接"，将电路设计成了如下图甲所示电路；然而他们在迁移的同时，忽略了"大内接，小外接"是在电压表和电流表的内阻都不可知具体数值的情况下，而采取的一种减小误差的方法，此题中电压表的内阻已知，故不能按照此规则设计电路。

正确思维分析：由于 V_2 表内阻已知，故可以算出流过 V_2 的分流，进而算出流过待测电阻的准确电流，因此应采用如下图乙所示的接法。

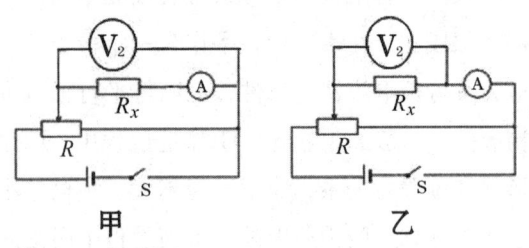

（五）问题情境思维障碍

情境指在一定时间内各种情况相对的或结合的境况，是对具体事物或具体过程的描述。问题情境是把需要解决的问题包含在情境的描述中，情境往往会影响到问题的解决。学习者在一定的问题情境中，经历对学习材料的亲身体验和发展过程，这是学习者最有价值的东西。理解问题情境抽象研究对象的状态、结构和过程等特征，抓住主要因素，忽略次要因素构建物理模型，再运用物理知识解决情境问题。学生由于问题情境的复杂和新颖，无法有效理解运用材料构建正确的物理模型，造成思维障碍。

例 11：小李打算从华景路口走路到华南师范大学正门，她通过高德地图导航得到如右图所示的信息。若她按照高德地图提供的方案出行，则（　　）。

A. "推荐方案"与"方案二"的平均速度相同

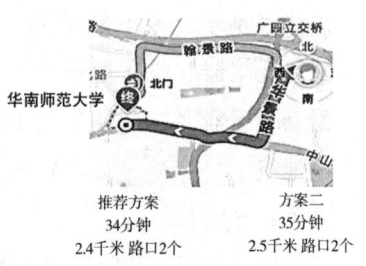

B. 推荐方案的位移较小

C. "方案二"的平均速度约为 4.29km/h

D. 小李运动过程中的加速度不可能一直为 0

思维障碍分析：这是一道理论联系实际的题目，用的情境是学生熟悉的高德地图导航。题目考查了位移、路程、平均速度、平均速率、加速度五个概念。学生知道两种情况下的位移相同，也清楚平均速度是等于位移除以时间，但是没有将理论联系实际，把从图中读出的 2.4km、2.5km 当成了位移，于是错认为 C 正确。

正确思维分析：根据题目中的图给出的情景，"推荐方案"和"方案二"

16

告知的是对应运动的路程和所用时间，因此只能求出两种情况下的平均速率，无法求出平均速度，C错；两种情况下位移相同而时间不同，因此平均速度不同，A和B错；同时，由于图上的运动轨迹显示为曲线，因此必然为变速运动，且速度大小不可能一直不变，因此D正确。

例12：(2017全国高考Ⅰ卷)扫描隧道显微镜（STM）可用来探测样品表面原子尺度上的形貌。为了有效隔离外界振动对STM的扰动，在圆底盘周边沿其径向对称地安装若干对紫铜薄板，并施加磁场来快速衰减其微小振动，如图所示。无扰动时，按下列四种方案对紫铜薄板施加恒磁场；出现扰动后，对于紫铜薄板上下及左右振动的衰减最有效的方案是（　　）。

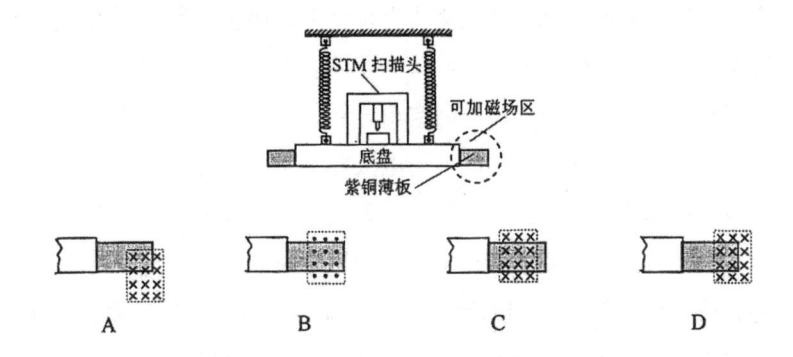

思维障碍分析：这是一个理论联系实际的问题情境，学生对问题情境"扫描隧道显微镜（STM）"十分陌生，配图里的"STM扫描头"和两根弹簧等干扰因素吓到了不少学生，学生由于问题情境思维障碍无法构建正确的物理模型，无法运用自己掌握的物理知识来解决问题，导致得分较低。

正确思维分析：根据题目问题情景，抓住"磁场""衰减""微小振动"等关键词，构建电磁阻尼振荡物理模型。闭合回路（切割磁感线）磁通量发生变化，产生感应电流，受到安培力作用，安培力是阻碍磁通量的变化达到电磁阻尼的作用。只有图A中系统振动时在磁场中的部分有时多有时少，磁通量发生变化产生感应电流，电磁阻尼衰减紫铜薄板上下及左右振动，故A正确；而图B、图C、图D中均无此现象，故错误。

例13：如图所示，将两端刮掉绝缘漆的导线绕在一把锉刀上，一端接上电池（电池另一极与锉刀接触），手执导线的另一端，在锉刀上来回划动，由于锉刀表面凹凸不平，就会产生电火花。下列说法正确的是（　　）。

　　A. 火花是由于摩擦生热引起的

　　B. 如导线端只向一个方向划动也能产生电火花

　　C. 要产生电火花，锉刀必须由铁磁性材料做成

　　D. 事实上，导线另一端只要保持与锉刀良好接触而不滑动，也会产生电火花

　　思维障碍：当将自感赋予实际的情形，学生不明白电火花是由于电路时通时断产生自感导致的，部分学生会认为是反复摩擦生热所致，因此选不出正确的选项。

　　正确思维分析：产生电火花的回路由导线、锉刀与电池组成，手执导线的另一端，在锉刀上来回划动时产生的电火花，是由于电路时通时断，在回路中产生自感电动势，与导线运动的方向无关，如导线端只向一个方向划动也能产生电火花，故 A 错误，B 正确；根据原理可知，只要锉刀是导体，则实验均能完成，故 C 错误；如果导线另一端保持与锉刀良好接触而不滑动，就不会产生自感电动势，从而不会产生电火花，选项 D 错误。

　　（六）隐含条件思维障碍

　　物理问题中包含的隐含条件引起的思维障碍在高中生解题过程中表现得较为突出。隐含条件是指物理问题中间接给出的条件。高中物理问题形式多样，学生由于忽视物理问题中的隐含条件，会出现一系列的思维障碍和错误。特别是当题目给的条件过多的时候，学生不知道排除干扰因素，造成思维混乱，没有头绪；而当题目的提问角度或叙述形式变化时，会把一些关键的本质属性隐蔽在非本质属性之中，这样便会对学生造成一定的思维障碍。

　　例 14：如图所示，质量为 m 的滑块从半径为 R 的光滑半球面最高点由静止滑动，已知重力加速度为 g，求滑块开始离开半球面时转过角 θ 等于多少？

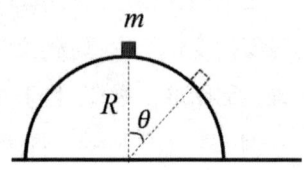

思维障碍分析：学生不清楚分离的条件，总是觉得题目漏给条件无从下手。滑块开始离开半球面的分离时间的隐含条件是本题的思维障碍。

正确思维分析：支持力和重力在指向圆心方向的分力共同提供圆周运动的向心力，当能提供的向心力不满足时，滑块与半球面分开做离心运动。滑块下落速度增大，所需要的向心力增大，但重力在圆心方向的分力减小，通过减少支持力维持足够的向心力，当半球面对滑块的支持力 $N=0$ 时，滑块和半球面分离。具体的计算过程如下：从最高点到分离点，机械能守恒 $mgR(1-\cos\theta) = \frac{1}{2}mv^2$；分离时间 $N=0$，由牛顿第二运动定律：$mg\cos\theta = \frac{mv^2}{R}$，解得 $\cos\theta = \frac{2}{3}$。

例15：如图所示，有一半径为 R 的半圆形圆柱面 MPQ，质量为 $2m$ 的 A 球与质量为 m 的 B 球，用轻质绳连接后挂在圆柱面边缘，现将 A 球从边缘 M 点由静止释放，若不计一切摩擦，求：A 球下滑至最低点 P 时，A 球的速度大小。

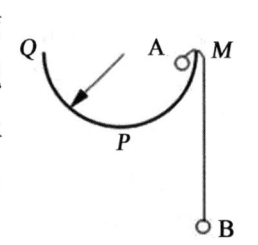

思维障碍分析：此题中，A 球和 B 球通过绳子发生相互作用，隐含的条件是，由于绳子不可伸长，两球沿绳方向的速度大小相等。学生的思维障碍在于：认为两球的速度相等。

正确思维分析：设 A 球在 P 点时的速率为 v，作出速度分解图如图所示，此时绳子与竖直的夹角为 $\theta = 45°$，则 B 球速度大小为 $v\cos 45°$，B 球上升的高度为 $\sqrt{2}R$，对 A 球和 B 球的运动过程，由能量守恒可得出

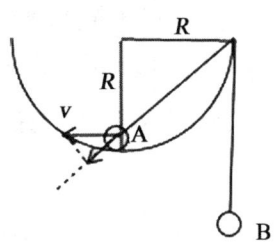

$$2mgR - mg\sqrt{2}R = \frac{1}{2} \cdot 2mv^2 + \frac{1}{2} \cdot m\left(\frac{\sqrt{2}}{2}v\right)^2$$

解得 $v = \sqrt{\frac{4}{5}(2-\sqrt{2})gR}$。

例16：在学习闭合电路欧姆定律时，电源电动势 E 与外电压 $U_外$、内电

压 $U_内$ 之间的关系为 $E = U_外 + U_内$，外电路电流是从电源正极流向负极，内电路电流是从电源负极流向正极，学生对后者往往会产生思维障碍。

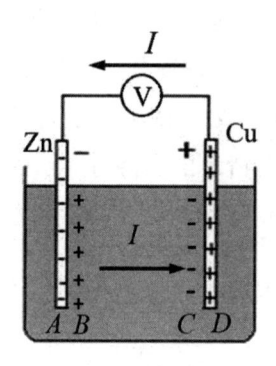

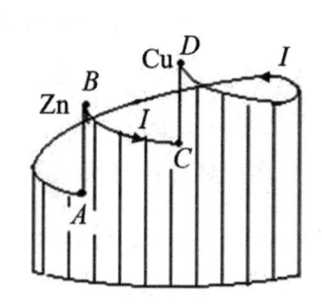

思维障碍分析：学生由于对电源提供电动势的原理不了解，内电路的信息在教材中以及教师的课堂教学中展示得不够充分。内电路电流从电源负极流向正极，是从外电路电流走向来确定，把内电路关键的本质属性隐蔽了，对学生造成思维障碍。

正确思维分析：在电源内部，非静电力只是在接近两极的很小范围内起作用，通过非静电力做功，推动电荷逆着电场力运动，从而使电势跃升。如图所示，把铜板和锌板分别插入稀硫酸溶液中，导体与溶液相接的地方发生电势跃升，上图 BA 段和 CD 段分别代表极板附近的两次电势跃升，两次非静电力形成的电势跃升之和就是电动势 E。B 与 C 之间的电势差就是 $U_内$，D 和 A 之间的电势差就是 $U_外$，内电路电流是由电势高的 B 点流向电势低的 C 点。整个回路中电势降落和跃升的关系有 $E = U_外 + U_内$。

第三节　课程标准关于高中学生思维发展方面的顶层设计

促进思维发展，是本轮教学改革的关键词之一。多数专家学者都认为物理课程教学的重要目标是培养物理核心素养，其中思维的培养是核心目标。

《课标》关于高中物理课程的性质作了这样的描述："高中物理课程在义

务教育的基础上，帮助学生从物理学的视角认识自然，理解自然，建构关于自然界的物理图景；引导学生经历科学探究过程，体会科学研究方法，养成科学思维习惯，增强创新意识和实践能力。"在这个描述中"认识，理解、建构、探究、体会、养成思维习惯"这些动词都是关于学习者面对现象后与物理学科知识关联的一系列思维过程。由此可知，高中物理课程的性质，除了让学生掌握必备的物理知识，另一个重要的目标就是在物理课程的学习过程中促进学生思维的发展。

下面从《课标》中"课程理念""核心素养""课程目标""课程设计依据"等方面分析其中涉及促进思维发展的表述与设计。

一、《课标》在物理课程理念中关于促进学生思维发展的表述

《课标》在描述高中物理课程理念中，关于"引导学生自主学习，提倡教学方式多样化"这样表述："高中物理课程通过创设学生积极参与、乐于探究、善于实验、勤于思考的学习情境，培养和发展学生的自主学习能力。通过多样化的教学方式，利用现代信息技术，引导学生理解物理学的本质，整体认识自然界，形成科学思维习惯，增强科学探究能力和解决实际问题的能力。"[①]

这里强调了教学过程的目的是引导理解、认识自然，养成科学思维习惯，增强探究和解决实际问题的能力。即高中物理课程的学习，不仅仅是让学生掌握知识，更重要的是促进学生科学思维的形成与发展，并培养关键能力。

李正福和谷雅慧在《论物理核心素养视野下的科学思维教育的内容》一文中提道："就物理课程而言，物理思维应包含物理意识，它是指能够有意识地从物理学的视角去看待自然现象和实际问题、有意识地使用物理知识去解释现象和解决问题。由此，我们认为开展科学思维的系统教育不仅要重视'会'和'能'，也要重视基于什么想、从哪个角度看的问题，引导学生形成

---

① 中华人民共和国教育部. 普通高中物理课程标准（2017年版2020年修订）[M]. 北京：人民教育出版社，2020：3-4.

全面、和谐的科学思维。"① 这个表述与上述课程目标是等价的，其中一个鲜明的观点是应用物理知识解释现象和解决问题是促进思维发展的一部分，也是必备的学科能力。这与杜威提出的反思思维的五个阶段：暗示、问题、假设、推理和检验是类似的，杜威强调在教育实际过程中针对真实问题开展思维教育活动并对思维过程进行研究。由此可见，《课标》中课程理念关于"养成思维习惯"的描述是对杜威思想的一种借鉴。

姚建欣博士所著的《中学物理课程中能量理解与科学解释的学习进阶及其教学应用》，关注到学生科学解释能力的发展，《辞海》中指明"思维的存在是语言"，也有人比喻"语言是思维的外壳"。可见，思维与语言有着密切的联系，学生从日常用语到物理语言的运用，科学解释能力的变化反映的是学生思维水平的发展。姚建欣以科学教育的观察和科学哲学的研讨为根基，以实证研究为依据，改进了科学解释的培养框架，建立了科学解释的学习进阶。

二、《课标》中学科核心素养关于科学思维的表述

《课标》关于"科学思维"的表述："科学思维是从物理学视角对客观事物的本质属性、内在规律及相互关系的认识方式；是基于经验事实建构物理模型的抽象概括过程；是分析综合、推理论证等方法在科学领域的具体运用；是基于事实证据和科学推理对不同观点和结论提出疑问和批判，进行检验和修正，进而提出创造性见解的能力与品格。'科学思维'主要包括模型建构、科学推理、科学论证、质疑创新等要素。"②

北京师范大学郭玉英老师在《新版课程标准解析与教学指导》中指出核心素养的四方面是相互联系、共同发展的，认为物理概念与规律是物理学科结构的基本单元，是发展科学思维的基础；物理概念与规律的形成过程离不开科学思维，有机生成物理概念与规律的过程就是在发展科学思维；"物理

---

① 李正福，谷雅慧.论物理核心素养视野下的科学思维教育内容［J］.课程·教材·教法，2018，38（2）：97-102.
② 中华人民共和国教育部.普通高中物理课程标准（2017年版2020年修订）［M］.北京：人民出版社，2020：4-5.

观念"与"科学思维"在核心素养的界定中存在着紧密联系，物理学视角的形成离不开科学思维的完善。① 由此可见，科学思维在素养构成中具有核心地位。

北京师范大学田世昆教授与陕西师范大学胡卫平教授著的《物理思维论》，系统地阐述了物理思维的概念、特征、品质、过程、形式与方法。特别是对物理思维的概念、分类，物理形象思维和直觉思维的过程、形式，物理学的思维方法，物理创造思维的方式结构，建立物理模型、物理概念、物理规律的思维方法，书中从深刻性、灵活性、批判性、独创性、敏捷性来描述思维的品质，可以认为是课程标准中描述科学思维的发展水平的雏形。

众多的关于科学思维的表述，都不约而同地提到科学思维由思维元素和思维方法组成，其中科学思维的元素重在解决"有什么"的问题，强调对科学思维的整体把握，掌握"如何做"才算科学思维，提供了判断某个思维是否符合科学思维基本要求的依据，并不是科学思维的具体过程。如建立模型，这里强调的是建立模型的基本内涵以及建立模型对于科学思维的重要意义，而不是建立模型的详细过程和具体方法。

所以，思维元素是科学思维的重要组成部分。另一重要部分是思维方法，如科学推理，《课标》将科学推理作为科学思维的组成部分，事实上推理是多数学科必须具备的思维能力。科学推理最早由皮亚杰（Jean Piaget）在其认知发展理论中提出。科学推理是对科学理论进行归纳和演绎的过程，经由发现问题、提出假设、设计实验、证据评估、解释推断等一系列活动，最终使问题得以解决的思维过程。包括守恒推理、比例推理、控制变量推理、组合推理、相关推理、概率推理六种基本类型。

多年来物理课程标准与教学大纲都体现了物理教学关注比较、分析、抽象、假说、理论演绎、归纳、模型等思维方法，重视逻辑思维、抽象思维等训练，强调分析能力、推理能力、想象能力、质疑能力、信息收集和处理能力等思维能力的提升，加强批判性思维、创造性思维的渗透。物理课程中的

---

① 郭玉英，苏明义. 新版课程标准解析与教学指导：高中物理 [M]. 北京：北京师范大学出版社，2018：8.

思维方法包括逻辑思维方法和非逻辑思维方法，前者有分析、综合、抽象、概括、推理、论证等，后者有直觉、灵感、想象等。由此可见，《课标》关于科学思维的表述，是对以往课程标准和教学实践所表现的思维方法的发展与概括。

而质疑创新是《课标》中关于科学思维的重要拓展。质疑创新是科学思维的重要组成部分，是较高层次的素养之一，而提出问题是质疑的直观表达。爱因斯坦说过："提出一个问题往往比解决一个问题更重要，因为解决问题也许仅是一个数学或实验上的技能而已。而提出新的问题、新的可能性，从新的角度去看旧的问题，却需要创造性的想象力。"①

质疑创新也是一种高阶思维能力。在课堂教学环境中，师生的对话互动是学生获取知识的主要来源，而提问是其中不可或缺的重要组成部分。美国学者加里·鲍里奇（Gary D. Borich）认为，有效的问题能引起学生的注意和回答，激励学生积极思考，参与学习研究过程。而这个过程正是促进学生高阶思维发展的过程。由此可见，教师提出的问题发挥着激发学生思维、促进知识整合、引导概念建构、发展问题意识和解决能力的作用，是物理教学实践中最主要最有效的教学方式之一。美国心理学家布鲁纳（Jerome S. Bruner）也强调，向学生提出挑战性的问题，可以引导学生发展智慧。这种智慧广义上正是指学生思维能力的提高。现代思维科学也认为问题是思维的起点，一切发明创造都是以问题开始的。可见，提问是开启学生思维之门的钥匙，也是培养学生思维能力的催化剂，在课堂教学中创设高质量、高水平问题是发展学习者高阶思维的关键。

因此，《课标》中课程目标对科学思维这样表述："具有建构模型的意识和能力；能运用科学思维方法，从定性和定量两个方面对相关问题进行科学推理、找出规律、形成结论；具有使用科学证据的意识和评估科学证据的能力，能运用证据对研究的问题进行描述、解释和预测；具有批判性思维的意识，能基于证据大胆质疑，从不同角度思考问题，追求科技创新。"② 不难看

---

① 张庆林，邱江．思维心理学［M］．重庆：西南师范大学出版社，2007：227-228.
② 中华人民共和国教育部．普通高中物理课程标准（2017年版2020年修订）［M］．北京：人民教育出版社，2020：5-6.

出，这是对一直以来专家、学者以及教育实践者对科学思维的研究的概括和拓展。这个表述的一个重要特点是具有可操作性，在教学实践中可以依据其中的每一个关键词进行设计，展开教学活动。

三、《课标》中关于课程设计依据在促进学生思维发展方面的表述

《课标》在课程设计依据方面提道："遵循高中生的认知规律及物理学科特点，设计循序渐进的必修与选择性必修课程内容。在必修课程中，纳入物理学的基本学习内容；在选择性必修和选修课程中，进一步深化和拓展力学、电磁学、热学、光学和原子物理学等学习内容。这样既关注全体学生的共同基础，又兼顾部分学生进一步学习的需求。"[①]

课程设计依据既充分体现了学生的差异性，也兼顾各层次学生思维发展的需求，其中螺旋式结构的课程知识是对选择物理学科方向的学生思维发展的顶层设计。下面在必修模块的教学提示中对这方面进行提炼和总结。

表1-1 教学提示中关于思维发展的关键词

各模块教学提示中关于思维发展的表述	提炼关键词
"必修1的教学提示"提道："本模块注重在机械运动情境下培养学生的运动与相互作用观念和模型建构等物理学科核心素养。教学中应根据本模块所学物理模型的特点，联系生产生活实际，从多个角度创设情境，提出与物理学有关的问题，引导学生讨论，让学生体会建构物理模型的必要性及方法等。让学生经历建构速度、加速度、力等重要物理概念的过程，了解测量这些物理量的方法，进而学习定量描述生活中物体运动和相互作用的方法。引导学生结合物理学史认识实验探究与科学思维的结合对物理学发展的重要作用"[②]	其中提到经历模型建构、引导提出问题、学习描述具体问题的方法以及结合物理学史培养科学思维

---

① 中华人民共和国教育部. 普通高中物理课程标准（2017年版2020年修订）[M]. 北京：人民教育出版社，2020：7-8.
② 中华人民共和国教育部. 普通高中物理课程标准（2017年版2020年修订）[M]. 北京：人民教育出版社，2020：13.

续表

各模块教学提示中关于思维发展的表述	提炼关键词
"必修2的教学提示"提道："让学生理解重力势能与重力做功的关系，理解动能定理和机械能守恒定律，学会从机械能转化和守恒的视角分析物理问题，形成初步的能量观念。在应用机械能守恒定律解决问题的过程中，引导学生体会守恒的思想，领悟从守恒的角度分析问题的方法，增强分析和解决问题的能力"①	其中涉及形成能量观念、体会守恒思想、领悟分析问题的方法、增强分析问题的能力等思维过程
"必修3的教学提示"提道："引导学生学会建立点电荷、电场线、磁感线等物理模型，体会物理模型在研究具体问题中的重要作用。引导学生了解应用物理量之比定义新物理量的方法，了解电场强度、电势等物理量的含义并体会其定义方法。重视发挥物理学史的教育功能，让学生了解库仑定律的探索历程，体会库仑扭秤实验设计的实验思想与方法。让学生了解磁场的基本概念，利用与静电场对比的方法了解磁感应强度，知道磁通量是一个重要的物理量。让学生通过实验了解产生感应电流的条件，体会科学实验在物理学发展中的重要作用。在实验探究金属导体的电阻与材料、长度和横截面积的定量关系，以及闭合电路欧姆定律等内容的学习中，努力创设激发学生探究欲望的问题情境，引导学生进行科学探究，培养学生实验设计、分析论证、反思评估等能力"②	其中涉及模型建构、比值定义、控制变量等思想方法的渗透

上述必修模块在教学提示中都体现了在教学过程中渗透促进学生思维发展的方法，将学生思维发展放在教学设计的首位。不仅必修模块如此，在选修模块的教学提示中也有类似的体现。《课标》的一个重要内容是对学业质量标准的制定，学业质量标准的制定依据的一个重要方面便是学习者思维层次的发展，其表述如下："高中物理学业质量根据问题情境的复杂程度、知识和技能的结构化程度、思维方式或价值观念的综合程度等划分为不同水平。"③

学业质量水平将"物理观念""科学思维""科学探究""科学态度与责

---

① 中华人民共和国教育部. 普通高中物理课程标准（2017年版2020年修订）[M]. 北京：人民教育出版社，2020：17.
② 中华人民共和国教育部. 普通高中物理课程标准（2017年版2020年修订）[M]. 北京：人民教育出版社，2020：22.
③ 中华人民共和国教育部. 普通高中物理课程标准（2017年版2020年修订）[M]. 北京：人民教育出版社，2020：45.

任"四方面，按照学习者思维发展水平的不同层次进行划分，这是课程标准设计对促进学生思维发展的重视，也体现了思维是本轮课程改革的核心。表1-2以科学思维的划分为例。

表1-2　关于科学思维的学业质量水平的五个层次①

水平	科学思维
1	能说出一些所学的简单的物理模型；知道得出结论需要科学推理；能区别观点和证据；知道质疑和创新的重要性
2	能在熟悉的问题情境中应用所学的常见的物理模型；能对比较简单的物理问题进行分析和推理，获得结论；能使用简单和直接的证据表达自己的观点；具有质疑和创新的意识
3	能在熟悉的问题情境中根据需要选用所学的恰当的模型解决简单的物理问题；能对常见的物理问题进行分析，通过推理，获得结论并作出解释；能恰当使用证据表达自己的观点；能对已有观点提出疑问，从不同角度思考物理问题
4	能将实际问题中的对象和过程转换成所学的物理模型，能对综合性物理问题进行分析和推理，获得结论并作出解释；能恰当使用证据证明物理结论；能对已有结论提出有依据的疑问，采用不同方式分析解决物理问题
5	能将较复杂的实际问题中的对象和过程转换成物理模型；能在新的情境中对综合性物理问题进行分析和推理，获得正确结论并作出解释；能考虑证据的可靠性，合理使用证据；**能从多个视角审视检验结论**，解决物理问题具有一定的新颖性

其中关于模型建构的五个水平的描述：能说出常见的模型、能应用常见的模型、能选择模型解决问题、能将实际问题转换成模型、能将复杂的实际问题转换成模型，不难发现这五个水平的划分体现了学生思维的递进发展，这样的顶层设计在促进学生思维发展、进阶方面有积极意义。

---

① 中华人民共和国教育部. 普通高中物理课程标准（2017年版2020年修订）[M]. 北京：人民教育出版社，2020：46-48.

第二章

高中物理课堂教学策略

本章从科学思维的范畴出发，依据科学思维中的模型建构、科学推理、科学论证和质疑创新四个要素，将多年教学实践中一些有探讨价值的课堂教学实例进行片段化呈现。基于思维发展的课堂教学，应立足于学生思维发展过程中的各个环节，并在相应的环节设置恰当的教学活动。本章探讨的是如何将学生思维发展的各个环节进行细节化分析，并在细节处设计课堂教学活动。

第一节首先探讨学习者面对一个物理现象到模型建构的整个思维活动，展示了每个思维活动的特点。其次，从学生完成了物理模型的建构之后，应用物理模型及相应的规律、公式解决问题的思维过程的角度展开论述。最后，论述如何基于结果分析学生解决问题过程中的思维障碍，并展示一个重视模型建构的课堂教学案例。第二、三节则是探讨如何在真实情境的教学活动中培养科学思维，并基于真实情境展开师生问答的教学活动。第四节展示了重视思维发展的情境创设课堂教学案例。

第一节 科学思维在课堂教学中的指导与实践

一、从思维发展的角度培养模型建构的思维方法[①]

模型建构对培养学生抽象概括的思维能力、物理学科的核心素养有重要

[①] 本小节于2016年7月发表在《中学物理教学参考》（上旬），被人大复印报刊资料转载。

的作用，本节将从现象、语言到概括的思维过程探讨模型建构的一般方法，并将笔者教学实践中的一些课堂教学片段作为实例展示。

《普通高中物理课程标准（2017年版）》指出，物理学科的核心素养是物理观念、科学思维、科学探究和科学态度与责任。该课标多次强调采用建构物理模型的方法来学习物理概念和理解物理规律，以达到培养物理观念和科学思维等素养的目的。物理模型是反映原物某方面本质特征的理想物质（过程）或假设结构，是对实际问题进行科学的抽象化处理结果，运用了忽略次要因素，突出主要因素的简化方法，有利于对实际问题的分析和研究。[①] 如质点模型，忽略了物体的形状和大小等与研究问题无关的因素，对研究物体的运动、相互作用等问题提供了极大的方便。

物理建模作为引导思维方式和培养学生物理思维能力的教学方式，一直被广泛关注和研究。黄恕伯老师在他的讲座报告中多次强调：教学的重点是发展学生的智能，思维是智能的核心，概括是思维的基础。基于这个思想，本文将以一些典型的实例，从思维的本质出发，探讨学生从对事物初步的感官印象，到用通俗的语言简单描述，再到逐步升华、概括，用科学的语言进行描述、归纳的思维过程。

多数高中教师将物理模型归类为对象模型、条件模型和过程模型。下面主要以这些模型为例，从现象、语言到概括的过程，分析建构模型的一般思维过程，企图形成建构模型的一般方法。

（一）对象模型的建构方法

对象模型指的是将研究对象进行抽象，忽略与研究问题无关的次要因素，抓住主要的矛盾，形成研究问题所需要的简洁模型。

表2-1 建模实例1：在研究物体的运动时，需要将物体抽象为一个质点

建模步骤	思维过程
目的	描述物体运动的快慢

[①] 江秀梅，刘大明. 物理建模与物理解模教学探究：以"轻物模型教学"为例[J]. 课程教学研究，2018（9）：76-80.

续表

建模步骤	思维过程
感官现象	从高楼上看到一辆汽车在公路上行驶
通俗语言	公路上的汽车有时在直路上运动，有时在弯路上运动；有时快，有时慢；有时停止，有时运动
初步描述	公路上一辆汽车有时做直线运动，有时做曲线运动，时快时慢
概括描述	汽车做变速曲线运动
物理模型	在上述描述汽车运动快慢的整个思维过程中，汽车的大小和形状等因素并没有出现在任何步骤中，可见汽车的大小和形状对该问题的研究是无关的因素，可以忽略，将汽车视为一个点，这个点就可称为质点
教学心得	1. 可让学生列举将物体视为质点的实例：导航地图上物体的运动等 2. 说明将物体视为质点的重要意义：例如，计算一辆车行驶 2000 米的时间，车长相对较小可忽略，需要将车视为质点；又如，根据运动员跳高的高度计算他起跳的速度，需要将运动员视为质点等

与质点相似的模型还有点电荷、弹簧振子、理想气体、理想变压器等模型，这类模型的建构过程主要是让学生理解模型的属性，也属于概念类的模型，建构过程主要涉及抓住研究问题需要的主要因素，忽略其他无关因素，建立一个简洁、易用的物理概念。

那么，在具体问题中，如何应用这类模型建构方法解决问题呢？

表 2-2 建模实例 2：跳高运动员起跳的速度

建模步骤	思维过程
目的	如图，跳高运动员横跨过高 1.8 米的杆，求他起跳的最小速度

续表

建模步骤	思维过程
感官现象	运动员从地面起跳后，横跨过横杆，该过程感官印象如下图：
概括	运动员以某一初速度起跳后，做竖直上抛运动，到达最高点时，刚好跨越横杆，在最高点速度为0，求起跳的初速度
物理模型	将运动员抽象成一个质点，该质点近似处于运动员身体的一半的位置O，到达最高点时，该质点刚好处于离杆略高的位置A，A和O两点的竖直高度差，即为运动员上升的高度H，利用竖直上抛知识，便可求出运动员起跳的初速度
教学心得	1. 在用物理语言概括之前，让学生尽量多地用自己的语言进行描述； 2. 这类问题的处理可以类比：分析蹦极运动员上下运动的加速度和速度、分析跳水运动员起跳到最高点再下落的过程、分析滑冰运动员相互作用的过程等，都可以利用这样的建模方法

（二）条件模型的建构方法

条件模型指的是在研究问题过程中，忽略一些次要条件，控制主要条件，将研究对象的运动、相互作用过程进行理想化处理。这类模型常见的有光滑斜面、星球的圆周运动、双星系统、带电粒子在匀强电场的运动、真空、绝热系统等。

这类模型比较容易理解与掌握，主要是要让学生理解忽略次要条件的作用与思想（如表2-3所示）。

表2-3 建模实例3：理解忽略次要因素、条件的原因

建模步骤	思维过程
目的	计算电子在匀强电场中运动的加速度及运动性质

续表

建模步骤	思维过程
感官现象	一个电子以一定初速度垂直电场线进入带电平行板之间,电子将在两板间做曲线运动
初步描述(列举各种约束条件)	电子运动过程中将受到重力和电场力作用,重力远小于电场力;电子本身也带电,会产生电场影响原电场的分布,但电子产生的电场很小。那么电子在电场中运动的加速度多大?
概括(忽略次要条件)	由于重力远小于电场力,可认为电子仅受电场力作用;由于电子本身产生的电场很小,可以忽略它的影响,认为匀强电场几乎不变。忽略所有次要因素,认为电子做平抛运动,其加速度等于电场力与它的质量的比值
物理模型	电子垂直电场线进入平行板电容器的运动是类平抛运动

教学心得：像电子在电场中的类平抛运动,这类模型在平时教学中多数教师都直接说明电子仅受重力做类平抛运动。笔者认为这个运动本身是一个很好的教学素材,忽略重力和电场影响等因素可以让学生理解电场和试探电荷之间的相互作用关系,对电场的理解更深刻。同样地,像地球绕太阳的圆周运动、双星系统等,在归纳这类模型过程中,可以让学生经历忽略其他星球影响、将椭圆运动视为圆周运动的过程,在理解模型建构的过程中更深刻地掌握物理解决问题的规律方法。

（三）过程模型的建构方法

过程模型主要涉及规律、相互作用和变化等过程,因此它的建构过程是一个复杂的思维过程。这类模型从学生最初的感官印象,到对过程的语言描述,再到初步形成物理语言,最后形成物理模型,需要一个完整的思维进阶过程。

如牛顿第一定律,学生从所接触的生活中的现象出发,想用物理的语言规律性地描述该现象。像一个人用力敲打一重物,人敲打它,它就动,人不敲打它之后,它慢慢停下,这给学生造成的初步印象是运动需要力维持,这个初步的印象需要一系列的可重复的实验来证实,于是伽利略的理想实验就出现了。

表2-4 建模实例4：伽利略理想实验与惯性定律

建模步骤	思维过程
目的	让学生正确认识力与运动的关系
感官现象	学生看到力推物块，物块就动；停止推动后，物块就停止；同样地，一辆车刹车后，速度慢慢减小直到停止等现象，给学生造成的印象是运动需要力维持
初步描述（列举各种约束条件）	物块在地面上运动受摩擦力；刹车后车受到摩擦阻力；让一个小球从伽利略理想斜面实验的一边滑下，小球会滚到另一侧的斜面，由于存在阻力高度会变小。如果没有这些阻力会怎样？如果没有阻力，小球会到达另一侧斜面等高的位置；如果减小另一侧斜面的倾角，小球依然能够到达登高的位置；如果把另一侧斜面倾角减小为0，小球试图到达斜面等高的位置，将无休止地运动下去；但如果将另一侧斜面放水平后铺上一条毛巾，小球的速度将慢慢减小，最后停下来。是阻力让物体停下来，如果没有阻力，不会停止 （1）*h* （2）*h* （3）*h*
概括（忽略次要条件）	如果没有摩擦力，小球将匀速运动；如果受到摩擦力，小球将慢慢减速；如果小球初速为0放在水平面上，将保持静止不动
物理模型	如果不受外力，小球有保持静止或匀速直线运动的状态，直到有外力改变这种状态

这类物理规律的建构过程都大同小异，从初步接触物理现象，到形成规范的物理模型，都可能会经历一个试错、多运动或变化过程的各种描述、概括和形成物理模型的过程。类似的模型有自由落体运动、抛体运动、理想气体状态变化等，都可以用这样的过程进行模型建构，让学生在建构这些模型的过程中深刻理解其中的物理规律，这样有利于培养学生运用这些模型解

决问题的能力。例如，笔者在讲解恒定电流的微观解释时，让学生经历一个这样的建模过程：

表 2-5 建模实例 5：微元柱体模型

建模步骤	思维过程
目的	理解电流的微观表达式
感官现象	在金属导体两端加上电压后，电子在金属导体中运动，多数电子朝着一个方向运动，有些电子相互碰撞，在碰撞中前进，有些电子杂乱无章地运动
初步描述（忽略约束条件）	忽略相互碰撞的影响；忽略一些杂乱无章运动的电子；认为导体内所有电子都朝着一个方向匀速运动
概括（忽略次要条件）	电子在电场力作用下定向匀速运动
物理模型	横截面积 S 的导体内，单位体积内有 n 个速度为 v 的电子向前运动，t 时间内前进距离为 vt，则电流：$i = \dfrac{nsvte}{t} = nsev$
教学心得	该模型的建立过程，除了理解电流的微观表达式，建立该柱体模型的思维过程更值得让学生理解，该模型可以迁移到计算像风、水流这类流体的能量

经历了上述三个类型的模型建构实例，相信读者朋友们已经完全理解笔者的意图：主要从学生接触事物（现象）最初的感官体会出发，之后经历一般的语言描述，到尝试用科学的语言进行概括描述，最后形成物理模型的过程，企图形成在课堂教学中建立物理模型的一般方法，对培养模型建构的思维环节的教学提供可操作的建议。

二、从模型建构到解决问题的思维路径[①]

上一节谈了如何从思维发展角度进行模型建构素养培养的教学，本节通过案例分析面对物理问题时，问题解决者在解决问题过程中的思维特点。并归纳从模型建构、获取证据、分析综合、推理到解决问题的思维路径。试图以此为依据，基于学生解决问题的答卷，判断学生哪一方面思维能力存在问题。

我们探讨这样一个既常见又重要的问题：面对一个物理问题，为什么有些学生能够解决，而有些学生无法解决？为什么存在这种差异？存在这种差异的内在原因应该是解决问题过程中一个或多个"思维环节"出现了问题。笔者将对从物理模型的建构到解决问题过程中的每个"思维环节"进行剖析，并试图归纳解决问题的思维路径。

应用物理知识解决问题能力的培养是高中物理课程目标之一。应用物理知识解决问题的能力的差异，目前常见的显性表现是在纸笔考试中解答各种试题的答卷的差异，以及解答过程是否符合物理学科的习惯（或规范）的差异。其隐性的原因是答案背后思维方式的差异。

应用物理规律解决问题，首要的任务就是将试题的情境转化或建构为熟悉的物理模型。

通过对众多物理试题的归类分析，从模型建构的角度不难发现，有些试题直接告知物理模型，有些试题则通过文字叙述指向学生熟悉的物理模型，有些问题通过文字叙述物理过程隐性指向物理模型。表 2-6 从模型建构和应用规律解决问题的思维过程对试题进行归类。

表 2-6 从模型建构和应用规律解决问题两方面对试题归类分析

问题类型	模型建构程度	应用规律解决问题的难易度
第一类	直接告知物理模型	直接调用规律解决问题

[①] 本小节于 2023 年 2 月发表在《中学物理教学参考》（上旬）。

续表

问题类型	模型建构程度	应用规律解决问题的难易度
第二类	文字叙述显性指向物理模型	需要识别物理模型并调用规律解决问题
第三类	文字叙述隐性指向物理模型	需要建构物理模型并调用规律解决问题
第四类	文字叙述显性指向物理模型	需要识别模型并决策如何应用物理规律解决问题
第五类	文字叙述指向较原始的物理过程	需要进行模型建构后应用规律解决问题
第六类	文字叙述指向较原始的物理过程	需要进行模型建构并决策如何应用规律解决问题

表 2-6 中"模型建构"是指对试题中物理过程的概括，是源于对试题理解、分析基础上的"思维成果"；"应用物理规律解决问题"则是在完成模型识别与建构的基础上进行的"思维操作"过程，是源于问题解决者加工后的思维成果。在解决试题过程中，问题解决者经历模型建构过程，经历调用物理规律并决策如何应用规律解决问题的过程，而介于模型建构和问题解决之间、调用规律到决策如何应用规律解决问题之间，又存在怎样的思维过程呢？笔者将这个思维过程称为"关键思维阶段"，将解决问题过程中某一个具体的处理问题的想法或操作，称为"思维动作"。

以改编自 2022 年全国高考甲卷第 8 题的问题为例进行探讨。

地面上方某区域存在方向水平向右的匀强电场，将一带正电荷的小球自电场中 P 点以速度 v_0 水平向左射出。小球所受的重力和电场力的大小相等。重力加速度为 g，求小球动能最小时，速度方向与竖直方向的夹角 θ。

该问题通过文字直接告知"水平向右的匀强电场""带电小球"等物理模型，并赋予小球沿电场反向的初速度和小球的受力特点。要解决这个问题，学生需要经历哪些思维过程呢？

下面通过表 2-7 分析考生解决这个问题的思维过程。

表 2-7 解决问题过程中各个阶段的思维动作分析

问题解决各个阶段	获取信息	思维过程	思维动作分析
试题情境分析	直接告知的模型 1："水平向右的匀强电场"	大脑自发地寻找：什么物体在电场中？并从题干中找到"带正电的小球"	A. 这两个思维动作只需要达到理解电场力概念的水平，即可以进行"条件反射式"的思维过程
	直接告知的模型 2："带正电的小球水平向左射出"	自发调用电场力公式：$F=qE$。并呈现如下图所示的图景：	
	文字叙述指向平行四边形定则模型：小球所受电场力和重力大小相等	调用、建构力的平行四边形模型：	B. 这个思维动作需分析力的大小关系、方向，即要在理解平行四边形定则的基础上发生思维过程
	提出问题：小球动能最小时，速度方向与竖直方向的夹角 θ	提取信息：动能最小。思考问题：如何求最小夹角	C. 该阶段处于思考问题的过程，多数同学无法直接调用规律，需要根据题目提供的"线索"获得"证据"，进行分析、推理，以求解决问题
关键思维阶段①	获取证据	证据：小球初速度方向与合力方向夹角为钝角。合力不变	D. 这个思维动作是从题目的叙述中"寻找"而得，是进行分析、推理的依据
	分析与综合	分析：速度方向与合力方向的夹角从钝角慢慢变小，经过足够长的时间，最后变成锐角。综合：夹角一直变小	E. 这个思维动作无论从力与运动的观念，还是从感官经验，都可以顺利进行。前提是对曲线运动的条件和运动过程有较好的理解

---

① 梁旭. 科学论证试题的特点及对教学的启示 [J]. 物理教学, 2021, 43 (6): 37-41, 28.

续表

问题解决各个阶段	获取信息	思维过程	思维动作分析
关键思维阶段	推理	当合力与速度夹角为钝角时，合力对小球做负功，小球动能变小；当合力与速度夹角成锐角时，合力对小球做正功，小球动能增大	F. 在上面分析的基础上，调用牛顿运动定律进行推理，找到动能最小的分析方法
	推理后的关键结论	以上推理过程说明，当合外力与速度垂直时，动能最小	G. 在对曲线运动中力与运动关系理解的基础上，获取动能最小物理特征的关键结论，进而进入解决问题阶段
解决问题	物理知识和数学方法结合（应用工具性知识）	如图，由于电场力与重力相等，故合力 F 与竖直方向夹角为 45°。当速度 v 与合力 F 垂直时，$\theta=45°$	H. 在受力分析的基础上，调用直角三角形的边角关系知识。只要掌握直角三角形的知识和受力分析的方法，这个思维动作在前面系列思维过程的基础上水到渠成地发生

在表 2-7 的分析中，思维动作 A~C 是具有一定阅读能力和物理基础知识的问题解决者在面对问题情境时，基本能够自发发生的。H 是有一定数理基础的问题解决者在前面系列思维动作的基础上能够自发发生的。由此可以断定，不同学生解决该问题的差异出现在 D~G 的关键思维阶段。因此，可以初步做出这样的判断：

无法完成 A~C 阶段的学生，属于阅读理解能力障碍或不具备物理基础知识。

无法完成 D~G 阶段的学生，属于不具备分析、推理和获取证据的能力。在《普通物理课程标准（2017 年版）》中，科学推理和获取证据属于物理科学思维的范畴。[①]

无法完成 H 阶段的学生，属于物理工具性知识（如数学相关知识）的欠缺。

表 2-7 中 A～F 从模型建构、获取证据、分析综合到推理等系列思维动作是科学思维的范畴。下面基于科学思维的各个要素，通过实例对各个思维动作进行分析。

（一）从试题情境到模型建构的思维过程

前面已将试题从模型建构的角度分为四类：直接告知物理模型、文字叙述显性指向物理模型、文字叙述隐性指向物理模型和文字叙述指向较原始的物理过程。这四类问题指向学生在面对问题时，模型建构阶段的难易程度。

1. 直接告知物理模型的试题与文字叙述显性指向物理模型的试题

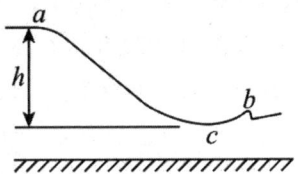

例 1：（2022 年甲卷第 1 题）北京 2022 年冬奥会首钢滑雪大跳台局部示意图如图所示。运动员从 a 处由静止自由滑下，到 b 处起跳，c 点为 a、b 之间的最低点，a、c 两处的高度差为 h。要求运动员经过 c 点时对滑雪板的压力不大于自身所受重力的 k 倍，运动过程中将运动员视为质点并忽略所有阻力，则 c 点处这一段圆弧雪道的半径不应小于（　　）。

A. $\dfrac{h}{k+1}$　　B. $\dfrac{h}{k}$　　C. $\dfrac{2h}{k}$　　D. $\dfrac{2h}{k-1}$

思维分析：该问题应直接将运动员抽象为质点模型，并直接告知考生；在运动员运动模型方面，文字叙述"c 点处这一段圆弧雪道"显性指向该处的圆周运动模型。因此，该问题在模型建构方面不存在障碍。

例 2：（2022 年广东高考第 2 题）"祝融号"火星车需要"休眠"以度过火星寒冷的冬季。假设火星和地球的冬季是各自公转周期的 $\dfrac{1}{4}$，且火星的冬季时长约为地球的 1.88 倍。火星和地球绕太阳的公转均可视为匀速圆周运

[①] 中华人民共和国教育部. 普通高中物理课程标准［M］. 北京：人民教育出版社，2018：4-6.

动。下列关于火星、地球公转的说法正确的是（　　）。

A. 火星公转的线速度比地球的大　　B. 火星公转的角速度比地球的大

C. 火星公转的半径比地球的小　　D. 火星公转的加速度比地球的小

该问题在物理模型方面直接告知圆周运动模型。

像上述这两类问题，已经帮助考生建构完成物理模型，并且通过文字或图片直接告知学生，使得试题在模型建构方面存在"零难度"。

2. 文字叙述隐性指向物理模型和文字叙述指向原始的物理过程的试题

文字叙述隐性指向物理模型的问题，需要学生根据文字线索及经验发现解决问题需要的物理模型，继而调用规律、方法解决问题。文字叙述指向原始物理过程的问题，需要学生根据试题背景和文字叙述线索建构物理模型，进而解决问题。

例3：（2022年广东高考第1题）右图是可用来制作豆腐的石磨。木柄AB静止时，连接AB的轻绳处于绷紧状态。O点是三根轻绳的结点，F、F_1和F_2分别表示三根绳的拉力大小，$F_1 = F_2$且$\angle AOB = 60°$。下列关系式正确的是（　　）。

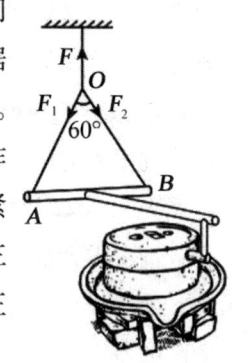

A. $F = F_1$　　B. $F = 2F_1$　　C. $F = 3F_1$　　D. $F = \sqrt{3}F_1$

思维分析：该题通过木柄静止暗示O点处于静止状态，隐性指向共点力平衡，进而要求考生通过三力平衡建构平行四边形模型解决问题。因此，该题的难点是平行四边形模型的建构。考生只要能够正确构建平行四边形，便可以通过简单的三角形知识解决问题。

下面通过改编2022年广州一测第9题，分析指向原始问题的试题在模型建构方面的特点。

例4：如图，在干燥的冬天，手接触房间的金属门锁时，会有一种被电击的感觉。带负电的手在缓慢靠近门锁还未被电击的过程中，门锁与手之间的电场强度如何变化？

思维分析：通过该题文字的叙述，不难找到该题两个相互作用的对象是带负电的手和金属门锁。考生需要

分析，人手靠近金属门锁时，金属门锁发生静电感应，电子远离人手，靠近人手一端带正电，与人手之间形成电场。有能力的考生会类比带有异种电荷的点电荷模型，当带两异性电荷靠近时，场强变大。

该问题虽然难度不大，却是一个比较原始的物理问题，它只交代了人手带负电，考生需要把与负电相关的物理知识调出，并逐步建构物理模型解决问题。因此，这一类问题的难点就在于模型建构过程。

（二）从获取证据、分析与综合、推理到解决问题的思维过程

获取证据指的是从试题中寻找模型建构、分析综合和推理需要的信息。因此，在模型建构阶段前也进行着获取证据的思维动作。

分析就是把研究对象在思维中分解成它的各个组成部分或要素，然后分别加以研究和考查，研究它们相互联系及相互制约的关系，研究它们之间的相互作用及在整体对象中的地位，考查它们对研究对象的状态及发展变化的影响，从而揭示事物的属性和本质的方法。

综合，就是在分析的基础上，把研究对象的各个组成部分或要素在思维中重新结合为一个整体，从而在整体上把握事物的本质和规律。[1] 简单地说，分析就是从整体到部分的思维过程，综合就是从部分到整体的思维过程。

美国学者罗森（Lawson）教授建立的科学推理体系结合物理学科特色，确定了科学推理的7种类型：守恒推理、比例推理、控制变量推理、因果推理、相关推理、假设演绎推理、概率推理。[2]

下面通过例题分析学生在面对问题时，在获取证据、分析与综合以及推理各个思维环节的特点。

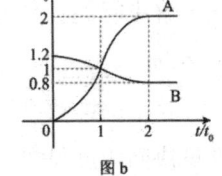

例5：（2022年全国乙卷12题改编）如图a，一质量为m的物块A与轻质弹簧连接，静止在光滑水平面上；物块B向A

---

[1] 徐斌. 分析与综合思维在物理教学中的渗透 [J]. 物理教师，2017，38（1）：93-97.

[2] 夏旭，姜玉梅，柏杨，等. 2021年高考物理试题中科学推理能力考查的定量分析 [J]. 物理通报，2022（4）：134-136，152.

运动，$t=0$ 时与弹簧接触，到 $t=2t_0$ 时与弹簧分离，第一次碰撞结束，A、B 的 v-t 图像如图（b）所示。已知 A、B 分离后，A 滑上粗糙斜面，然后滑下，与一直在水平面上运动的 B 再次碰撞，之后 A 再次滑上斜面，达到的最高点与前一次相同。斜面倾角为 $\theta(\sin\theta=0.6)$，与水平面光滑连接。碰撞过程中弹簧始终处于弹性限度内。求物块 A 与斜面间的动摩擦因数。

思维分析：按思维动作发生的顺序分析学生解决问题的思维路径。

该问题不需要学生建构物理模型，将 A、B 视为质点模型，碰撞过程属于弹性碰撞模型是解决该问题的自发思维，在模型建构方面属于"零难度"问题。

第一步：求解 B 的质量问题。

获取证据：A 质量为 m；从图中读得 A 初速度为 0，B 初速度为 $1.2v_0$；$t=t_0$ 时，B、A 共速 v_0。

该思维动作要求学生细致阅读，具有一定阅读能力的学生一般都能够获得类似证据。因此，如果学生无法完成这个思维动作，说明阅读能力存在问题。

分析：碰撞过程动量守恒，A 的初动量为 0，B 的初动量为 $1.2m_Bv_0$，水平面光滑，合外力为 0，碰撞过程系统动量守恒。A、B 共速时，动量为 $(m+m_B)v_0$。

从相互作用观念分析问题，学生需要掌握动量守恒定律适用条件的分析方法，并列出系统初、末动量。若该思维动作无法完成，说明考生在这方面的分析能力有所欠缺。

解决问题：调用动量守恒定律，由 $0+1.2m_Bv_0=(m+m_B)v_0$，得 $m_B=5m$。

这个思维动作属于工具性的应用规律。如果这一步无法完成，说明学生在解决问题过程中不熟悉如何使用定律（工具）。

第二步：求解 A 第二次与 B 碰前的速度。

获取证据：从图中读出 $t=2t_0$ 时，A、B 分离，A 速度为 $2v_0$，B 速度为 $0.8v_0$。从题目问题叙述中读出：A 再次滑上斜面，达到的最高点与前一次相同。

<<< 第二章　高中物理课堂教学策略

这个思维动作是在具有一定的解决问题的能力的基础上做出的。除了阅读能力，还需要带着解决问题的目标去获取证据。

分析：想要求出 A 第二次与 B 碰撞前的速度，必须求出 A 与 B 第二次碰撞后的速度。

推理：A 两次滑上斜面后，到达斜面的最高点相同，说明 A 两次滑上斜面的初速度相同，都是 $2v_0$。第二次碰撞前 B 的速度是 $0.8v_0$，设 A 的速度为 v'_A；第二次碰撞后 A 的速度为 $2v_0$，利用碰撞过程动量守恒定律和动能相等，列方程应该能够求出 A 在第二次碰撞前的速度。

这是一个守恒推理的过程，若该思维动作无法完成，说明守恒推理能力存在问题。

解决问题：设向左为正方向，根据动量守恒定律 $mv'_A - 5m \cdot 0.8v_0 = m \cdot (-2v_0) + 5mv'_B$

根据能量守恒定律 $\frac{1}{2}mv'^2_A + \frac{1}{2} \cdot 5m \cdot (0.8v_0)^2 = \frac{1}{2}m \cdot (-2v_0)^2 + \frac{1}{2} \cdot 5mv'^2_B$，解得 $v'_A = v_0$。

若学生无法正确列出上述方程，说明在应用定律解决问题时，数学工具的应用存在问题；若学生给出了正确的方程，但无法给出正确结果，说明学生数学运算能力存在问题。

第三步：求解 A 与斜面之间的动摩擦因数。

获取证据：A 第一次滑上斜面的初速度为 $2v_0$，滑下斜面时的末速度为 v_0。

该思维动作指向学生是否具备在阅读分析中获取信息的能力。

分析：A 从底端滑上斜面到最高点的过程，重力对 A 做负功，摩擦力对 A 做负功；A 从最高点滑下过程中，重力做正功，摩擦力做负功。

若学生无法列出重力做功与摩擦力做功的表达式，说明学生在做功方面的分析能力存在问题。

推理：由于上升和下滑的高度相同，所以重力做功大小相等，正负号相反；由于上升和下滑路程相等，故两次摩擦力做功数值相等。

该思维动作应用控制变量推理（两次起、末位置相等）和因果推理。反映学生在面向复杂问题时,这方面的推理能力是否存在问题。

解决问题:设在斜面上滑行的长度为 L,上滑过程,根据动能定理:

$$-mgL\sin\theta - \mu mgL\cos\theta = 0 - \frac{1}{2}m(2v_0)^2$$

下滑过程,根据动能定理可得 $mgL\sin\theta - \mu mgL\cos\theta = \frac{1}{2}mv_0^2 - 0$,解得 $\mu = 0.45$。

若学生无法正确列出上述方程,说明在应用定理解决问题时,数学工具的应用存在问题;若学生给出了正确的方程,但无法给出正确结果,说明学生数学运算能力存在问题。

以上是解决问题的整个思维过程,面对学生的答卷,可以通过上述分析判断学生在哪一个环节存在问题。事实上,在每个分析动作之前,能力较好的学生会进行全面思考,即发生综合这一思维动作,例如,他们会从整体上思考:如果要求出摩擦因数,需要逐步求出哪些物理量?也就是,分析与综合总是相互联系、相互依存的。[①]

(三)分析、归纳解决问题的思维路径

面对一个物理问题,学生从物理学的视角出发,首先将问题抽象成熟悉的物理模型。因为在脑中存储的是与一个个物理模型相对应的解决问题的策略。进而在问题情境中,寻找解决问题的证据。接着依据证据进行分析、综合与推理,最终解决问题。这是解决问题一般的思维过程,可以用图2-1将这个过程进行归纳概括。

在图2-1中,笔者最后留了一个"?",即对不同能力的问题解决者,成功解决了一个问题之后,他们还会做什么?差异是什么?

回答这个问题,需要从"科学思维"的要素进行分析。科学思维包括模型建构、科学推理、科学论证和质疑创新。对于思维能力较强的问题解决者,在成功解决问题之后,可能会对结果提出疑问,并再次寻找证据,进一步分析论证,最终形成具有创新性的成果。

[①] 贾丽芳,刘健智.中学生物理分析与综合思维方法的培养[J].湖南中学物理,2010(6):34-37.

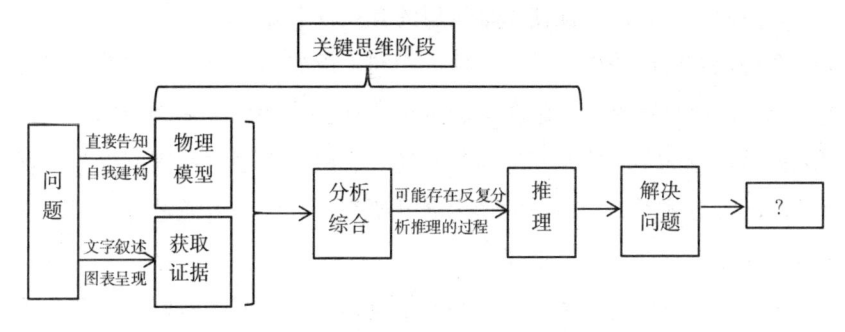

图 2-1 解决问题过程的思维路径图

同样地，在上述每一个思维动作发生的过程中，高层次的问题解决者可能每一步都会提出不同角度的问题，进行自我质疑和论证。这就是高阶思维能力具备者的体现。

问题解决是一个复杂的系统工程，问题解决者面对问题时，能够成功开展思维过程，除了由上述列出的科学思维范式决定，可能还由问题解决者的心理状态、生理状态等因素决定。因此，笔者所归纳的思维路径，只能是建立在一定的条件的近似过程。期待通过不断实践，能够在考虑、分析各种因素的情况下进行拓展、完善。

在培养学习者解决问题时，若能够基于思维发展的各个环节展开教学、训练，逐步启发、促使思维向前推进，经过系列、持久、足够量的训练后，学习者的思维便能发生质的提升，实现思维进阶。

三、解决问题的学科能力和思维障碍分析方法[①]

前面是从思维发展角度探讨如何培养学习者解决问题的能力，并在解决问题过程中实现思维进阶。现在从另一个角度：解决问题时和遇到障碍时对思维进行剖析，从另一方面促使学习者思维发展、进阶。

下面笔者从知识的掌握、模型应用与迁移、分析推理和论证以及信息获取与整理加工四方面的能力对学生答题结果进行分析，并提出可以根据分析结果归纳学生的学科能力和思维障碍，针对分析结果采取相应的措施从而对

---

① 本小节于 2023 年 5 月发表在《中学物理教学参考》（上旬）。

教学方式做出调整，形成促使思维发展的有效教学方法。

一个特定的时间段内，同一个地区相同年级的学生思考问题的方式是怎样的？思维的差异在哪里？解决问题过程中存在哪些思维障碍问题？这是多数研究教学理论的学者非常感兴趣的问题。有些学者通过调查问卷、面谈以及回答问题等方式对一个班级的学生展开研究；有些学者通过分析一个学校学生较长时间的学业成绩开展研究。

高考是面向全体高三学生的，并且是全体学生在同一时间，花费几乎相同的时间进行准备后参与的一次考试。高考试题是学科命题专家在研读了教材、课程标准等比较科学的材料之后，基于教育测量理论等专业知识命制的。参与高考人数多，参与者做了充分准备且高度投入，都经历了新课学习、高考复习等类似的过程，因此，笔者认为可以从高考试题的答题情况来分析学生解决问题的思维特点。因此，笔者主要根据考生选择题作答的结果，分析考生在作答过程中可能存在的问题，以及所反映出来的学科能力和思维障碍。

下面通过对2022年全国高考物理试题乙卷（以下简称"乙卷"）的选择题进行分析，对学生可能选择的选项以及对应的可能的思维过程进行剖析。由于选择题呈现的最终结果只是选项的字母，像语言表达、实验探究等能力不能直观呈现，因此主要从以下几方面展开分析。

（一）从知识的掌握方面分析学生答题结果

知识的掌握方面的考查是贯穿整张试题的，知识的掌握是学生其他所有能力能够顺利发挥出来的基础，可以说是解决整张试题的底层逻辑。从乙卷的试题分布看，其对学生知识掌握情况的考查是比较全面的，且非常注重考查必备知识。

例1：2022年3月，中国航天员翟志刚、王亚平、叶光富在离地球表面约400km的"天宫二号"空间站上通过天地连线，为同学们上了一堂精彩的科学课。通过直播画面可以看到，在近地圆轨道上飞行的"天宫二号"中，航天员可以自由地漂浮，这表明他们（　　）。

A. 所受地球引力的大小近似为0

B. 所受地球引力与飞船对其作用力两者的合力近似为0

C. 所受地球引力的大小与其随飞船运动所需向心力的大小近似相等

D. 在地球表面上所受引力的大小小于其随飞船运动所需向心力的大小

思维分析：该题已经为学生提供了熟悉的模型，即匀速圆周运动。题目需要学生掌握的知识：（1）航天员漂浮时仅受万有引力且万有引力是不可能消失的；（2）航天员让地球做圆周运动需要向心力，该力由万有引力提供。万有引力完全提供向心力，因此航天员处于完全失重状态。基于此，对学生答题情况分析如下。

选择 A 的考生，没有掌握航天员与地球之间的引力是普遍存在的这一知识（物理常识）。选择 B 的考生可能存在两个问题：（a）认为航天员受力平衡，飞船对航天员施加的作用力与引力合力为 0。（b）没有理解万有引力完全提供向心力时，物体处于完全失重状态，即对完全失重这个知识没有完全掌握。选择 D 的考生也是因为没有理解万有引力全部提供向心力导致完全失重，对完全失重的概念没有完全掌握。选择 B、D 的考生还可能存在一个相同的问题：没有理解航天员绕地球在做匀速圆周运动（即使他们知道飞船是绕地球做圆周运动的），没有想到万有引力提供了圆周运动的向心力这个事实。

基于上述分析，可以得出这样一个结论：这题选择错误的考生群体，知识掌握方面可能存在的问题有：（a）没有掌握万有引力普遍存在的知识；（b）没有掌握匀速圆周运动中万有引力完全提供向心力的知识；（c）没有掌握完全失重的知识。

由于对知识掌握情况的分析在后面的题目分析中也会涉及，因此这里只对这一题做相关分析，希望能起到抛砖引玉的效果。

（二）从模型应用与迁移的能力方面分析学生答题结果

在课程标准中，科学思维主要包括模型建构、科学推理、科学论证、质疑创新等要素。笔者认为对于高中的学生，模型建构是一个比较高的要求。例如，要学生将一个真实的物理事件建构成一个物理模型，首先，需要论证哪些因素需要忽略、哪些因素可以忽略；其次，需要思考可以抽象、建构成怎样的物理模型；最后，需要应用这些物理模型结合相关知识解决问题。[①]要考生在短时间内完成这样一个问题，难度是可想而知的。乙卷明显回避了这个问题，只有个别试题需要考生建构简单的模型，其他问题基本是要求考生应用或迁移应用模型解决问题。下面对这类问题展开分析。

例2：一点光源以113W的功率向周围所有方向均匀地辐射波长约为$6×10^{-7}$m的光，在离点光源距离为R处每秒垂直通过每平方米的光子数为$3×10^{14}$个。普朗克常量为$h = 6.63×10^{-34}$J·s。R约为（ ）。

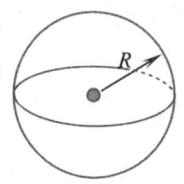

A. $1 × 10^2$m　　　B. $3 × 10^2$m

C. $6 × 10^2$m　　　D. $9 × 10^2$m

思维分析：该题涉及物理模型方面的知识主要有：（1）考生要能够应用光子模型$E = h\nu = h\dfrac{c}{\lambda}$；（2）能够建立球面模型如图所示；（3）能够理解每秒113J的能量以光子的形式平均分布在半径为R的球面上。

完成了上述3个思维动作，剩下的就是数学运算：光源每秒发出的光子的个数为$n = \dfrac{P}{E} = \dfrac{p\lambda}{hc}$，每秒垂直通过每平方米的光子数为$3 × 10^{14}$个，那么此处的球面的表面积为$S = 4\pi R^2$则$\dfrac{n}{S} = 3 × 10^{14}$。联立以上各式解得$R ≈ 3×10^2$m，故选B。

基于对该题的分析，如果考生选择错误的选项，他的解决问题的思维过程可能存在这些问题：①没有掌握或不能调用光子模型解决问题，或者忘记光子能量公式。这实际上属于知识掌握方面的问题。②不能建立以点光源为球心的球面模型，这属于科学思维的范畴。③无法将能量转化为大量光子均匀分布在球面上，这属于经验、模型迁移应用方面的能力。④数学运算过程出现错误。

该题只有一个结果，因此无法知道考生选择错误选项具体是哪一方面存

[①] 杨卫婵. 建构物理模型 提升学科核心素养：以2022年6月浙江省高考题第21题为例 [J]. 物理教师，2022，43（9）：86-88.

在问题，这需要与考生面对面交流才能得知。因此，如果有需要提升教学质量的学校，可以在考完试后，将做错该题的考生集中起来，将上述分析的四方面的问题做成一个调查问卷，让学生作答，然后根据结果优化之后的教学。

例3：一种可用于卫星上的带电粒子探测装置，由两个同轴的半圆柱形带电导体极板（半径分别为 R 和 $R+d$）和探测器组成，其横截面如图所示，点 O 为圆心。在截面内，极板间各点的电场强度大小与其到 O 点的距离成反比，方向指向 O 点。4个带正电的同种粒子从极板间通过，到达探测器。不计重力。粒子1、2做圆周运动，圆的圆心为 O、半径分别为 r_1、$r_2(R<r_1<r_2<R+d)$；粒子3从距 O 点 r_2 的位置入射并从距 O 点 r_1 的位置出射；粒子4从距 O 点 r_1 的位置入射并从距 O 点 r_2 的位置出射，轨迹如图3中虚线所示。则（　　）。

A. 粒子3入射时的动能比它出射时的大
B. 粒子4入射时的动能比它出射时的大
C. 粒子1入射时的动能小于粒子2入射时的动能
D. 粒子1入射时的动能大于粒子3入射时的动能

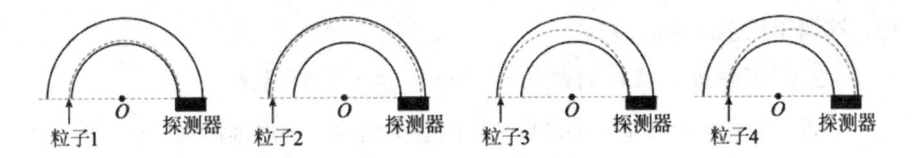

思维分析：该题涉及的物理模型是匀速圆周运动、离心运动和趋心运动。该题的解答过程如下。

1. 电场力的大小为：$F=qE=q\dfrac{k}{r}$（k 为常量），粒子1、2均为电场力提供向心力，这是一个圆周运动模型，$q\dfrac{k}{r}=m\dfrac{v^2}{r}$，解得 $v=\sqrt{\dfrac{qk}{m}}$，可知粒子1、2的速度大小：$v_1=v_2=\sqrt{\dfrac{qk}{m}}$，故粒子1、2入射与出射的动能均相等，

选项 C 错误。

2. 粒子 3 进入电场后半径逐渐变小，因此它做趋心运动，故 $q\dfrac{k}{r} > m\dfrac{v_3^2}{r}$，得 $v_3 < \sqrt{\dfrac{qk}{m}}$，选项 D 正确。

3. 由于粒子 3 靠近圆心，其受力也是时刻指向圆心，所以电场对粒子 3 做正功，出射时动能变大，因此选项 A 错误；同理，粒子 4 远离圆心，电场力做负功，出射时动能变小，选项 B 正确。因此，该题的正确选项是 BD.

基于上述分析可知：

假如考生选 A，则这类考生可能存在这样的问题：①不能从题图中获取粒子半径变小的信息，从而无法建立趋心运动的模型。②不能理解趋心运动过程中，指向圆心的力（电场力）做正功。③不能从做功的角度判断动能的变化。

假如考生选 C，则这类考生可能存在这样的问题：①不能根据文字叙述写出电场强度的公式 $E = \dfrac{k}{r}$，这属于获取信息、加工信息的能力。②不能建立电场力提供向心力的等式关系。这属于应用圆周运动模型的能力。③不能从电场力提供向心力的等式中，获得粒子做圆周运动的速率与半径无关的结论，这属于数学运算能力。

（三）从分析、推理的能力方面分析学生答题结果

分析、推理和论证是解决多数物理问题必然经历的思维过程，包括前面所提及的无论是应用物理公式解决问题，还是应用物理模型解决问题都离不开分析、推理等思维过程。① 下面从这方面展开对学生答题结果的分析。

例 4：固定于竖直平面内的光滑大圆环上套有一个小环，小环从大圆环顶端 P 点由静止开始自由下滑，在下滑过程中，小环的速率正比于（　　）。

图 a

---

① 中国高考报告学术委员会. 中国高考报告（2022）[M]. 北京：新华出版社，2022：160-174.

A. 它滑过的弧长

B. 它下降的高度

C. 它到 P 点的距离

D. 它与 P 点的连线扫过的面积

思维分析：如图 b，从 P 到 Q 只有重力对小环做功，则 $mgL\sin\theta = \frac{1}{2}mv^2$，得 $v = \sqrt{2gL\sin\theta}$。

分析过程：该过程首先要求学生假设任意点 Q，再对小环受力和做功进行分析，接着调用机械能守恒定律及其数学表达式解决问题。

推理过程：学生发现 $\sin\theta = \frac{L}{2R}$，将其代入速率公式得到速率 $v = L\sqrt{\frac{g}{R}}$，由于 g 和 R 是定值，则 v 与距离 L 成正比关系。该过程需要学生对圆周运动中的几何关系比较熟悉，能够找到直径所对应的直角三角形，并发现 $\angle PMQ = \theta$。

因此，该题如果没有选择正确，学生可能存在这样的问题：（a）没办法用一个任意点 Q 来代替整个圆环的点进行讨论。这一步要求学生突破解决问题的思维局限，它可能是基于学生以往的经验，也可能是考生在考场上的临场发挥。（b）不能调用机械能守恒定律的公式求解速率，不能运用牛顿第二定律结合运动学公式求解，这是知识应用方面的问题。（c）无法找到 $\angle PMQ = \theta$，并获得 $\sin\theta = \frac{L}{2R}$，这是学生几何知识方面的问题。（d）无法通过推理，获得 v 与 L 成正比的结论。

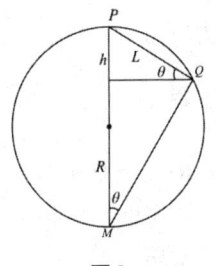

图 b

事实上，该问题从第一步确定 Q 开始，就需要学生一边分析，一边推理，对分析推理的思维能力要求较高。

例5：如图 a，一不可伸长轻绳两端各连接一质量为 m 的小球，初始时整个系统静置于光滑水平桌面上，两球间的距离等于绳长 L。一大小为 F 的水平恒力作用在轻绳的中点，方向与两球连线垂直。当两球运动至二者相距 $\frac{3}{5}L$ 时，它们加速度的大小均为

图 a

( )。

A. $\dfrac{5F}{8m}$　　B. $\dfrac{2F}{5m}$　　C. $\dfrac{3F}{8m}$　　D. $\dfrac{3F}{10m}$

思维分析：（1）分析几何关系。当两球运动至二者相距 $\dfrac{3}{5}L$ 时，如图所示可知：

$$\sin\theta = \dfrac{\dfrac{3L}{10}}{\dfrac{L}{2}} = \dfrac{3}{5}$$

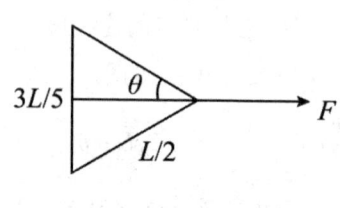

这一步要求考生将题目信息转化为几何图，并根据自己几何方面的知识求解问题。（2）分析推理。两轻绳结点没有质量，它们沿着垂直拉力 F 的分力应抵消，所以它们水平方向拉力的合力与 F 等大反向，可知 $2T\cos\theta = F$，解得 $T = \dfrac{5}{8}F$。对任意小球由牛顿第二定律可得 $T = ma$，解得 $a = \dfrac{5F}{8m}$，故 A 正确，BCD 错误。

因此，该题选择错误的原因可能是：（a）无法建立几何关系，顺利求出 θ 角的正弦。（b）不能通过分析、推理获得拉力 T 与 F 之间的关系。（c）不能理解小球运动的加速度必与绳子拉力方向相同，小球加速度由绳子拉力产生。（d）不能调用牛顿第二定律解决问题。

（三）信息获取与整理加工的能力方面分析学生答题结果

事实上，信息获取与加工能力几乎在每道试题中都会有体现，几乎每道试题都要求学生从文字叙述中获取关键信息，并进行加工处理，转化为解决问题的信息。只是有些题目更侧重对信息获取与整理加工方面的能力，如图像问题、图表问题等，需要学生从图像、表格中获取信息和寻找信息呈现的规律，并进行整理加工，如乙卷中的两道题。

例6：质量为 1kg 的物块在水平力 F 的作用下由静止开始在水平地面上做直线运动，F 与时间 t 的关系如图所示。已知物块与地面间的动摩擦因数为 0.2，重力加速度大小取 $g = 10 \text{ m/s}^2$。

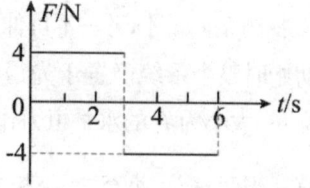

则（　　）。

A. 4s 时物块的动能为 0

B. 6s 时物块回到初始位置

C. 3s 时物块的动量为 12kg·m/s

D. 0～6s 时间内 F 对物块所做的功为 40J

思维分析：该题明显考查学生获取信息并整理加工的能力，需要学生获取两方面的信息。（1）从文字叙述中获得滑动摩擦力>$f = \mu mg$ = 2N 的信息。（2）获取图像信息并整理加工。0~3s 内，物体受力 F=4N>f，物体做加速度为 2m/s^2 的加速运动；t = 3s 后，力 F 反向，物体做加速度大小为 6m/s^2 的减速运动，经过 1s 速度为 0，物体开始反向加速，加速度大小又等于 2m/s^2。

事实上，对信息整理加工的过程也是基于原有经验和知识进行分析、推理和调用知识解决问题的过程。因此，这类问题对学生的能力要求较高。

除了选项 B，该题的其他选项都需要经历上述（1）和（2）的信息处理过程，因此如果考生选择 A，则可能存在这样的问题：①不能将图像信息结合文字信息获知物体先加速后减速的运动情景。②无法求解加速阶段的加速度。③不能理解力 F 反向后，物体还在继续前进，摩擦力方向没有改变，它与力 F 同向。因此，无法正确求解减速阶段的加速度。

其他选项可以对照解答过程依次分析，不做赘述。

例7：安装适当的软件后，利用智能手机中的磁传感器可以测量磁感应强度 B。如图，在手机上建立直角坐标系，手机显示屏所在平面为 xOy 面。某同学在某地对地磁场进行了四次测量，每次测量时 y 轴指向不同方向而 z 轴正向保持竖直向上。根据表中测量结果可推知（　　）。

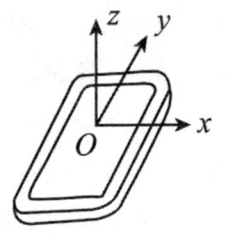

测量序号	$B_x/\mu T$	$B_y/\mu T$	$B_z/\mu T$
1	0	21	-45
2	0	-20	-46
3	21	0	-45
4	-21	0	-45

A. 测量地点位于南半球

B. 当地的地磁场大小约为 50μT

C. 第 2 次测量时 y 轴正向指向南方

D. 第 3 次测量时 y 轴正向指向东方

思维分析：（1）需要学生将表格呈现的信息进行归纳。无论 x、y 轴向哪个方向，沿着 z 方向的磁感应强度大小都约等于 $B_z = -45\mu T$，因此磁场的竖直分量必沿着 z 轴负方向，测量点应处于北半球。第 1、2 次测量，B_y 约等于 $21\mu T$，第 3、4 次测量，B_x 约等于 $21\mu T$。

（2）对所归纳的信息进行加工处理。从表格逐个分析，第一次测量磁场的水平分量沿着 y 轴正方向，根据磁感应线的水平分量由地理南极附近指向地理北极附近，故 y 轴正方向指向北；第二次测量磁场的水平分量沿着 y 轴负方向，因此 y 轴正方向指向南方；第三次测量磁场的水平分量沿着 x 轴正方向，故 x 轴正方向指向北方，此时 y 轴正方向指向西方；第四次测量磁场的水平分量沿着 y 轴负方向。

（3）数学加工。磁场的大小 $B = \sqrt{B_z^2 + B_{//}^2}$，其中 $B_{//}$ 可能是 x 分量，也可能是 y 分量，代入数据可得 $B \approx 50\mu T$。

由上述分析可知，如果该题选择错误，学生可能存在这样的问题：①没有掌握地磁场磁感应线分布；无法将地磁场的磁感应强度分解为竖直和水平两个分量。这属于对物理模型不熟悉。②无法将表格的信息进行分析、归纳，转化为对解决问题有帮助的信息。这属于信息获取、分析与归纳能力欠缺。③不能将地磁场模型与实验数据信息进行对比分析。这属于信息整理、加工方面的能力欠缺。④不能应用两个分量合成的数学工具求解磁感应强度，这属于数学知识欠缺。

综上，该题对学生的信息加工能力、应用模型结合信息分析、处理问题的能力要求较高，如果考生能正确作答，说明考生这方面的能力处于较高的水平。

从上述的分析不难发现，多数试题都或多或少涉及各种能力的考查。例如，对知识掌握方面的考查，应该是贯穿整个试卷的，笔者仅选取了其中一个问题进行示例式的剖析；又如，获取信息的能力，多数试题都需要学生从文字叙述中获取与解决问题相关的信息。再如，分析推理能力，同样是每道题都要涉及的。笔者从试题的特点出发，选取更突出考查某种能力的试题进行分析，以此来反映某个考生群体存在的问题。

基于此，笔者有个这样的想法：对于一个学校，在进行一次大型考试之后，如果能够对试题进行类似的分析，罗列考生可能存在的问题。再将学生集中起来，把这些问题做成问卷调查的形式让学生花一点时间作答。然后将学生作答的结果进行分析、归纳总结，找到学生存在的共性问题，以便对下阶段的教学做出相应的调整，这对教学水平的提高应该有所帮助。[1]

而在进行学习者答题过程存在的问题分析时，教师应切实基于问题解决过程的思维发展的各个环节展开分析，将问题解决过程放大，将时间微格化放慢，从最初面向问题的感官印象，到尝试描述、分析、概括、建模，再到分析、推理、论证……各个细节进行分析，切实找到思维障碍，并采取相应的教学策略，从而促进思维顺利进阶。

三、从重视模型建构出发，进而促使思维进阶的教学案例[2]

模型建构能力的培养，是物理课堂教学的目标之一。本小节通过《机械波的描述》一节课的教学设计，讲述如何引导学生从接触物理现象、讨论交流、抽象描述到概括现象，最后建构物理模型的教学过程，通过这一过程培养科学思维，落实素养目标。

《课标》提出模型建构是科学思维的要素之一，科学思维"是基于经验事实建构物理模型的抽象概括过程"[3]。那么，在具体的教学设计中，如何创设具体的教学活动促使学生经历模型建构的过程？如何在模型的抽象、概括和建构中培养科学思维？笔者通过"简谐波"这一抽象模型建构过程，探讨这一问题。

---

[1] 肖花. 中学生物理问题解决的思维障碍分析及教学对策研究［D］. 长沙：湖南师范大学，2009：61-64.
[2] 本小节于2021年发表于《课程教学研究》第2期。
[3] 中华人民共和国教育部. 普通高中物理课程标准（2017年版2020年修订）［M］. 北京：人民教育出版社，2020：4.

广东教育出版社出版的教材《物理：选择性必修》第一册中，在学习"机械波的描述"之前安排了"机械波的产生和传播"的学习内容。"机械波的描述"这一节是应用物理量结合数学图像对机械波进行描述，进而应用机械波的知识分析、解决实际问题，非常合理。

对于多数学生，机械波是比较抽象的概念。所以，以机械波为素材进行设计，既能对学生进行波动知识的启蒙，又能培养学生将抽象的现象进行形象概括、模型建构的思维方法。"机械波的描述"这一内容正好具有这个特点和作用，经历应用物理量和数学图像描述机械波和解释相关问题的方法，是培养学生建模思想的重要过程。

通过分析本节课教材，本节课主要设计以下教学环节：

（1）通过观察波的实际图像，应用直角坐标系建模的方法画出波的图像描述横波，经历从绳波到波形图的过程，培养建构物理模型的思想方法。

（2）通过观察、分析波的图像，理解波峰、波谷等概念，初步学会应用物理量描述物理模型。

（3）用波长、波速和频率等概念解释波的传播问题；通过分析波形在相邻质点间的传播过程，理解质点间的作用和能量关系，培养相互作用观和能量观。

（一）建构物理模型的思想方法

通过观察波的实际图像，经历从绳波到波形图的抽象过程，应用直角坐标系建模的方法画出波的图像描述横波，培养建构物理模型的思想方法。

调用简谐振动的图像——质点振动各个时刻的位移与时间的关系，引发学生对简谐波的图像进行思考：不同时刻，各个质点处于不同位置，如果把这些位置用光滑的曲线连起来，那会是怎样的图像呢？

在观察抽象机械波的图形的过程中，引导学生观察图 a 中绳波的图像（也可以通过视频观察其他波形），进行如图 2-2 所示的抽象过程：接触、观察绳波的现象，通过图 b 对波中各质点的振动情况进行讨论、分析，从上到下完成各质点的连线，画出如图 c 的波形图。

至此，学生初步认识简谐波的图形。但是，这离简谐波模型建构完成还有很大距离，一个物理模型的建立，除了直观的图形，更重要的是掌握模型

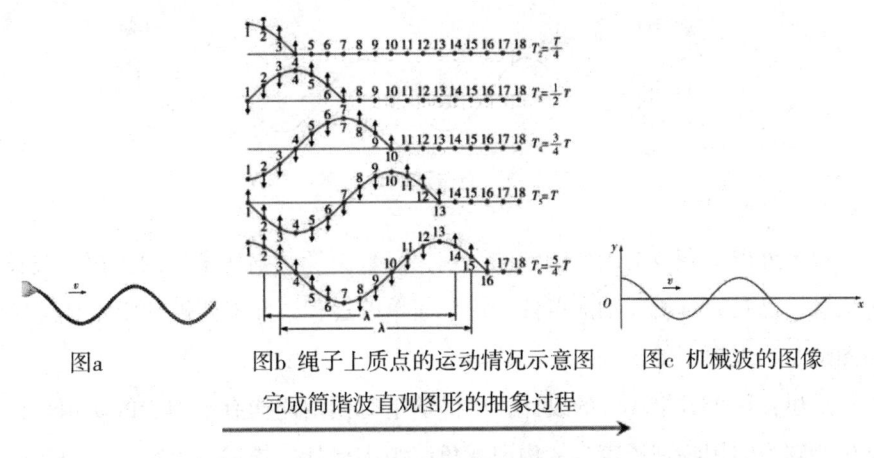

图a　　　图b 绳子上质点的运动情况示意图　　图c 机械波的图像
　　　　　　完成简谐波直观图形的抽象过程

图 2-2　机械波的抽象过程

的特点和属性，还要学会建立必要的物理量和应用数学工具进行解构。

具体到简谐波模型，要完成该模型的建构，必须对简谐波传播过程质点的振动情况、振动传播特点、波速、波长和周期等属性进行深入分析，还应学会应用坐标系、数学函数画出具体的图像。因此，学生画出简谐波的图形，只能说初步学会了描绘简谐波的外形。接着，便是构建简谐波的属性和分析其特点。

反思：对于初步接触"波形"的学生，这一过程从"观察"到"初步建模"的角度引导学生学习，为知识的推进、思维的发展提供了基础。

（二）初步学会应用物理量描述物理模型

1. 在直角坐标系中画出波形图，寻求描述波形需要的物理概念

跟学生一起，从上往下，描出不同时刻质点所在的位置，分析每 $T/4$ 质点的振动情况。这样既能让学生感受波形图的形成过程，更能让学生体会质点只在平衡位置上下振动这一关键信息。

从简谐振动的图形出发，启发学生通过建立直角坐标系，以 x 轴表示各质点的平衡位置，y 轴表示各质点在某时刻的位移，那么所抽象出来的图像便是该时刻的简谐波的函数图像。这样的设计，让学生经历抽象建立物理模型的过程。在波形图中定义波峰和波谷是形象且简单的事情。

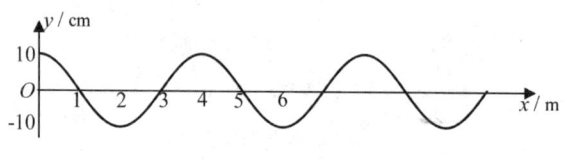

图 2-3　简谐波的波形图

波的外形图和波的函数图像的区别：函数图像已描述了波的振幅、波长等信息，已具有解析波动的条件。这个简单的过程，显然能够让学生体会一般图形与物理模型的区别。

反思：这个教学环节的设计，使得学生对模型建构有了初步的认识。让学生能够习惯用物理语言、从物理视角试图去概括、描述一个物理现象，为进一步认识模型、自主建构模型做好了充分的准备。

2. 辨析、区别简谐波图像与简谐振动图像，理解模型特点

简谐波是由介质中质点的群体运动形成的，如果把各个时刻质点所在位置用光滑曲线连起来，便可以得到该时刻波的图像，它对应着某个时刻；简谐振动图像是一个质点在不同时刻偏离平衡位置的位移矢量末端的连线，它对应着多个时刻。对这两个物理模型的区别如下。

振动图像是一个质点的"独舞"。是一个质点在各个时刻位置"拼接"起来的。振动图像对应的是一个时间过程。

波动图像是全体质点在某个时刻的"集体照"。波动图像对应的是一个时刻。

跟学生一起对比、分析，说明两个模型之间关键的区别：第一，波形图对应一个时刻，振动图像时间在持续；第二，波动图像对应着不同质点，质点在空间中持续传播。

反思：对比分析可以引发学生用"旧"知识对"新"知识进行"审视""同化"，在新旧模型的对比中，促使新模型逐渐"顺应"。

3. 建构模型的属性——波长、波速和周期

深化对物理量的理解，巩固所建构模型。教师观察横波的波形图，从相邻波峰、相邻波谷、相邻密部、相邻虚部的距离得到波长 λ 的概念之后，再跟学生一起抽象概括波长的一般定义：沿着波的传播方向，在波的图形中，

相对平衡位置的位移总是相等的两个相邻质点的距离。教师可以通过具体图像进行教学：如图 2-4，向右平移一段相同的箭头，便能找到位移总是相等的点。

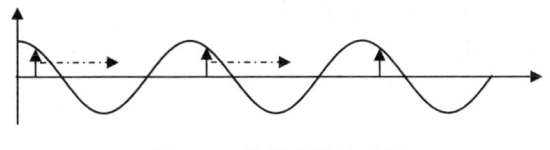

图 2-4　简谐波的波形图

在图 2-3 中，学生可能有疑问：位移相等的点，在一个波峰两侧不是有两个吗？为什么图 2-3 中只取右侧的点？教师可以顺势提问：这两个点的振动方向有什么不同？怎样才能保持位移总是相等？

任意两个位移总是相等的点的距离应该满足：$\Delta x = n\lambda$（n 为正整数，以下均相同）。那么，让学生理解 nT 时间内传播的距离是 $n\lambda$，波速：$v = \dfrac{n\lambda}{nT} = \dfrac{\lambda}{T}$。这样可以深刻理解物理量之间的关系。让学生对这三个物理量进行讨论，这样做既可以加深对物理量之间关系的认识，也可以深入理解公式本身的意义，对培养物理观念有积极的作用。

n 个周期内形成 n 个完整的波形，那么波源便完成 n 次全振动。波源持续振动，才能使波能量源源不断沿介质传播，且频率是一致的。教师在讲解波传播的过程中应注意渗透相互作用观和能量观。

反思：描述模型属性的物理量的建立是完成模型建构的重要环节，是从"一般图像"向"物理模型"进阶的重要标志。因此，物理量的建立，也应该从理解模型、解构模型需要的角度进行，培养学生规范建立物理语言的思维习惯。

4. 对模型进行讨论与交流，使得机械波模型在讨论、辨析中越发形象、深刻

频率由波源决定（波源的振动频率决定了波的频率），波速由介质决定（不同介质对波的传播速度不同），由 $\lambda = \dfrac{v}{f}$ 可得波长也发生了改变，且波速

越大，波长越大。这里可以通过实例说明波速由介质决定：例如，声音在空气中和钢管中先后传到耳朵；光在玻璃中和空气中传播速度不同等。

进一步探讨机械波传播的特点：在图2-5中，实线和虚线是 Δt 时间前后的波形图，波沿着 x 轴正方向传播的距离：$\Delta x = v\Delta t$，那么介质对波传播速度越大，这个距离将会越大。

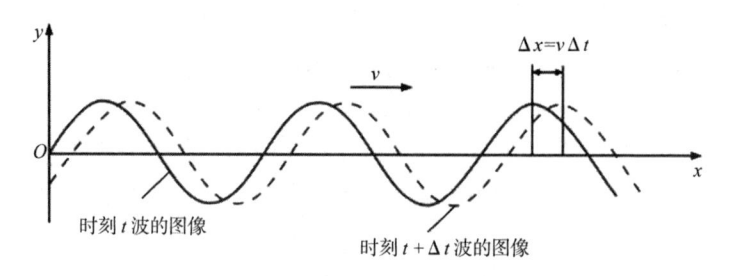

图2-5　时刻 t 波和时刻 $t+\Delta t$ 波的图像

这样通过创设具体的图景，让学生在波形图的变化中感受波移动的过程，并应用刚刚建立起来的波速、波长和频率公式分析问题，既能够加深所学公式，也能从中理解波传播的具体问题，感受学以致用的乐趣。

接下来，充分挖掘图2-6蕴含的信息进行教学。

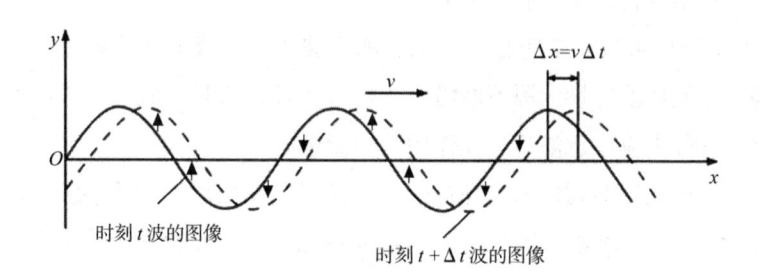

图2-6　时刻 t 波和时刻 $t+\Delta t$ 波的图像

波沿着 x 轴正方向传播，波形图从实线变为虚线，波也向前推进了，即 $\Delta x = v\Delta t$。这里蕴含着几个重要信息：（1）沿 x 轴正方向看，实线上的质点振动依次落后，例如，$x=0$ 处的质点在平衡位置，将带动它右侧的质点下一时刻到达平衡位置。根据这个相互作用的观念便可以判断，波形图上每个质点的振动方向为沿波传播方向,"上波"的质点都向下振动;"下波"的质点都向上振动。这一讨论使学生更深入理解质点间相互作用的过程。(2)从实线到虚线的变化表明,波的信息、能量沿 x 轴传播了,即 $\Delta x = v\Delta t$,若原点 O 是波源,虚线和实线任意两个相邻波峰、相邻波谷之间的距离均为 Δx。

可以将该图进行拓展,展示以下两个图像,让学生讨论波形从实线到虚线的变化过程,经历的时间与周期的关系。

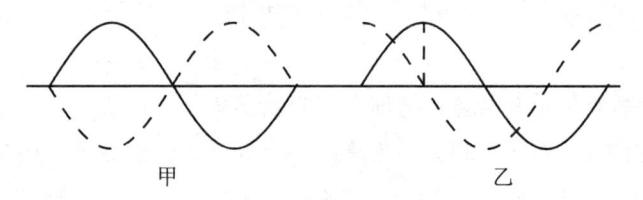

图 2-7　波形变化的图像

如图甲,从实线到虚线的变化过程经历的时间可能等于 $nT + \dfrac{T}{2}$;

如图乙,从实线到虚线的变化过程经历的时间可能等于 $nT + \dfrac{T}{4}$ 或 $nT + \dfrac{3T}{4}$。

反思:纵观整节课的设计,思路非常清晰,思维层次的发展也非常合理,既考虑了知识本身的"生成"规律,也考虑了学生的认知习惯,在内容和结构上都有明显的优点。

综上,本节课从学生认知规律出发,基于观察、描述、分析、推理和概括的思维过程对机械波模型建构展开教学,完成了物理模型建构、解析、巩固的全过程,注重培养学生应用物理观念解释物理现象的习惯,培养学生模型建构的科学思维,对培养学生的物理学科的核心素养有积极的作用。

相较以往的教材,新教材对整节课的设计,不仅紧扣课程标准,还充分考虑学生的学习思维发展习惯和能力基础,对素养目标的落实非常明显、到位。通过创设具体情境,学生在情境中进行体验学习,在体验中达成教学目标,这相较以往目标独立与教学过程的设计有了较大进步,非常合理。

第二节　在真实情境的教学中培养科学思维的策略

本节通过案例探讨如何在创设真实情境的教学活动中，进行模型建构、科学推理和质疑创新等能力的培养，从而达成落实科学思维的素养目标，为在创设真实情境的教学活动中培养科学思维提供可借鉴的思路和方法，从而促进思维进阶。

情境是教学的重要载体。物理学科的教学离不开情境。"情境"也是普通高中物理课程改革中出现频率极高的一个词，不管是教学，还是考试，情境化是一个重要的方向。《课标》在各章节的教学建议中均提出要创设情境进行教学，这体现了基于情境展开教学活动的重要性。

真实情境的创设，应该以学生的认知水平为基础，选取学生熟悉的、感兴趣的生活、生产以及科技问题，让情境的创设更好地促进学习活动的开展、促进知识的理解、促进思维的发展。在真实情境中，展开教学活动，不仅要关注知识的形成，也要关注思维的发展。科学思维的培养是高中物理课程的重要目标，是学生在该阶段需要得到发展的重要素养。

《马克思主义哲学原理》关于科学思维这样描述："科学思维，也叫科学逻辑，即形成并运用于科学认识活动、对感性认识材料进行加工处理的方式与途径的理论体系；它是真理在认识的统一过程中，对各种科学的思维方法的有机整合，它是人类实践活动的产物。"[①] 这个描述强调了要形成科学思维，需要用具有学科特色的思维方式对感性认识材料进加工处理；强调了科学思维是科学认识活动、实践活动的产物。因此，为学习活动创设真实的情境，在情境中提供合理的材料，是培养科学思维的重要途径。

《课标》对科学思维的描述："'科学思维'是从物理学视角对客观事物的本质属性、内在规律及相互关系的认识方式；是基于经验事实建构物理模型的抽象概括过程；是分析综合、推理论证等方法在科学领域的具体运用；是基于事实证据和科学推理对不同观点和结论提出疑问和批判，进行检验和

---

① 王宏波. 马克思主义哲学原理 [M]. 西安：陕西人民出版社，2004：177-178.

修正，进而提出创造性见解的能力与品格。"①

要培养科学思维，需要创设什么样的真实情境？要如何基于真实情境展开师生活动？科学思维包括模型建构、科学推理、科学论证和质疑创新等要素。那么，情境的创设应根据课程目标的需求，有意识地指向这些要素的培养。

下面通过理论归纳与实例展示落实科学思维素养目标的做法。

一、重视模型建构过程的师生活动

模型建构能力是应用物理学知识解决问题的重要能力，要解决实际问题，首先，必须能够从物理学的视角认识问题；其次，将实际问题转化为物理模型；最后，调用物理规律解决问题。模型建构能力的培养，最重要的是要突破从现象到物理模型的思维距离。

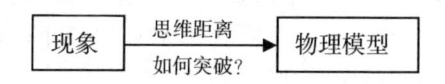

图 2-8 模型建构能力的培养

《思维的模式》一书这样描述人类接触现象的过程："重要性（指人类对事物最突出的印象）"—"表达"—"理解"三个步骤。② 具体到物理模型的建构，可以将这一思维过程拓展为"印象"—"描述"—"理解"—"抽象概括"—"形成模型"五个步骤。也就是说，从现象到物理模型，应该给予学生最突出的感官印象、充分的描述和表达的机会、理解的时间和空间、抽象概括的过程以及构建物理模型的结果，这样将能够顺利突破上文所说的思维的距离。

下面以圆周运动的一个教学实例展示这个思维过程。

例题：如图，带车牌自动识别系统的直杆道闸，离地面高为1m的细直杆可绕 O 在竖直面内匀速转动。汽车从自动识别线 ab 处到达直杆处的时间为3.3s，自动识别系统的反应时间为0.3s；汽车可看成高1.6m的长方体，

---

① 中华人民共和国教育部．普通高中物理课程标准（2017年版2020年修订）[M]．北京：人民教育出版社，2020：4-5.
② 怀特海．思维的模式 [M]．姜骞，译．成都：天地出版社，2019：7-56.

其左侧面底边在 aa′ 直线上，且 O 到汽车左侧面的距离为 0.6m，要使汽车安全通过道闸，直杆转动的角速度至少多大？

下面通过表 2-8 展示教学活动的过程。

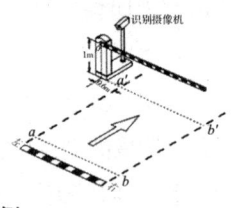

表 2-8　情境—建模—解决问题的教学案例

真实情境	思维过程	教师活动	学生活动
图 a　汽车通过闸门	突出的印象	提问：汽车要顺利通过闸门，需要什么条件？杆做什么运动？	回答：汽车不能碰到杆，杆必须转动到汽车顶端的上方。杆做圆周运动
	给予学生表达的机会	提问：闸门从识别到汽车到汽车安全到达闸门处的时间多长？汽车刚好安全通过闸门，杆转过的角度可以多大？	生甲：时间 3.3s。 生乙：时间 3s。 生丙：杆竖起来，转过 90° 最安全！ 生丁：杆转到刚好不接触到汽车顶部。 杆转动的速度应该比较快！ ……
	师生交流—深入理解、抽象概括	提问：杆刚好不碰到汽车顶部的情境是怎样的？杆转过的角度多大？杆转过的角度可以通过哪些条件求解？	学生寻找情境中给出的数据：O 点离地面 1m，车高为 1.6m，车左侧与 O 点距离为 0.6m，学生画出图像如图 b 所示 图 b

续表

真实情境	思维过程	教师活动	学生活动
图 a 汽车通过闸门	形成模型——解决问题	在图 b 中，学生将真实情境抽象成这样一个物理模型：一个长方体通过做匀速圆周运动的杆，长方体的左上角刚好不接触到杆，即安全通过。 解决问题的数学模型：1.6m-1m=0.6m，构建等腰直角三角形△OAB，得到：∠AOB=45° 解决问题的物理模型：杆做匀速圆周运动转过的角度 $\theta = \dfrac{\pi}{4}$，时间 $t=3.0s$，得角速度为：$w = \dfrac{\theta}{t} = \dfrac{\pi}{12}/s$	

上述教学活动中基于学生对物理模型建构的各个不同的思维阶段，给予学生相应的启发。整个教学过程围绕这样一个思路：汽车不碰到杆的直观感受—汽车不碰到杆的物理条件—用物理模型建构一个汽车不碰到杆的图形—应用已有的物理模型解决问题。在每一个阶段，教师应给予学生充分的思维空间和时间，力求最大限度地让学生经历物理模型的建构过程。

值得注意的是，上述的教学过程虽然侧重了模型建构能力的培养，但也涉及了分析（对汽车高度、距离以及角度大小的分析）、推理（推出杆转动的时间、杆恰好越过汽车等结论）等思维过程。一个教学事件的发生，必然涉及学生各方面的素养，只是教师根据不同的素养目标的预设，开展侧重点不同的教学活动，从而较好地落实目标。

二、重视科学推理的思维过程

科学推理是科学思维的重要体现，是科学思维的"显性动作"。推理包括从一般到特殊的演绎推理、从特殊到一般的归纳推理、从类似的现象进行迁移的类比推理。下面通过教学实例探讨基于真实情境进行推理的教学活动。

在探究重力做功是否和路径有关的问题中，在教师的引导下，某实验小组对重力做功与路径无关产生怀疑，想从真实实验情境中证实这个结果，于是设计了下面几组真实实验情境进行探究（如表2-9所示）。

表2-9 三种探究重力做功的情境

情境1	情境2	情境3
把小球系在长为H的细绳上，让小球从水平位置静止释放，用底端的光电计时器和小球的直径测量小球到达底端的速度大小v_1	让小球在离光电门H处静止下落，用光电计时器和小球的直径测量小球到达底端的速度大小v_2	让小球在光滑斜面上离底端的光电门H处静止下落，用光电计时器和小球的直径测量小球到达底端的速度大小v_3

该小组通过表2-9中的三个不同情境的实验，发现v_1与v_2几乎相等，v_3略小一点，但误差范围内v_1、v_2、v_3可以视为相等。

教师引导学生进行推理：情境1中小球沿着圆弧路径运动，情境2中小球沿着竖直路径运动，情境3中小球沿着光滑斜面运动，从小球到达斜面底端的速度相等这个事实，同学们得出的结论是什么？

学生：小球沿着三条不同的路径到达光电门处，但路径的高度差一样，小球到达底端的速率也一样，这说明这三种情况重力对小球做功的大小相等。

教师：那么，我们是否可以将这个结论进行这样的拓展：如果小球沿着其他路径运动，只要高度差一样，重力做的功相等。从理论上是否能够论证这一结论？

师生交流：如图2-9，小球沿着不规则的曲线轨道下滑，下滑的竖直高度为H，重力对小球做功多大？

根据功的定义：力与沿着力方向的位移的乘积，学生可以轻松得到重力

做功为 mgH，这与前面的三个实验的结果一致。

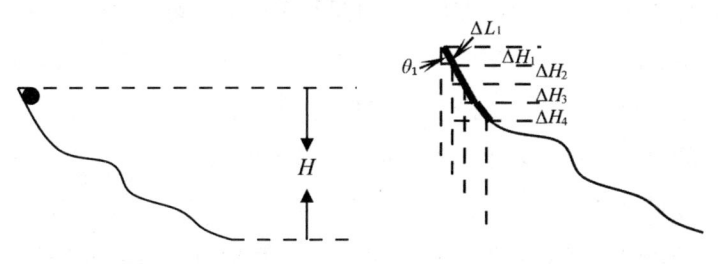

图 2-9　小球沿曲线轨道下滑　　图 2-10　微元法分析重力做功

可以进一步探讨：如图 2-10，将曲线轨道分为无数段无限小的轨道，每段轨道可以近似为直线轨道。第一段轨道长 ΔL_1，其与竖直方向夹角为 θ_1，根据功的定义，重力做功为 $mg\Delta L_1\cos\theta_1 = mg\Delta H_1$，从而可得小球从轨道顶端下滑竖直高度为 H 的过程中，重力对小球做的功：$w = mg(\Delta H_1 + \Delta H_2 + \Delta H_3 + \Delta H_4 + \cdots\cdots) = mgH$。

上述教学过程，通过三个真实的情境获得三个特定的结果，通过结果的比较演绎推理得到重力做功与路径没有关系的初步结论。这是在足够多的"感性材料"的基础上，运用推理的思维方式获得的初步结论。接着，质疑结论的普遍性：通过这三个情境得出的结论是否能够得出一个普遍成立的规律？于是，教师运用功的定义和公式结合数学方法进行多角度的分析，最终得到一个令学生信服的结论：重力做功与路径无关，等于重力与高度差的乘积。

教师进而向学生提出一个更普遍的问题：与重力性质类似的力做功，是否其大小都与路径无关？

这一过程，让学生经历了一个结论形成的完整的思维过程：从感性材料出发，一步步演绎、推理，结合定量分析，最终归纳得出结论，这对培养科学推理能力、落实科学思维素养目标的培养是有效的。

同样地，上述教学不仅仅局限在"科学推理"这一要素，其中也涉及了质疑、论证等方面思维的启发和培养。也就是说，任何教学过程对学生思维发展的影响都不是孤立的，而是全面的，只是教师在教学过程中侧重点不同而促使教学目标指向不同。

三、重视质疑创新的问题情境①

质疑是科学发展的重要动力,提出问题比解决问题更重要已经成了一种共识。在质疑的基础上,思考、寻找解决疑问的方法,最终得到解决问题的策略,就是一种创新。下面通过一个基于真实情境的习题的教学案例,探讨培养学生质疑创新能力的一种方式。

例题:如图,单人双桨赛艇比赛中,运动员用双桨同步划水使赛艇沿直线运动。运动员每次动作分为划水和空中运桨两个阶段。假设划水和空中运桨用时均为0.8s,赛艇(含运动员、双桨)质量为70kg,受到的阻力恒定,划水时双桨产生动力大小为赛艇所受阻力的2倍。某时刻双桨刚入水时赛艇的速度大小为4m/s,运动员完成1次动作,赛艇前进8m。求(1)划水和空中运桨两阶段赛艇的加速度大小之比;(2)赛艇的最大速度大小和受到的恒定阻力大小。

思维分析:该题的解答过程比较简单,题目已经将赛艇的运动抽象成这样的物理模型:划桨时,赛艇做匀加速直线运动;空中运桨时,赛艇做匀减速直线运动。这利用动力学规律不难解答。解决完这个问题,笔者觉得这么好的素材情境应该发挥更大的作用,于是向学生提出这样一个问题:大家有没有见过赛艇,赛艇的运动真的是这样的吗?我们把运动过程抽象成先匀加速、后匀减速直线运动的过程,这会不会与现实偏离太大?

问题一抛出,顿时鸦雀无声。显然,学生已经习惯于这样的理想化方式,对于是否合理已经没有思考的习惯了。当然,有个别学生说他也有这样的疑问。

于是,笔者让学生课后去查阅资料,下一节课再来解决问题。

最后,通过查阅资料,有学生找到对赛艇划水比较合理的建模方式:赛艇的运动可以抽象成一个匀速直线运动叠加一个简谐振动,它运动的速度—时间图像大致如图 2-11 所示。

于是教师进一步提问:赛艇的真实的速度图像与该题中运动的 v-t 图差

---

① 本小节于 2021 年 12 月发表在《物理教师》。

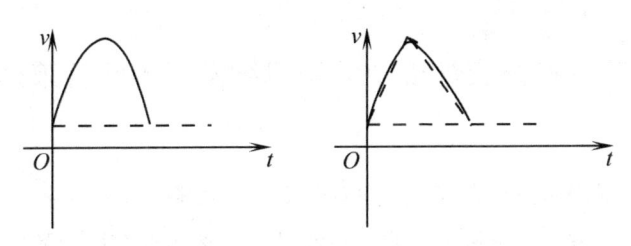

图 2-11　划桨过程的速度—时间图像　　图 2-12　图像的近似处理

异大吗？

学生在图 2-11 中作出了题目所建立模型的运动图像的 v-t 图（如图 2-12 所示），发现两个图像比较接近。教师借机提出这样的观点：简谐运动的图像中，绝大部分与直线非常接近，基于高中阶段的知识限制，把赛艇的简谐运动简化为先匀加速后匀减速直线运动的模型是可以接受的。这样的结论，得到多数学生的支持，还有少部分质疑的学生，他们会继续钻研、继续查阅资料、继续发现问题，这不就是教学的目的吗？

这一教学过程，不仅能够让学生重新发现一个物理模型简化思路，更能够培养学生对习以为常的事实产生怀疑的习惯，引导学生质疑之后寻找解决问题的创新的思路和方法。

综上所述，在创设真实情境的教学中培养科学思维，从创设情境到基于情境进行教学，每一个环节都不是孤立的，每一个环节都应该落在学生思维的关键点上，在最恰当的时候进行启发，推动学生的思维顺着预设的教学路径前进。同样，对于培养科学思维的各个要素的教学策略也不是孤立的，模型建构过程需要分析推理，分析推理过程涉及抽象概括，只是选择的侧重点不同罢了。希望上述的案例，能够为真实情境的教学如何培养科学思维，进而促使学习者思维进阶提供思路与启发。

第三节　在真实情境中促使思维发展的问答策略[①]

本节通过实例探讨在真实情境中有效提问的策略，提出了指向问题本身内涵的问题设计方式；分析了影响提问效果的因素和有效提问的方法；提出了真实情境中问题的设计和提问策略。为基于真实情境的有效提问提供参考。

创设真实情境展开教学，是教学方式改革的重要方面。实践证明，在真实情境中展开教学是课堂教学顺利推进的重要手段，也是引导学生思考和促进学生思维深度发展的教学方式之一。基于真实情境的教学，其中一个重要的要素是设置问题，教师通过问题启发学生思考，学生在问题中寻找线索，逐步进行思考，师生在问答中展开交流。因此，有效的提问是基于真实情境教学的重要方面。

关于提问在教学方面的作用，一直是国内外学者和教师们研究的热门课题。李亚明在《高中物理课堂如何做到有效提问》一文中就课堂教学中的"提问的次数""提问的梯度""提问的难度"进行分析，他认为课堂提问应方式多样性、难度多层次性，过程应具有技巧性和内容应具有针对性。[②] 在问题促进学生学习方面的研究，杜爱慧老师提出了提问应"创设认知冲突""鼓励学生表述问题"以及"提供典型方法"等策略。[③] 任虎虎则提出了"问题生活化""问题情境化"以及"以'问'引'问'"的策略。[④] 类似关于问题设置与提问方式的研究非常普遍，并且为课堂教学提问提供了可参考的策略。

那么，在真实情境的教学活动中，应该如何进行提问才能更好地促进学

[①] 本节2022年2月发表在《中学物理教学参考》（上旬）。
[②] 李亚明. 高中物理课堂如何做到有效提问 [J]. 物理教学, 2014, 36 (10): 4-6, 26.
[③] 杜爱慧. 学生有效提问的特征及策略分析：以物理课堂教学为例 [J]. 中国教育学刊, 2013 (10): 69-71.
[④] 任虎虎. 物理教学中有效提问的策略浅析 [J] 物理教学, 2015, 37 (2): 13-14.

习，这需要对"问题本身"和"提问方式"进行研究，进而从基于真实情境教学活动的角度，将设问与提问方式"落地化"设置，达到有效提问的效果。

一、问题的含义及问题设置

在关于"问题"内涵的解释中，"问题"主要有以下四个含义：（1）要求回答或解释的题目；（2）需要研究讨论并加以解决的矛盾、疑难；（3）关键、重要之点；（4）事故或麻烦。为了使问题更具有内涵及针对性，不妨将这个含义结合物理学科的特点应用到物理教学的设问中。下面通过表将"问题"的含义用《验证牛顿第二定律实验》一课中物理问题的设计进行例析。

表 2-10　指向问题含义的物理问题设计

问题含义	指向问题含义的物理问题	问题设置要点
要求回答或解释的题目	本实验研究三个物理量之间的关系，应用什么思想方法？	在明白实验目标的基础上，要求学生根据实验情境作答
需要研究讨论并加以解决的矛盾、疑难	实验中，小车的合外力真的等于钩码的重力吗？如果不是，要怎样做才能这么近似处理？	充分理解实验原理后制造认知冲突
关键、重要之点	实验中要使小车受到的拉力等于小车的合外力，最关键的一步操作是什么？	在做了充分的铺垫之后，引出关键问题
事故或麻烦	为什么a-F图像中，当F增大到某个值后，图像发生弯曲？	充分挖掘已经获得的数据或现象中存在的问题

从表 2-10 的分析可知，问题的设置应该考虑三方面因素：（1）问题本身的内涵；（2）学生的认知基础与思维发展趋势；（3）结合物理学科特点和教学内容有意义的问题。

二、影响提问效果的因素和有效提问的方法

在办公室有时会听到这样的抱怨:"这个问题这么简单,为什么没有一个学生有反应?!"每当听到这样的抱怨,笔者都会暗自想:"如果没有学生有反应,那不是学生的问题,应该是提问方式或问题本身存在不足。"

(一)问题的难度应该面向绝大多数学生,应能够促进学生思维的发展

问题如果过于简单,学生学习如嚼白蜡,毫无意味,自然没有学生愿意搭理;问题如果过难,没有学生能够解决,自然也会变得鸦雀无声。有意义的问题,应该在绝大多数学生认知的基础上设计问题的难度,并且问题的难度应该充分考虑学生思维发展能够达到的空间,尽量将学生的思维区域向前推进,这样才能激发学生学习的乐趣和求知的欲望。

例如,完成了牛顿第二定律内容的学习后,如果教师还是让学生重复做诸如水平面上物块受到恒定水平拉力,求物块加速度的问题,这对学习将毫无意义。下面通过表2-11比较说明这个问题。

表2-11 有意义问题和没有意义问题的比较分析

问题a:没有意义的问题	问题b:有意义的问题	比较说明
如图,光滑水平面上质量为m的物块受到拉力F作用,求物块的加速度	如图,质量为m的物块以速度v_0竖直落入始终,物块受到水向上作用力的合力为f,求物块下落到水底的速度	在学生完成了牛顿第二定律的学习后,教师让学生做问题a,无非就是重复写$F=ma$,物料过于简单;问题b则是用一个真实情境,让学生通过分析物块的受力,再借助牛顿第二定律解出加速度a,进而解决问题。该过程可以让学生感受到应用牛顿第二定律解决问题的意义,一定程度推进了解决问题的思维能力

表2-11指出过于简单的问题就失去了教学的意义,同样地,难度过大的问题也不具备教学意义。有意义的问题应该落在学生主动寻求发展的思维

区域内。

（二）问题的提问应重视学生的接受与反馈

除了问题本身的设计，教师在面向学生提问时应该充分考虑学生的接受现实。最简单的例子：一个习惯说广东话的教师，尽管他采用普通话提问，他的语言组织方式可能仍然是广东话的语言习惯，如果面对从小说普通话长大的学生，问题将不易被理解。因此，教师向学生传达问题时，首先，应注重学生的逻辑习惯。其次，提问时应该注重语速。当然，并不是语速越慢越好，应视学生群体的差异而定。面向一群思维敏捷且对课堂知识非常渴望的学生，语速加快有利于推进课堂有层次发展，有利于集中学生的注意力，让课堂显得和谐且高效。面向思维能力一般的学生，过快的语速则会让学生理解不到教师的意图。因此，语速应该视学生群体、视教学内容而定。

候答时间的控制也是影响问题效果的一个因素。一个简单的问题，如果总是给学生留较长时间思考和回答，会让课堂显得毫无意义。教师应根据问题的难度，控制思考的时间，尽量将候答时间控制在绝大多数学生"快要想出来"的一刹那，这样既能够让学生感受到问题的挑战性而维持长久的求知欲，又可能瞬间"引爆"课堂。

当然，影响提问效果的因素有很多，篇幅限制，不一一列举。

三、真实情境中问题的设置方式与提问方式

在真实情境中应用物理知识解决问题能够培养学生物理学科核心素养，这是物理教育研究的结果。因此，基于真实情境的问题设计和提问策略值得不断探索和总结。

（一）基于真实情境的问题设计

无论是情境的创设，还是教学问题的设计，其最终目标都是指向物理核心素养的培养。那么，可以根据物理学科核心素养的四方面，结合情境本身的需要，在充分考虑问题本身的含义的基础上设置问题。下面通过表2-12的实例进行分析。

表 2-12　例析真实情境中指向核心素养的问题设计

真实情境	指向物理观念的问题设计	指向科学思维的问题设计
监测纸张厚度的电容传感器	问题 G1：纸张厚度变化，引起电容器的哪一方面发生变化？	问题 K1：在电容器之间的纸张相当于电容器的什么组成部分？
	问题 G2：若纸张厚度发生变化，将会导致电容器发生什么现象？	问题 K2：若纸张厚度变大，则电容器是充电还是放电？
	问题 G3：从电路中哪个元件能观测到纸张厚度发生变化？	问题 K3：若电表 G 的指针向右偏，是否能说明纸张一定变厚？

表 2-12 对问题设计的思路一目了然，其中指向物理观念和科学思维的三个问题的设计难度都是递进的，可以根据学生群体的实际情况，选择不同的问题进行提问。同时，这些问题的设计也指向了问题本身的内涵，例如，问题 G2 指向了表 2-10 中问题内涵的"关键、重要之点"，问题 K3 指向了表 2-10 中问题内涵的"需要研究讨论并加以解决的矛盾问题"。这样的问题设计，既能够充分挖掘真实情境在培养物理观念、科学思维等素养目标的各方面的作用，又能够面向不同层次的学生群体。同样，也可以设计相应地指向科学探究和科学态度与责任的问题。

（二）例析基于真实情境的提问方式

根据前面的分析，基于真实情境的课堂提问，应该注重提问的策略。下面通过实例进行探讨。

真实情境：潜艇从海水高密度区域驶入低密度区域，浮力顿减，称之为"掉深"。中国海军南海舰队的 636M 型常规潜艇 372 艇，是目前世界上唯一的一艘遭遇到海底断崖"掉深"后，还能成功自救脱险的潜艇，创造了世界潜艇发展史上的奇迹。如图 a，某潜艇总质量为 3.0×10^6 kg，在高密度海水区域沿水平方向缓慢航行。$t=0 \sim 30$s 时间内潜艇的 v-t 图像如图 b 所示（设竖直向下为正方向）。取重力加速度为 10m/s²，不计水的黏滞阻力。

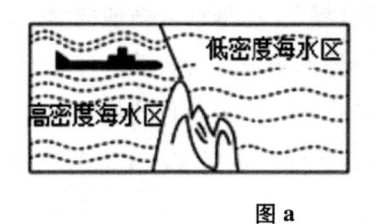

图 a 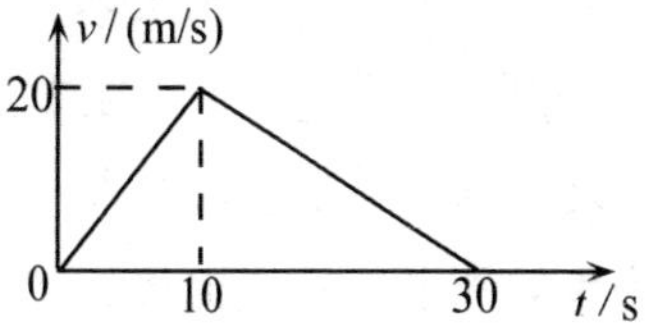   图 b

教师使用该情境进行"应用牛顿运动定律解决问题"的教学。笔者设计提问过程如下：

问题 Z1：潜艇在 0~10s 内发生了上述情境描述中的什么现象？（估计学生重新阅读理解文字，找到答案的时间，进而让学生回答问题）

问题 Z2：潜艇在 0~10s 内处于什么状态？（预设学生能够回答"超重"或者"失重"，对于不能顺利从该现象获得答案的学生，应该从分析潜艇的运动状态出发进行必要的提醒）

问题 Z3：潜艇在 10~30s 处于什么状态？（有了问题 Z2 的铺垫，应该估计学生可以马上说出答案，进而快速推进课堂教学）

问题 Z4：潜艇在 0~30s 内向下运动的最大深度有多大？（估计学生计算能力，给予充足时间让学生作答）

不难发现，上述四个问题的设计，从物理表现、物理状态到物理量的深入分析进行提问，引导学生层层深入分析情境的要素。既考虑了学生的思维基础，也在逐渐触发学生思维向前发展；并且注重了学生思考问题的逻辑过程、思考习惯等方面，值得借鉴。

综上所述，基于真实情境的问题设计和提问，应该注重这三方面：（1）问题本身的内涵和教学意义；（2）学生群体的接受能力；（3）教学活动中的提问的策略。不断完善上述三方面，提炼更好的提问策略，这对培养学生的物理素养，促进学生在回答问题过程中思维发展、进阶具有积极意义。

第四节　促使思维进阶的情境创设教学案例

创设具体的情境，是物理课堂教学中常用的方法。形象生动的物理情境，往往能够带领学生顺利走入"物理世界"，深刻理解物理概念、掌握物理规律。《课标》多次强调要通过创设具体的情境进行教学，可见创设情境在培养物理观念、科学思维等方面的核心素养有不可替代的作用。有学者将情境分为生活情境、科技情境、实体体验情境（包括演示实验）、认知体验情境等。①

解读课程标准关于科学思维的内涵，可以将学生面对物理问题经历的思维过程以一个个思维节点的形式进行展开：感官认识、尝试用语言描述、抽象概括（建构或调用模型）、分析综合、推理论证、得出结论与检验结论、质疑、修正以及创新。笔者认为要促进学生思维发展、进阶，课堂情境创设应遵循这一系列的思维过程。

一、创设具体情境，指向思维发展过程的物理概念形成的实例

通过创设生活情境进行概念的教学，是比较"亲切"的教学方式，既能够将物理知识生活化、功能化，又能够让学生体验学以致用的成功感，比较常见且有效②，如"位移"的教学。

（一）创设生活情境，触发感官体验，引导学生初步认识位移的概念雏形

创设情境1——引发思考：如图2-13，假如你在塔克拉玛干沙漠的 A 点，和你一起进入沙漠探险的同伴通过对讲机告诉你，他在离你500m的地方，你能快速找到他吗？

学生回答：不能。

图2-13 塔克拉玛干沙漠

教师提问：既然不能，那么要确定你的同伴的位置，应怎样描述？

意图：该环节让学生身临其境地发现距离500m已经无法准确表达其位

---

① 中华人民共和国教育部. 普通高中物理课程标准［M］. 北京：人民教育出版社，2018：4-6.
② 蔡钳，陈信余. 创设体验情境 引入概念教学［J］. 中学物理教学参考，2020，49（28）：22-24.

置，引发感官冲突，促使学生尝试用"方位"等语言来描述。该情境的创设为说明引入"位移"概念的意义做了铺垫。

(二) 创设认知体验情境，引导学生调用已有知识充分描述形成位移概念的要素

创设情境 2——引发思考：如图 2-14，在一条直路上，你从图书馆（O 点）出发，先后经过距离你 2m、5m 的 A 点、B 点，然后掉头，最后来到图书馆后面距离 O 点 2m 的 C 点，有什么办法可以快捷、准确地描述这些位置？

师生通过交流，引出用如图 2-15 所示的直线坐标系来描述直线运动的位置。并让学生用数学的语言 $x_A = 3m$，$x_B = 5m$，$x_C = -2m$ 来描述具体的位置。

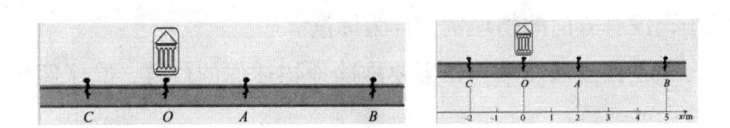

图 2-14 沿直线往返运动的示意图　图 2-15 用直线坐标系表示运动

意图：经历了情境 1 中距离无法描述位置的困难，教师让学生在具体情境中体验用直线坐标可以准确描述位置，并通过自己知识储备中的数学语言进行描述。

教师进一步提出：如果在操场中奔跑，可以用直角坐标系描述位置；如果飞机在空中飞行，可以用三维坐标系来描述飞机的位置，把位置这个概念充分"植入"学生脑中。

(三) 创设认知冲突情境，引导学生抽象、概括位移的模型

创设情境 3——引发思考：如这个导航图 2-16 所示，质点从一个位置沿着免费、距离最近、时间最短三条路径运动到另一个位置时，什么相同？什么不同？

学生：路程不同，位置变化相同。（学生能够顺利用"位置"变化这个语言描述，是前面的情境做了充分铺垫的结果）

教师：虽然路程不同，但位置变化相同，那么我们用什么物理量准确地描述物体在空间位置的变化呢？

教师：用"位移"这个概念，如图 2-17，从起始位置指向末位置的有向线段称为位移。

图 2-16　导航图　　图 2-17　位移图

教师：像位移这样既有大小，又有方向的物理量，称为矢量；像路程这样只有大小，没有方向的物理量，称为标量。

教师：现在回到沙漠中，如果要准确地描述你的位置，除了距离 500m，还应说明什么？

学生：方向！

意图：该环节通过设置三条不同路径，引出"路程"这个前概念，并发现路程无法描述位置变化，由此引出"位移"的概念，而且突出了位移与路程的区别：位移具有方向。

（四）创设认知体验情境，引导学生运用位移概念分析解决问题

创设情境 4——巩固概念：如图 2-18，假设你从某点向正北方向前进 6m，接着向正东方向前进 8m，那么该过程你的位移有多大？

学生：通过作图并调用简单的几何知识，计算出位移的大小为 10m，方向由北偏东 53°。

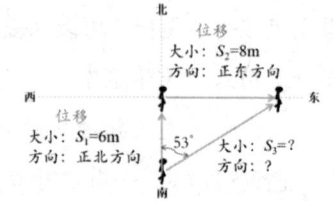

图 2-18

意图：该环节让学生在真实的情境中想象、感受自己位置的变化，并将刚刚所学的"位移"的概念用于描述该情境位置的变化，巩固了"位移"概念在脑中的存储与内化。

将上述过程进行归纳如下：

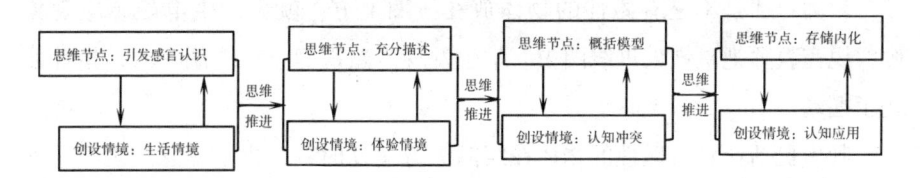

图 2-19　指向思维发展过程的情境创设教学模型图

二、创设具体情境，指向思维进阶的物理规律形成的实例

众所周知，法拉第（Michael Faraday）研究感应电流产生的条件前后经历了 10 年，这是一个非常具有思维价值的规律探究过程。在一次研讨课的教学中，笔者通过创设情境与学生共同发现、归纳、总结感应电流产生的条件，经过反思发现这一节课的情境创设指向了学生思维的发展，过程如下。

（一）创设实体体验情境，触发感官认识冲突，引导学生初步描述

体验情境 1：在引入环节中，教师将线圈和灵敏电流计连接成闭合回路，如图 2-20 所示，然后通过"魔术笔"（笔者在网络平台购买的磁性材料制作的笔）在线圈中上下运动，学生发现电流计指针来回摆动。接着教师让多个学生拿着自己的笔在线圈上方上下运动，发现指针并没有摆动！

图 2-20　指向思维发展过程的情境创设教学模型图

图 2-21　用磁铁笔演示电磁感应现象

教师：为什么我的笔可以让指针摆动，而你们的笔无法让指针摆动呢？

学生：因为你的笔"做了手脚"。

教师：对！就是"做了手脚"，它与你们的笔最大的区别就是它具有磁性。接着教师用一个条形在线圈上方上下运动，产生同样的效果。

教师：那是不是有磁性的物体放在线圈上方，就会产生电磁感应现象呢？说完教师把磁铁放进线圈中。学生发现当磁铁静止在线圈中时，指针停止了摆动。

师生概括：具有磁性的物体在线圈上方运动时，产生电磁感应现象；静止时，不产生电磁感应现象。

意图：该环节通过让学生体验，引导学生初步描述、概括所经历的物理过程，为形成规律过程的分析推理做好铺垫。

（二）创设实体体验情境2，引导学生逐步对现象进行概括归纳

体验情境2：如图2-22，让蹄形磁铁静止，线框与电流计连接成回路。师生一起将线框面垂直穿过蹄形磁铁一角，并沿着箭头方向来回运动。

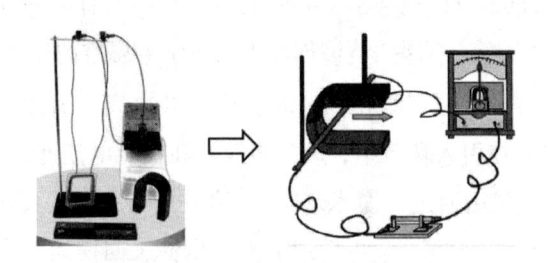

图2-22 导体棒切割磁感线运动

学生在该过程中发现电流计指针摆动。而当线框停止在磁铁中时，电流计停止摆动。

师生概括：与电流计形成回路的线框在蹄形磁铁中来回运动时，产生电磁感应现象；静止时，不产生电磁感应现象。

意图：该环节让学生进行体验，通过类似的过程形成熟练的概括能力，进一步为形成规律过程的分析推理做好铺垫。

（三）创设的实体体验情境3，触发学生通过分析、推理和综合总结规律

体验情境3：如图2-23，将大线圈B与电流计和开关连接成回路，带铁心的小线圈A与滑动变阻器、电磁连接成回路。闭合开关：师生经历以下体验过程，并用表2-13进行归纳、推理和综合总结规律。

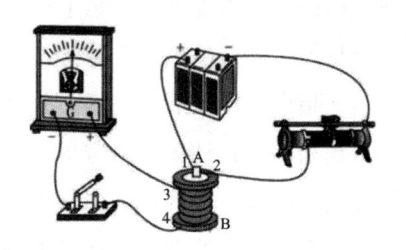

图 2-23　所示实验探究过程记录

表 2-13　实验结果记录

上下移动 A	A 停止在 B 中	左右移动变阻器滑片	取出铁芯	断开、闭合开关瞬间
指针摆动	指针不动	指针摆动	指针摆动	指针摆动

开关断开：无论怎么改变 A 所在的回路，指针都无法摆动。

意图：经历类似的体验情境，教师将学生的思维一步步从最初的感官、语言描述向归纳概括引导。经历了上述情境体验后，教师引导学生进入规律形成过程的分析推理、综合的思维节点，最终形成规律。过程如下：

教师：上述三个情境中产生感应电流的异同点是什么？

学生讨论：线圈（线框）与电流计连成回路、线圈和有磁性的物体发生相对运动……不同的是在情境 3 中，当 A、B 都静止时，移动变阻器滑片或取出铁芯时电流计指针也发生摆动。

教师：那么，产生感应电流的本质原因能不能归结为线圈或磁铁一定要运动，大家能否通过上述整个过程的分析，用一句话归纳出上述三个情境中产生感应电流时的共同点？

学生继续讨论：电流计所在的回路要闭合；磁场发生变化……

教师：闭合回路形成一个闭合的面积，其磁场发生变化，能否用之前学过的一个概念进行总结？

学生：磁通量！

师生总结：感应电流产生的条件是闭合回路的磁通量发生变化。

教师补充：大家注意，我们只是从上述三个情境中总结出感应电流产生的条件，不排除还存在其他的可能条件。

最后，教师通过法拉第的故事以及继续演示上述实验，强调"变化"这个重要条件，并引出可以从能量守恒的角度去看待这个问题。

综上所述，本节展示了指向思维发展的情境创设教学的两个案例。在概念的形成过程中，教师重视指向感官认识、语言描述和概括归纳等思维环节的情境创设，并以此展开教学活动。在规律的形成过程中，教师重视指向感应认识、描述概括、分析推理、归纳综合的思维环节的情境创设，并以此展开教学活动。在每个教学活动的设计中，教师都不约而同地指向了学生思维发展、进阶的要点。

当然，上述两个案例只是突出本节主题的两个特殊的方法，在不同的概念、规律的教学中，在广大教师长时间的教学实践中，肯定存在多种多样的方法，期待更多的教师、学者归纳总结出更普遍的策略。

第五节 发展学生辩证逻辑思维能力的教学策略

高中学生个体的身心发展趋于稳定成熟，思维方式由以形式逻辑思维为主转变为以辩证逻辑思维为主。形式逻辑思维是以概念定则为前提条件，以演绎、归纳、分析为推理判断方法的思维规则体系。辩证逻辑思维是一种动态思维，具有思维运动的灵活性。辩证逻辑思维在把握思维对象时，侧重于从对象的运动、变化与发展中来把握对象。辩证逻辑思维的这种动态性，反映在思维中就是要求用发展变化的眼光看待一切事物。辩证逻辑思维是以综合为主的思维，具有思维活动的建构性。思维的对象本身是具体与抽象、共性与个性的统一整体。在思维中仅以分析为主很不够，还需要从统一的角度，从整体上去把握思维对象。这就要求思维具有更大的综合性。所谓综合，就是在思维中把对象的各方面统一起来加以组合，从整体上去把握思维对象。辩证逻辑思维是一种多值思维，具有思维运动的多维向度性。辩证逻辑思维在把握思维对象时，不像形式逻辑思维那样只从认识的两极，即真与假两点取值。在辩证逻辑思维看来，任何一个命题或思想都是具体问题，都需要全面而具体分析，既不是绝对的真，也不是绝对的假，需要从更多方面或层次上去审视和把握命题的真理性。[①]

一、引导学生由形式逻辑思维进阶到辩证逻辑思维

形式逻辑与辩证逻辑之间有什么不同呢？先举一个浅显的例子。"坏事就是坏事，好事就是好事"，这是形式逻辑。一就是一，二就是二，这是形式逻辑的基本特征。如果进一步思考的话，"塞翁失马，焉知非福"。在一定条件下，坏事与好事并非不可转化，也就是说在一定条件下可变，这就是辩证逻辑。时间、地点、条件发生变化，结论也可发生变化，"一"可变为"二"或"三"等。

在课堂教学中，教师通过情境问题、演示实验等作为研究对象，引导学生由事物表象到本质，通过举一反三多角度了解事物本质到构建新的认知，促使学生由形式逻辑思维进阶到辩证逻辑思维。例如，在《物理必修2》第一章"抛体运动"教学过程中：

第1课时，教师通过展示各种生产和生活中的曲线运动，通过形式逻辑思维归纳出物体的运动轨迹都是曲线的运动称为曲线运动。然后通过"以直代曲"逐步逼近的辩证逻辑思维得到"在曲线运动中，质点在某一位置的速度方向与曲线在这一点的切线方向一致""曲线运动的速度方向时间都在改变，速度矢量发生变化，具有加速度，所以曲线运动是一种变速运动""力的作用改变了速度的方向，所以物体所受合外力的方向与它的速度方向不在同一直线上时，物体做曲线运动"等结论。

第2课时，解决如何把曲线运动转化为简单的直线运动进行研究的问题。运动的合成与分解是解决这一问题的基本方法。教师通过"充满水的玻璃管内蜡块运动"实验，运用形式逻辑思维分析由沿玻璃管向上运动和水平向右运动这两个分运动共同构成蜡块的合运动。一个直线运动合运动可以分解为两个直线运动分运动。然后再通过"两个小球同时在相同高度做自由落体运动和平抛运动"实验，运用辩证逻辑思维，把两个运动联系起来，得到

[①] 刘卫平. 论思维创新的抽象逻辑思维形态［J］. 辽宁师范大学学报（社会科学版），2007（4）：8-11.

平抛运动可以分解为水平方向匀速直线运动、竖直方向自由落体运动（初速度为 0 加速度为 g 的匀加速直线运动）。由两个直线运动分运动等效代替了平抛曲线运动。

第 3 课时，运用运动的合成与分解解决实际问题，包括平抛和斜抛等。例如，在倾角为 $\alpha=30°$ 足够长的斜坡上，以初速度 v_0 发射一炮弹，设 v_0 与斜坡的夹角为 $\beta=60°$，如图 2-24 所示，求炮弹落地点离发射点的距离 L。

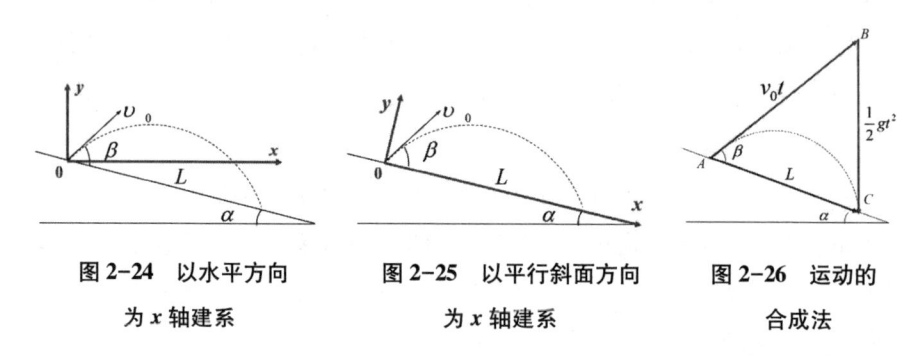

图 2-24　以水平方向为 x 轴建系

图 2-25　以平行斜面方向为 x 轴建系

图 2-26　运动的合成法

可以采取三种思路来解决炮弹落地点的距离问题。图 2-13 是最常规的思路，将斜抛运动分解为水平方向做匀速直线运动，竖直方面做竖直上抛运动；图 2-25 是常规思路的变式，建立与斜面平行的 x 轴，与斜面垂直的 y 轴，将运动沿 x、y 方向进行分解，两个分运动都在做匀变速直线运动；图 2-26 是创新思路，将斜抛运动分解为匀速直线运动和自由落体运动，两个分运动不是相互垂直的。这个思路颠覆了学生对运动分解的认知，在学生认知中，运动的分解是正交分解，两个分运动是相互垂直的。教师引导学生运用辩证逻辑思维来思考这个问题：合运动是真实的运动，分运动是人的思维建构的模拟的运动，两个分运动共同的效果与合运动等效，只要满足这个条件就是正确的运动分解。教师通过一题多解或一题多问等方式让学生体验多维向度思维、多值思维提升学生辩证逻辑思维能力。

二、课堂教学中渗透辩证唯物主义思想教育

辩证唯物主义是马克思主义的一种哲学理论，是把唯物主义和辩证法有机地统一起来的科学世界观。

(一) 对立统一规律

辩证唯物主义认为物质世界是按照它本身所固有的规律运动、变化和发展的,"事物都是一分为二的"。它揭示了事物发展的根本原因在于事物内部的矛盾性。事物矛盾双方既统一又斗争,促使事物不断地由低级向高级发展。事物的矛盾规律即对立统一规律是物质世界运动、变化和发展的最根本的规律。

《物理必修1》第一章"运动的描述":自然界的一切物体都处于永恒的运动,绝对静止的物体是不存在的,这就是运动的绝对性;但是我们在日常生活或科学研究中描述某个物体的位置随时间的变化,总是相对其他物体而言的,这就是运动的相对性。运动和静止两种运动状态是对立和统一的关系。如《红星照我去战斗》歌曲:"小小竹排江中游,巍巍青山两岸走,雄鹰展翅飞,哪怕风雨骤……""小小竹排江中游"是竹排以岸边青山为参考系在江中运动;"巍巍青山两岸走"是以竹排为参考系,竹排是静止的,岸边青山相对竹排向后运动。选取不同的参考系,运动或静止是可以相互转换的,这蕴含了辩证唯物主义思想。

(二) 实践和认识的辩证关系原理

实践是认识的基础,实践是认识的来源,实践是检验认识的真理性的唯一标准。真理是人们对客观事物及其规律的正确反映,真理能指导人们提出实践活动的正确方案,因而对于人们的实践活动有巨大的推动作用。我们首先要坚持实践第一的观点,在实践中检验和发展认识;其次要重视认识的反作用,坚持理论和实践相结合的原则,积极参加实践活动,在实践中检验、丰富和发展认识;最后要把已有的知识运用于实践,去指导实践,特别是要充分发挥科学理论对实践的巨大指导作用。

物理学基于观察与实验建构物理模型,应用数学等工具,通过科学推理和论证,形成系统的理论体系和研究方法。从古希腊时代的自然哲学,历经十七八世纪的经典物理学,到近代的相对论、量子论等,物理学始终引领着人类对自然奥秘的探索,深化着人类对自然界的认识。物理学的整个发展过程,充分表现出理论和实践的辩证关系。物理实验是运用一定的仪器、设备等物质手段,在人工控制的条件下,观察、研究自然现象及其规律性的实践活动。在研究物质世界的规律性的过程中，理论研究和实验研究是不可分割的两方面，它们是相辅相成和相互促进的关系。

充分利用教科书的实验素材，在学生已有知识和初步具有实验技能的条件下，由教师提出课题，在教师指导下，学生自己动手、动脑，在实验中观察现象，主动探究实践，然后得出物理规律。例如，课本安排有一个验证"玻马定律"的分组实验，教师可以将这个验证性实验变为探究性实验。在讲到"气体的等温变化——玻马定律"时，教师采用边讲边实验的方法，用实验来探索出气体等温变化的规律：首先，从气体的温度、体积、压强三个状态参量出发，思考一定质量的气体的三个状态参量的相互关系，引导学生利用控制变量法先研究温度不变（即等温）的情况下，气体的压强与体积的关系；其次，列出提供的实验仪器，要学生考虑怎样利用这些仪器来探索气体的压强与体积的关系，并在教师的引导下完善实验方案，以及在实验中应注意的问题；最后，实验操作，根据实验数据得出"在温度不变时，一定质量的气体压强和体积成反比的关系"。通过探究性实验教学，学生可以自己实践，在实践中获得新知识、发展新能力。

（三）真理的条件性和具体性原理

真理是人们对客观事物及其规律的正确反映。任何真理都有自己适用的条件和范围，任何真理都是相对特定的过程来说的，都是主观与客观、理论与实践的具体的历史的统一。真理的条件性和具体性要求我们，如果不顾过程的推移，不随着历史条件的变化而丰富、发展和完善真理，只是照搬过去的认识，或者超越历史条件，把适用于一定条件下的科学认识不切实际地运用于另一条件之中，真理都会转化为谬误。

如动量守恒定律的内容：一个相互作用的物体系统不受外力作用，或所受外力之和为0，这个系统的总动量保持不变。动量守恒定律有三种守恒条件：

（1）理想守恒：不受外力或所受外力的合力为0，如光滑水平面上的板—块模型、电磁感应中光滑导轨上的双杆模型；

（2）近似守恒：系统内力远大于外力，如爆炸、反冲；

（3）某一方向守恒：系统在某一方向上不受外力或所受外力的合力为0，

则在该方向上动量守恒，如滑块—斜面（曲面）模型。

在使用动量守恒定律时一定要根据具体问题和过程分析研究对象的受力情况，根据三种守恒条件进行判断。

三、做好辩证逻辑思维方法教育促进学生思维进阶发展

辩证逻辑思维方法是人们在辩证认识过程中以概念、判断、推理形式最抽象地最概括地反映客观世界辩证发展过程的本质和规律的思维方法。主要包括比较、抽象和概括方法；归纳与演绎相统一的方法；分析与综合相结合的方法；抽象和具体的方法；历史和逻辑统一的方法。

建构主义理论认为，基于"最近发展区"的教学设计才是有意义的，思维进阶的关键节点在于"最近发展区"。陶西平认为思维进阶课堂应立足于改善学生思维品质，以学生思维发展为主线的物理教学，营造有效问题情境，实现学生思维的自主建构；通过渐进的任务驱动，实现思维向深层发展；通过问题解决，实现思维层面的深度对话；通过创新应用，实现物理思维能力向高阶发展。[1]

（一）变通迁移，矛盾分析法

对立面之间的统一和斗争是矛盾双方所固有的两种相反的属性。对立面的统一即矛盾的统一性，是矛盾双方相互依存、相互肯定的属性，它使事物保持自身统一。由于对立面之间相互统一的作用，双方能够互相吸取和利用有利于自己的因素而得到发展，从而为扬弃对立即解决矛盾准备条件。

例如，"怎样用不等臂天平、砝码来测量物体的质量"。不等臂天平与天平的测量原理是相互矛盾的。如果直接用不等臂天平来测量物体结果是错误的，怎样才能消除不等臂的影响是这个实验的关键；可以把杠杆平衡原理在此变通迁移，正常方法测量有 $M_{物} = M_1 \dfrac{L_{右}}{L_{左}}$，将砝码和物体对调位置再次测量来计算出所测物体的质量有 $M_2 = M_{物} \dfrac{L_{右}}{L_{左}}$。两等式联立有 $M_{物} = \sqrt{M_1 M_2}$。交

---

[1] 陶西平. 思维进阶课堂［J］. 中小学管理，2019（7）：59.

换位置两次测量的方法也称为复秤法,通过变通迁移把两个不等臂的力臂长度抵消,利用矛盾来解决矛盾。

(二)格物致知,抽象和概括的方法

概括是一种思维过程,是人脑在比较和抽象的基础上,把抽象出来的事物的共同的本质特征综合起来,并推广到同类事物上去的过程。

抽象和概括等辩证逻辑思维方法是根据研究对象的特点,从教学目标的角度出发,撇开个别的非本质的因素,抽出主要的、本质的因素加以研究,并把一类物理事物共同的、本质的属性联合起来,从而建立一个轮廓清晰、主题突出的新的概念。

教学的关键是"格物致知"。其强调通过图片、实验、举例子等方式展示多种本质属性相同或相似的感性材料,创设各种物理情景,通过对各种物理现象、过程的分析,抽出其共性,形成概念。例如,在讲光源时列举太阳、电灯、蜡烛、霓虹灯、萤火虫等物体能够发光,月亮、电影屏幕、玻璃幕墙等物体也能够发光。前者是自行发光,后者是反射光不能自行发光。我们把能够自行发光的物体称为光源。通过举例找到本质的因素就可以水到渠成地概括出"光源"概念。例如,"质点"理想化的物理模型的建立。在物体的大小和形状不起作用,或者所起的作用并不显著而可以忽略不计时,我们近似地把该物体看作一个只具有质量而其体积、形状可以忽略不计的理想物体,用来代替物体的有质量的点称为质点。质点模型具有很高的抽象性和概括性,对学生的思维水平提出了很高的要求,强调突出问题的主要因素,忽略次要因素,体现问题的本质。

(三)推而广之,演绎和归纳的方法

从已知的物理规律出发对特定的事物或现象进行演绎、归纳,从而得出在一定范围内有关物理量之间的函数关系或新的论断,最后通过实验检验就成为规律。

教学案例:动能定理(粤教版高中物理必修2第四章第三节)

图 2-27 静止物体在推力作用下

$$\left.\begin{array}{l}W=FS\\F=ma\\S=\dfrac{v^2}{2a}\end{array}\right\} \Rightarrow W=FS=ma\dfrac{v^2}{2a}=\dfrac{1}{2}mv^2$$

定义物理概念：物体由于运动而具有的能量叫作动能。动能 $E_K=\dfrac{1}{2}mv^2$。

动能是标量，是状态量；动能的单位与功的单位相同——焦耳；公式中的速度一般指相对于地面的速度。

演绎 1：有初速度 v_1。

图 2-28 初速度为 v_1 的物体在推力作用下

$$FS=\dfrac{1}{2}mv_2^{\ 2}-\dfrac{1}{2}mv_1^{\ 2}$$

演绎 2：有初速度 v_1，只受阻力 f 作用。

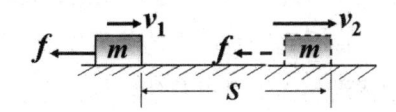

图 2-29 初速度为 v_1 的物体在阻力作用下

$$-fS=\dfrac{1}{2}mv_2^{\ 2}-\dfrac{1}{2}mv_1^{\ 2}$$

演绎 3：有初速度 v_1，受动力 F 和阻力 f 的共同作用。

图 2-30 推力和阻力共同作用

$$(F-f)S = \frac{1}{2}mv_2^2 - \frac{1}{2}mv_1^2$$

通过演绎归纳推而广之得到结论：合外力对物体所做的功（外力对物体做的总功）等于物体动能的增加量，称为动能定理。数学表达式：

$$\sum W_{外} = \frac{1}{2}mv_2^2 - \frac{1}{2}mv_1^2。$$

（四）等效替代，分析与综合的方法

分析是把事物分解为各个部分、侧面、属性，分别加以研究，是认识事物整体的必要阶段。综合是把事物各个部分、侧面、属性按内在联系有机地统一为整体，以掌握事物的本质和规律。分析与综合是互相渗透和转化的，在分析基础上综合，在综合指导下分析。分析与综合，循环往复，推动认识的深化和发展。一切论断都是分析与综合的结果。

等效替代是在保证某种效果相同的前提下，将实际的、陌生的、复杂的物理问题和物理过程用等效的、简单的、易于研究的物理问题和物理过程代替来研究和处理的方法。等效替代的思维过程需要用分析与综合的方法来认知物理问题，掌握物理过程的本质和规律。

如力的合成与分解。两个或多个分力的作用效果与合力的作用效果相同，所以可以用分力来等效替代合力；也可以用合力来等效替代几个力共同作用。

思维过程：关键点是力的作用效果是等效的，用两个常见的例子来突破。一是放在斜面上的物体受到竖直向下的重力作用（如图2-31所示），重力产生两个效果：使物体沿斜面下滑以及使物体压紧斜面。二是重量为 G 的物体挂在三角形支架上（如图2-32所示），重物对支架的作用力 F 产生的效果是：沿 NO 拉斜梁，沿 OM 拉横梁。为了使学生容易接受这两个例子中力产生的效果，教师采用了实物演示和分组实验。通过图2-33分析台秤和弹簧秤的作用，综合得到重力的作用效果；图2-34中学生感受力的作用效果，分析手掌心和手指受到力的作用，综合得到力 F 的作用效果。经过这样处理，学生对这两个等效替代的例子有了深刻的印象。

图 2-31 斜面　　　　　　　图 2-32 三角支架

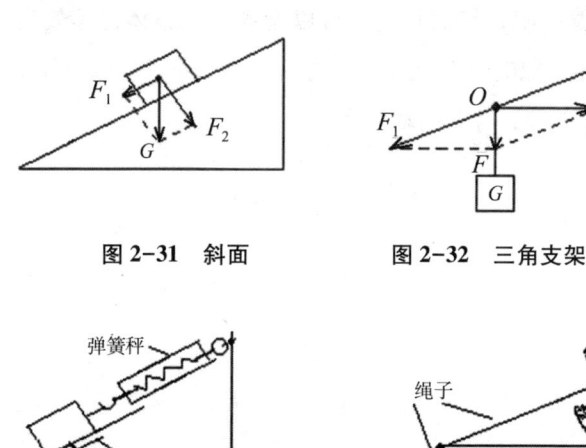

图 2-33 用弹簧和台秤测分力大小　　　图 2-34 绳子+直杆模型

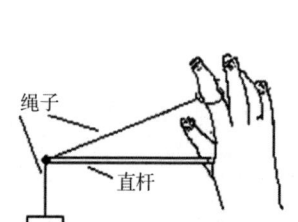

例如，用等效电源法解决电路消耗功率的问题。如图所示电路，$R_1 = 2Ω$，$R_2 = R_3 = 6Ω$，滑动变阻器 R_4 的总电阻为 $6Ω$，电源电动势 $E = 6V$、内阻 $r = 1Ω$。当滑动变阻器触头 P 置于何处时，R_4 消耗的功率最大？其值多大？

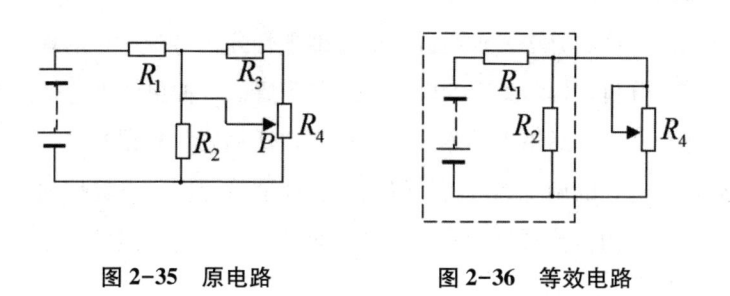

图 2-35 原电路　　　　　图 2-36 等效电路

思维过程：常规的做法是通过串并联电路的特点来计算 R_4 消耗的功率的表达式，即功率与哪些因素有关，通过它们的定量关系再用数学知识计算出功率的最大值。这种方法计算量很大，费时费力还容易出错。我们可以从"当外电阻总电阻等于电源内阻时，电源对外输出最大功率为 $P_{max} = \dfrac{E^2}{4r_内}$"这个结论入手。通过分析本问题的条件，$R_4$ 是滑动变阻器，属于可以电阻负载；R_1 和 R_2 是定值电阻，它们和电源可以看成一个整体，等效为一个新电源；给滑片 P 的连接把电阻 R_3 短接了。综合以上的条件，画出原电路的等效电路，框内为等效电源，等效电动势为

$$E_{等效} = \frac{E}{r + R_1 + R_2}$$

等效内阻为

$$r_{内} = \frac{(r + R_1)R_2}{r + R_1 + R_2}$$

当 $R_4 = r_{内}$ 时，R_4 消耗的消耗功率最大；计算得

$$P_{max} = \frac{E_{等效}^2}{4r_{内}} = 2\text{W}。$$

（五）虚实结合，抽象和具体的方法

从具体到抽象的方法要求对具体的现象进行观察和描述，获取相关的事实和数据；在观察和描述的基础上，通过归纳概括将不同个别的现象归纳为一般的规律或概念。从具体的事物中提取普遍性的特点和关系；进一步提炼和抽象出更为一般化和抽象的理论概念。通过去除具体现象的特殊性和偶然性，把握事物发展的本质和规律。

从抽象到具体的方法要求通过辩证思维进行分析，对抽象的理论概念进行具体的辩证分析，揭示其中的内在联系和矛盾；将抽象的理论概念与具体的实际问题相结合，运用于具体的研究和实践活动中。根据具体情况，结合实际需要进行适当的调整和应用；将抽象的理论概念应用于具体的实践活动中，并通过实践的检验来验证和修正抽象的理论。通过实践的反馈，不断完善和发展理论。

从具体到抽象和从抽象到具体的方法是相互联系、相互作用的过程。从具体到抽象的方法帮助我们从具体现象中发现规律和概念，从而深化对事物本质的理解；从抽象到具体的方法通过具体情境和实践来检验和完善抽象的理论概念，使之符合具体实际。

虚与实是相对的，有者为实，无者为虚；客观为实，主观为虚；具体为实，隐者为虚。物理学中有正、负电荷，南、北磁极，阴、阳电极。

如图 2-37 所示，一个密度均匀分布、半径为 R 的实心球，在实心球边缘处挖一个半径为 r 的球形空缺，球形空缺内切于大实心球。用天平测出空缺球的质量为 M_0，则空缺球的质心位置与 O_1 的距离等于多少？

思维过程：密度均匀的物体质心在此物体的几何中心，密度为 ρ 均匀分布的球体，球心就是它的质心。利用以上的结论，球形空缺这部分可看作密度为 ρ 和 $-\rho$ 两个半径为 r 的球体，把虚的转变为实的。则球形空缺的由密度为 ρ 均匀分布的半径为 R 球体和密度为 $-\rho$ 半径为 r 的两部分球体组成。所以：

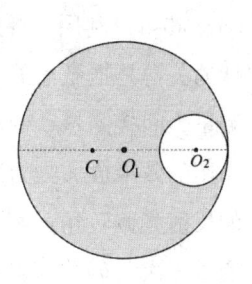

图 2-37 带孔的均匀球体

$$Mg\overline{CO_1} + mg(\overline{CO_1} + R - r) = 0$$

$$\rho = \frac{M_0}{\frac{4}{3}\pi(R^3 - r^3)}$$

$M = \rho \frac{4}{3}\pi R^3$；$m = -\rho \frac{4}{3}\pi r^3$。

解得 $\overline{CO_1} = \dfrac{(R-r)r^3}{R^3 - r^3}$

（六）见微知著，历史和逻辑统一的方法

历史是指客观现实的历史发展过程（包括自然界和人类社会）以及人类认识客观现实的历史（包括科学史、哲学史、思维史等）；逻辑是指历史发展过程在思维中概括的反映。逻辑与历史的统一是指思维的逻辑应当概括地反映历史发展过程的内在必然性。

见微知著是一种透过现象看本质，通过微小的细节，经过辩证逻辑思维把握事物本质和规律的能力。

牛顿总结了前人的研究成果于 1687 年在《自然哲学的数学原理》一书中正式提出了万有引力定律。遗憾的是牛顿并没有给出引力常量的数字。在这之后的 100 多年中，也没有人能测量出引力常量的大小。因为一般物体间的引力非常小，很难精确测定。直到 1789 年英国科学家亨利·卡文迪许（Henry

Cavendish）利用扭秤成功测量出万有引力常量的数字。卡文迪许扭秤实验设计的关键是把微小的引力放大并能容易观察出来。转换思想方法——化直接测量为间接测量、变转动力矩化为反扭转力矩；放大思想方法——将微小力作用的效果放大为力矩作用的效果、利用光的反射规律把扭转角放大为2倍的反射光偏转角、利用光线把反射光偏转角放大为反射光点移动的弧长。[1]通过三次"转化"和"放大"的作用，比较准确地观察测量出微小的引力。这个实验的设计思路十分巧妙，通过分析教材中的著名实验，挖掘出它们的物理学史发展过程，运用历史和逻辑统一的方法帮助学生思维进阶。

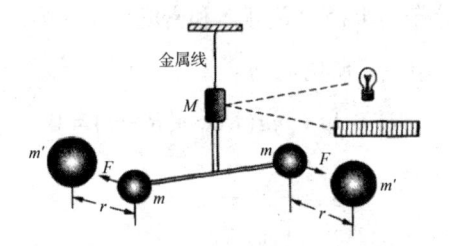

图 2-38　扭称法测引力大小

---

[1] 林晓琦. 浅谈卡文迪许测定万有引力常量实验渗透的物理思想方法［J］. 物理教学，2015，37（9）：36-37.

第三章

高中物理不同课型教学案例与反思

落实核心素养是新一轮教学改革的核心，教材编写、考试命题和评价都应围绕是否实现核心素养目标而展开。

2017年出版的《普通高中物理课程标准》编写的各个版本的教材无论从各章节的目录、栏目设计，还是教材插图、阅读材料，都很好地指向落实素养目标。近几年的各省市的高考试题，在素养考查方面也非常突出。

林崇德教授曾提出："科学思维是落实素养教学的核心。"那么，广大教师在课堂教学实践中，如何落实核心素养，如何培养科学思维呢？本章第一节介绍了新授课如何挖掘教材插图等素材落实核心素养目标、如何利用教材插图进行教学的案例。第二节则从如何挖掘各类素材进行规律课教学、促进思维的角度展开叙述。第三节讲述如何在复习课中促进思维高路迁移。第四节则针对质疑创新谈如何展开实验课教学。本章的最后，讲述了如何在单元整体教学设计中指向学生思维进阶的策略。

第一节　深入挖掘教材插图功能的新授课教学实践实例分析[①]

教材插图在教学内容组织和教学实施过程中，在引起学生的关注、激发学生求知热情和为抽象物理知识提供认知便利方面，在落实物理核心素养方面发挥着重要的作用；教材插图与教学内容融合，为形成物理观念提供帮

[①] 本节于2021年1月发表在《物理教师》。

助;教材插图能够将学生"导入"实验情境中,经历科学探究过程;教材插图内在的思维逻辑,可引发学生深层次思考,培养科学思维;教材插图对学生拓宽知识视野、发展科学态度与责任有积极的作用。

随着教学改革的不断推进,高中物理教材也一直在更新、变化。为了满足不同时代、不同成长背景的学生的认知需要,物理教材中的插图越来越丰富多彩。从最初的黑白、简笔画插图,到现在色彩鲜明、形象生动的实物照片和电脑制图,教材插图越来越真实,越来越赏心悦目。

当然,物理教材的插图不仅好看,更重要的是它在教学内容组织和教学过程中发挥的作用。图像的形象和生动不仅为抽象的物理知识提供了认知便利,也能够引起学生的关注,激发学生求知的热情。教材插图在日常教学中的地位日益趋增,有人称"读图时代"已到,现代社会需要学生有一定的"读图"能力,教师在教学过程中带领学生学会"读图",培养学生的"读图"能力对教学目标的实现有积极的作用。[1] 因此,在教材使用过程中,教师要尽可能挖掘插图在一节课中的功能,为更好地落实核心素养目标添砖加瓦。

那么,在新授课的教学设计中,教材中的插图能够发挥怎样的作用呢?如何基于教材插图开展教学活动,才能够更好地发挥插图的作用,培养学生的核心素养呢?

下面以粤教版教材《物理:必修》第1册(以下简称"必修1")中的插图为例,分析插图在教学中的功能。

一、挖掘教材插图在培养学生物理观念方面的作用

图片吸引人的地方就是指向性非常明确,并且对人的感官有直接"冲击"的作用。在教学中,图片往往能够引起学生的注意,如果图片能够适当地与教学内容融合,那么对激发学生的学习兴趣,引导学生提出与教学内容相关的问题,有积极的作用。

---

[1] 李双艳,吴伟. 高中物理教材插图资源的开发与利用探究[J]. 物理通报,2016(11):125-127.

在教材必修 1 中，几乎每节课的开头都精心设计了相关的插图，这些插图为引入新课的教学有重要作用，例如，"第二节 位置位移"中的图片，呈现的是塔克拉玛干沙漠，用这个图像讲解引入"位移"概念的重要性，非常自然。这种图像所呈现的信息，往往不是用简单的语言能替代的，基于该图，可以展开这样的教学活动：

让学生想象置身于沙漠中，确定自己的位置，寻找前进的路线。

教师提出问题：如图 3-1，如果置身于塔克拉玛干沙漠中，你应该怎样确定自己的位置？

引导学生回答：选一个参照点，以进入沙漠的地方为起点，量出此时所处的位置到起点的距离便可。

教师：到一个点距离相等的点的集合是一个圆，有无数个点，你怎么确定你在哪里？

学生：如果知道所处位置相对起点的方位，就能确定。

图 3-1 塔克拉玛干沙漠

教师：由此可见，在平面中要确定位置，不仅需要距离，还需要知道方向，这就是我们今天要讲的"位移"。

这个简单的引入过程，完全基于教材插图开展教学。让学生"进入"图像的情境，并在想象的情境中尝试从物理视角建立物理概念解决问题，这样的教学过程，能够自然启发学生思考，培养学生的物理观念。

又如图 3-2，用手提着上面的书，下面的书没有掉下来，这种生活化的插图让学生迫不及待拿起手中的书进行模仿，再结合生活中的经验便可知道这是"摩擦力"搞的鬼。有了这样形象的铺垫，可以开展这样的教学活动：

教师提问：下面的书受到重力将要掉下去，但为什么没有掉下去？

图 3-2 手提互叠的书

学生：受到摩擦力的作用。

教师：但这两本书没有相对运动，这和我们之前讲的滑动摩擦力定义不同。

学生：这个叫静摩擦力。

教师：对了，下面的书没有掉下去，但又相对上面的书有掉下去的趋势，因此受到上面的书的摩擦力叫静摩擦力。

诸如这样的插图，在必修1的每节概念、规律课的开头都有类似的设计，这些插图的共同特点是：较容易引起学生进入图像所呈现的情境，引发学生将思绪置身于情境当中，学生根据自己的经验、感官刺激以及知识迁移本身的需求，潜意识里往往"先一步"找到了该节课要讲授的概念，而教师只需要根据需要，对概念进行规范化表达，对概念生成的思维过程进行恰当的设计和处理，并由此抽象图景提出与教学相关的问题，让教学过程顺利、自然发生，这往往不是简单的语言和文字能够做到的。因此，要充分挖掘这类插图的作用，培养学生从物理学视角抽象现象、解释、解决问题的习惯，形成物理观念。

二、利用实验情境插图展开探究性教学活动，培养科学探究素养

得益于信息技术的发展，教材中实验情境的插图仿真度越来越高，这种高仿真度的插图，往往能够将学生的思考、探究过程"导入"实验情境中，仿佛将实验原理通过图像"告知"学生。

教材必修1中的实验插图主要有两类，一类是将实验装置清晰地呈现出来，如图3-3、图3-4和图3-5。这类清晰的插图给教学带来很大便利，教师可以基于插图和学生一起探究实验过程和原理。例如，教师可以基于图3-4开展教学活动。

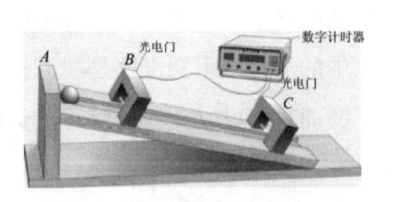

图3-3 用打点计时器记录小车的运动信息　　图3-4 由数字计时器和光电门组成的计时测量装置　　图3-5 探究小球沿倾斜运动的速度变化特点直槽

教师提问："小球经过光电门的时间可以从数字计时器读出来，那么要知道小球经过光电门时的速度，还需要测量什么？"

学生：需要测量小球的直径。

教师："算出了小球经过两个光电门的速度后，要求出小球的加速度，还需要从数字计时器中读出什么物理量？"

学生：需要读出小球在两个光电门间运动的时间。

教师：要完成上述测量过程，还需要什么工具？

学生：刻度尺。

不难看出，上述教学过程有效地培养了学生提出问题、合理猜测、制定和实施科学探究方案等素养。类似这样的插图，都可以基于插图进行引导式提问，让学生从图像和教师的问题中逐渐发现该装置所表达的实验的原理和探究过程，这对培养学生科学探究方面的素养有重大意义。

另一类关于实验情境的插图如图3-6、图3-7所示，这类插图将实验原理和过程直接在图中表达了出来。例如，学生看到图3-7，便知道怎样进行测量反应时间；学生看到图3-6，就知道该实验要探究"相邻相等时间内的位移差相关的问题"。

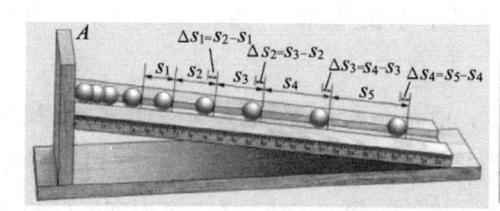

图3-6 探究小球沿倾斜直槽运动的位移变化特点　　图3-7 直尺试验测反应时间

基于这类插图，教师不需要急着告诉学生"要干什么"，而是提问学生"能干什么，怎么干"。例如，基于图3-8，可以开展这样的教学活动：

教师：由图像结合生活经验，我们可以猜想影响落体快慢的因素是什么？

学生：空气。（在师生进行探究活动之前，学生已经从图像中获得信息）

图3-8 牛顿管内的下落运动

教师：若逐渐将管中的空气抽出，试猜想羽毛和铜钱

99

下落快慢谁受影响更大一些？当抽成真空时，羽毛和铜钱下落的快慢一样吗？

上述教学活动可以培养学生基于图景思考、猜想假设、收集证据、验证猜想的科学探究素养。在逐渐减少空气过程中，探索物体下落快慢，渗透科学外推的思想方法。

三、洞悉插图内在的思维逻辑，引发深层次思考，培养科学思维

教材中有些插图通常用来展示物体变化前后的过程，或者具有先后的时间关系，或者类比的操作过程，展示物理现象发生的实际情境。这类插图蕴含递进的思维过程，具有明显的逻辑关系。这类插图，对培养学生基于图像对研究问题进行描述、解释和预测的思维习惯有积极的作用。

如图3-9，先把绳子系在 A 点悬挂起来，再把绳子系在 D 点悬挂，图像本身将操作的先后顺序展示了出来，基于图3-9，教师可以进行这样的教学活动：

提问：图3-9反映了薄板的重心在哪里？

学生：系在 A 点时，重心在 AB 上；系在 D 点时，重心在 DE 上，所以重心在 AB 和 DE 的交点上。

学生顺着图像的线索进行思考，培养了基于图景进行科学推理、寻找规律的思维习惯，既能够掌握方法，又能够提升思维的品质。图3-10的导航情境，清晰地展示从"广州白云国际机场"到"祖庙"有3条时间不同的路径，但结果都是从一个位置到另一个相同位置。插图教学可以引导学生发现"路程不同，但位置变化相同"这一认知冲突，引发学生寻找正确的思维方法解决实际问题的欲望，这样教学的目的就达到了。

又如图3-11，非常明确地显示了汽车司机从意识到需要刹车、采取刹车、最后刹车的这个过程，图片本身包含了整个物理思维过程。图3-12明显提示以对面的人为参照物和以窗外的树为参照物的运动过程不同；图3-13、图3-14都把"放大"形变的思想形象地展示了出来。

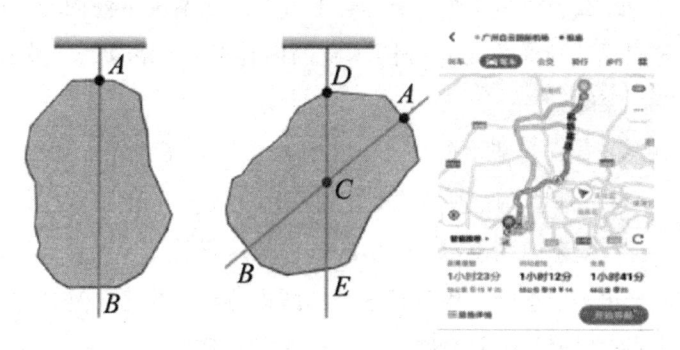

<<< 第三章 高中物理不同课型教学案例与反思

图 3-9　确定薄板的重心

图 3-10　手机导航软件界面

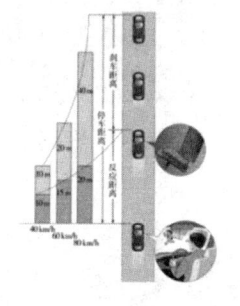

图 3-11　汽车行驶的安全距离示意图

图 3-12　在行驶的动车上的两名旅客

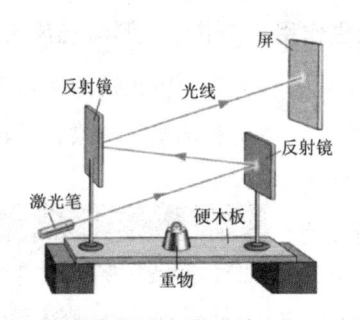

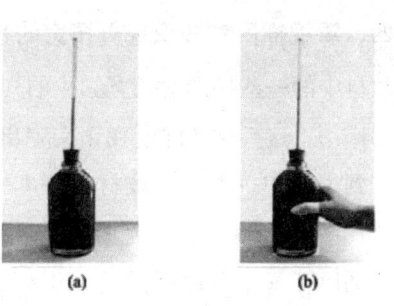

图 3-13　形变通过光线"放大"

图 3-14　形变通过液柱高度变化"放大"

针对这类插图的教学，教师可以不必每个细节都按顺序向学生讲解，而应该基于这些插图适当通过问题引导学生观察、思考。例如，图 3-13，教师可以提出这样的问题：放上重物后，会发生什么现象？图 3-14 可以提出这

101

样的问题：为什么用力按压瓶子液面会上升？什么情况下液面会下降？教师通过这样的问题，让学生反思插图本身的内在逻辑，帮助学生找到逻辑线索，从而进行深度思考。

教材中除了有真实情境的插图，还有抽象逻辑示意图。如图3-15、图3-16和图3-17，都是将物理量的变化过程用"图示"的形式展示出来，这些示意图本身有复杂内在逻辑，教学的过程既需要引导学生掌握这种"示意图"的方法，也需要引导学生基于这类插图进行深度思考，这样才能真正发挥插图的功能，培养学生科学推理、分析论证等素养。

图 3-15 无人机的运动轨迹　　图 3-16 3 个物体从点 A 到点 B 的运动轨迹

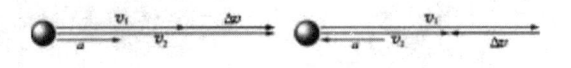

图 3-17 加速度的方向

四、重视插图对知识视野拓宽的积极作用，培养学生科学态度与责任

教材中的一些插图对拓宽学生的知识视野、培养学生积极的学习态度有一定的作用。这类插图除了在正文中出现，在"资料活页""课后习题"中也能看到。例如，粤教版教材必修 1 中的插图（如图 3-18 所示），这是航天员进行太空授课的插图，基于这幅插图可以进行相关的物理知识授课，也可以讲述该物理情境的历史背景以及背后的故事，这不仅能够拓展学生所学的物理知识，还能够培养学生积极探索的科学精神和自豪感。

图 3-18 航空员进行太空授课

图 3-19 是北斗卫星导航系统示意图，图 3-20 是"风云四号"卫星的示

102

意图，对这些插图所蕴含的物理知识进行适当分析，利用好这些插图的教学功能，对培养学生探索知识的欲望、培养学生的学科素养都有明显的作用。

图 3-19 北斗卫星导航系统可以提供高质量的定位

图 3-20 "风云四号"卫星示意图

例如，在完成"宇宙速度与航天"一节的教学后，基于图 3-19，教师可以开展这样的教学活动：

教师：北斗卫星由静止轨道卫星、中圆轨道卫星和倾斜地球同步轨道卫星组成，中圆轨道卫星的周期约为 12.92 小时。如果你是设计师，静止轨道卫星、中圆轨道卫星应分别设计在距地球多高的轨道？

学生：通过计算发现同步轨道卫星高度约 35,800 千米，中轨道卫星高度约 21,500 千米。

教师：大家可以查阅资料，了解倾斜地球同步轨道卫星的相关参数，设想一下要怎样做才能让卫星在这样的轨道上运行？

这个教学片段，既能够对章节知识进行巩固，也能够让学生从设计师角度体验"设计卫星轨道"的乐趣，"倾斜静止轨道卫星"更能够激发学生学习的好奇心，这对正确学习态度和学科责任感培养的作用是非常明显的。

综上所述，教材插图是教材编写者精心挑选、设计的，是教学内容的一个重要的补充。当然，教材插图的功能可能远不止笔者列举的这些，教师在新授课的教学设计中，应该重视插图的作用，重视教材各方面素材的作用，充分挖掘教材所蕴含的教育功能，更好地落实物理学科核心素养。

第二节 挖掘教学素材促进思维发展的规律课教学实践案例[①]

自由落体运动的纸带蕴含着匀变速直线运动的所有信息和规律，本节将用这条纸带研究匀变速直线运动的规律，贯穿全章知识教学的始终，为教学素材的选取和教学情景的创设提供一些思路，从而为培养学生的科学思维提供实践案例。

课程标准在各个模块的教学建议中，特别强调情境的创设对呈现知识的作用。《普通高中物理课程标准》也指出，"科学思维"主要包括模型建构、科学推理、科学论证、质疑创新等要素。[②] 在具体的教学情境中，进行物理规律的生成性学习，对培养学生的科学思维有很好的促进作用。

同时，教学情境的创设，有利于学生回忆原有的知识，可以引导学生顺利地从储备知识中获取信息以处理新知识，也有利于学生在具体问题中学习物理，把抽象的物理概念和规律形象地呈现出来。在匀变速直线运动的教学中，打点计时器打出来的纸带经常被作为实验题的条件，用于考查加速度和速度的计算，这远远低估了纸带应有的作用。纸带是最容易获取的教学素材，也是最好的教学素材。

一、建立概念并生成运动规律的判断方法

图3-21是笔者和学生在研究运动物体的快慢时，通过自由落体运动打出来的一条纸带，以这条纸带为素材，可以展开对运动性质判断的教学活动。

笔者提问：从纸带中，可以判断物体做什么运动？

学生回答：运动越来越快！

[①] 本节于2018年12月发表在《中学物理教学参考》（上旬）。
[②] 中华人民共和国教育部. 普通高中物理课程标准 [M]. 北京：人民教育出版社，2018：4-6.

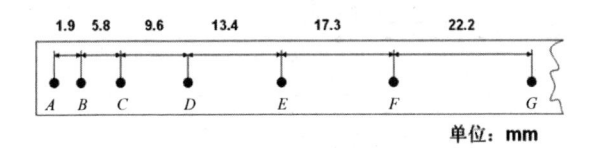

图 3-21 自由落体运动的纸带

教师：请大家求 AB 段、BC 段、CD 段的平均速度。

学生：利用平均速度的概念 $\bar{v} = \dfrac{S}{t}$，得到 $\overline{v_1} = 0.095\text{m/s}$，$\overline{v_2} = 0.290\text{m/s}$，$\overline{v_3} = 0.480\text{m/s}$。

教师：由此可以判断该运动的速度在逐渐增大。那么，如果我让大家利用所学的知识求 B 点的速度，你会怎么求？

甲同学：由于 AB 间的时间是 0.02s，这个时间极短，故 B 点的速度接近 $\overline{v_1} = 0.095\text{m/s}$；

乙同学：由于 BC 间的时间也极短，故 B 点的速度更接近 $\overline{v_2} = 0.290\text{m/s}$；

丙同学：既然它既接近 AB，又接近 BC，我们为什么不用 $\overline{v_B} = \dfrac{AC}{2t}$ 来求 B 点的速度呢？

教师：你们几位说得都很有道理，都能用极限的思维来求解。我认为比较科学的方法是丙同学的方法，因为自由落体运动是连续变化的运动，B 点的速度更接近 AC 段这个过程"中间"的平均速度。（这里教师并没有给出 B 点是 AC 段的中间时刻的概念，也没有涉及中间时刻的速度等于平均速度的概念，只是让学生大概理解这个极限处理的思想。）

就这样，师生通过对纸带的探索，初步掌握了求解瞬时速度的方法，学生大脑中也储备了用纸带判断运动快慢的初步知识。于是，教师呈现如图 3-22 所示的纸带，并展开教学活动。

教师：既然大家已经会从纸带中求解平均速度，那么 A、B、C 三个纸带分别表示物体做什么运动？

学生：A 做匀速直线运动，B 做匀速直线运动，C 先加速后减速。

教师：在匀速阶段，哪一条纸带表示的运动速度最大？

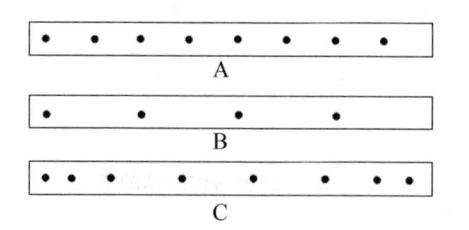

图 3-22　三个不同运动的纸带

学生：相同时间，B 纸带显示的位移最大，所以是 B 纸带。

在上述教学片段中，教师始终围绕"纸带"这一素材展开对运动概念和运动规律的教学。由于纸带是学生真实获取的，实际的运动情景和探究过程都显得真实、形象。这对于帮助学生抽象出物理情景，形成对实际情景进行科学推理的习惯掌握科学推理的方法，都有很好的作用。

二、挖掘纸带数据信息，探究自由落体运动规律

众所周知，伽利略运用斜面实验研究匀变速直线运动的规律，把这个规律理想外推演绎获得自由落体是匀变速直线运动的规律。笔者反思，伽利略那个年代，苦于缺乏精确的计时公式，只能用"理想外推"这个方法。试想，假如伽利略当年有像打点计时器、光电计时器这样精确的计时工具，他还会用斜面实验理想外推去探究自由落体运动的规律吗？答案是明显的：一定不会！以物理学家求真务实的习惯和精神，一定会用自己最信服的方式来证明。

基于上述思考，笔者决定用"纸带"这一素材来研究自由落体运动的规律。

用上述的方法，笔者让学生计算如图 3-23 所示的纸带中，AB、BC、CD、DE、EF 和 FG 的平均速度，并填写表 3-1。

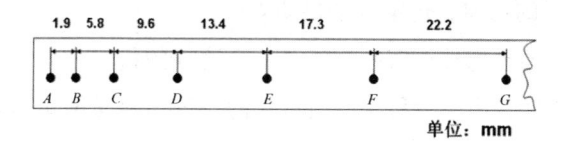

```
1.9  5.8   9.6    13.4      17.3        22.2
 A   B    C    D      E         F          G
                                        单位：mm
```

图 3-23　自由落体运动的纸带

表 3-1　纸带上每两点间的平均速度

纸带取段	AB 段	BC 段	CD 段	DE 段	EF 段	FG 段
平均速度（m/s）	0.095	0.290	0.480	0.670	0.865	1.11

填完表 3-1，笔者引导学生思考，师生进行如下交流：

教师：同学们观察表格，平均速度的大小变化有没有规律？

学生：BC 段比 AB 段大 0.195m/s；CD 段比 BC 段大 0.190m/s；DE 段比 CD 段大 0.190m/s；……

教师：大家观察自由落体变化的整个过程，判断它的运动有没有突然发生变化，或者突然出现转折？（笔者引导学生得出结论：自由落体运动是一种连续变化的运动，没有突变。）

学生：没有！

教师：那么大家想想，这里算出来的每个平均速度，时间间隔大概应为多少？

学生：0.02s！（不假思索！）

教师：很好！大家有没有发现，0.02s 本身就是一个极短的时间？大家能否以时间为横坐标，以上述每个平均速度为纵坐标，画一个 v-t 图呢？

经过一小段时间，多数学生作出了图像，并且发现是一条倾斜的直线，因此得出自由落体运动是匀加速直线运动的结论。同时，笔者继续引导学生观察纸带上数据的变化规律，多数学生都能发现，纸带上相邻两点间的位移差接近 3.9mm，误差范围内是一个定值。因此，师生共同得到这样的规律：如果一个运动，在任意相邻相等时间内位移差相等，那么这个运动是匀变速直线运动。这个发现触动了很多学生，因为一条简简单单的纸带，可以获得这么多"惊人"的规律,这本身就很动人!

对比伽利略的理想外推实验,笔者认为这样的科学推理过程,同样值得学生去实践。当然,出于对科学发展负责的态度与科学的价值观,在用该方法得出自由落体运动的规律之后,笔者把伽利略的斜面实验也和学生进行了探讨。

三、从纸带中获得启发与教学策略迁移

有了前面的基础,笔者在讲解匀变速直线运动很多难点问题时,经常把纸带作为背景,因为这样做能快速高效地调用学生的原有知识,并触发学生的思维顺利向高层次发展。

例如,在讲解匀变速直线运动中间位置的速度大于中间时刻的速度时,多数教师都采用图像法或数学公式作差法,笔者用了上述方法之后,通常都会用如图3-24所示的纸带进行讲解。

教师:同学们看,DF段的中间时刻在哪里?

学生:E点。

教师:我们在DF的中间画一条虚线,大家看,从E点到虚线,物体运动是一个加速过程,那么哪里的速度大?

学生:虚线所在的位置啊!

教师:从虚线到E点,是一个减速过程,哪里的速度大?得到一个什么结论?

学生:不管是匀加速还是匀减速,都是中间位置的速度大于中间时刻的速度!

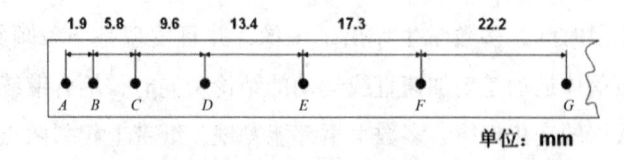

图3-24 匀变速直线运动的纸带

到了这里,笔者猜想读者朋友们对本文挖掘教学素材的含义已有较深刻

的体会,也能清楚地看到挖掘教学素材在创设教学情境、培养学生模型建构能力方面的重要作用。在平时教学中,很多重要的教学素材往往被当作一个知识教给学生,如万有引力定律公式,有些教材和教师直接把公式给学生。笔者认为,万有引力定律公式的推导过程,本身就是很好的教学素材。如果师生共同体验万有引力定律的推导过程,可以很好地感受应用圆周运动向心力公式、牛顿第二定律、牛顿第三定律以及控制变量法等科学方法解决问题的思路,也可以让学生充分经历科学探究过程,可谓一举三得!

例如,"沿电场线方向电势降低"这个结论通常被直接当作结论呈现给学生,笔者却经常建构这样一个推理模型:如图3-25所示,沿正点电荷产生的电场线,把试探电荷+q沿A、B、C三点的方向移动,电场力做什么功?

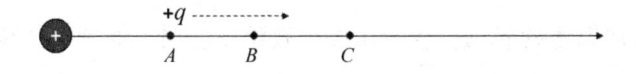

图3-25 "沿电场线方向电势降低"结论推理模型

学生:做正功!

教师:那么试探电荷的电势能怎么变化?

学生:越来越小!

教师:电势能等于电势与电荷量的乘积,所以A、B、C三点的电势怎么变化?

学生:逐渐变小!

上述简单的处理过程,教师没有把结论直接给学生,而是挖掘这个结论背后的教学素材,让学生经历了功能关系、电势与电势能概念的探究过程,从而得到"沿电场线方向电势降低"的结论。这样的处理方法,对培养科学推理思维的作用是显而易见的!

例如,电流的微观表达式的推导、洛伦兹力的推导对建立"电流柱体微元模型"以及培养学生模型建构的科学思维能力有突出的作用。又如,闭合电路的欧姆定律、速度选择器、质谱仪和回旋加速器等教学素材应得到充分的发掘和运用,如果只是把它们的规律或结论直接灌输给学生,那么就太可惜了。

综上所述，高中物理很多概念和规律的建立过程，往往都是基于具体的实验或者情景。因此，教师在讲授这些规律或者结论的时候，如果能够深刻挖掘这些具体的情景，并将其作为教学素材和学生共同经历学习、进行科学推理的过程，那么这对培养学生的科学思维，促进思维发展、进阶，将起到非常重要的作用！

第三节　促进思维策略高路迁移方面的复习课教学探索案例①

复习课如何促进思维进阶，习题如何检验学生的能力，是多数教师在教学实践中经常思考的问题。教师在设置教学目标时，通常会根据学生的能力，设计层层递进的学习活动，让学生逐步掌握教学内容。然而，判断学生是否掌握所学内容，是否达到教师所要求的能力，这就需要教师在布置反馈练习或者测验时，精心设计习题，让习题不仅具有检测能力的功能，而且具有让学生所学的方法迁移、能力提升的作用。本节将通过变换运动形式和变换运动场景，让习题的难度在运动形式和场景的变换中逐渐提高，引导学生原有的知识和方法自然迁移，达到提高学生分析与综合能力的目的。

教学的一个主要目标是促进所习得的策略得到长期保持和有效迁移。就策略迁移而言，即使形式、情境发生一点小的变化都会导致迁移的产生。② 笔者在设计电场和磁场组合题的过程中，有意将涉及的运动形式和运动场景进行归纳比较，力求在习题中体现运动形式的递进和运动情境的变化，尽可能让习题的每个细节都成为迁移的可能条件。

高中阶段常见的运动形式有匀速直线运动、匀变速直线运动、平抛运动和圆周运动，从匀速直线运动到圆周运动，运动形式逐渐变得复杂，需要的理解能力也相应提高。我们在习题的设计中，通常会以运动形式的变换，或

---

① 本节于2015年发表于《中学物理教学参考》（上旬）第9期。
② 申克. 学习理论 [M]. 何一希，译. 6版. 南京：江苏教育出版社，2012：313.

者两种运动形式的结合来逐层增加题目的难度,提高对学生能力的要求。而这种难度递进的变换方式,有利于学生原有方法的迁移,有利于学生能力的提高。

常见的运动场景有无外力(或合外力为 0)的场景,例如,光滑水平面上的直线运动;重力作用下的场景、电场力作用下的场景和磁场力作用下的场景。除了无外力场景,这里很难比较几种场景的难易,但如果通过场景的变换或者结合,我们可以把一个简单的题目,逐步发展为一个难度较大的题目。下面通过几个教学片段,探讨运动形式的变换和运动场景的变换如何促进学生方法的迁移,以及对学生能力的提升发挥怎样的作用。

一、在细节和运动形式的变化中,促进思维方法的自发迁移

在电场和磁场的组合中,从匀强电场中直线加速后垂直磁感线进入匀强磁场是比较简单的方式,这个组合方式是进一步学习的基础。在"电场和磁场的组合习题课"的教学中,笔者在本课开始时呈现如右图 3-26 所示的组合情境,并对过程进行这样的描述:

电荷在电场中被加速,由动能定理 $qU = \frac{1}{2}mv^2$

得 $v = \sqrt{\frac{2qU}{m}}$。由牛顿第二定律 $qvB = \frac{mv^2}{R}$,得 $R = \frac{mv}{qB} = \frac{1}{B}\sqrt{\frac{2mU}{q}}$。

图 3-26 垂直边界的电磁场组合

接着笔者呈现如右图 3-27 的组合情境。图 3-27 中已知量由电压 U 变成电场强度 E,电荷由负电荷变成正电荷,磁场方向也发生变化,但这些细节的变化并没有对学生理解题目造成阻碍。相反,学生在这些细节的变化中进行辨别,逐渐形成并掌握正确的解题策略。

图 3-27 倾斜边界的电磁场组合

上述两个情景在运动形式上并没有发生较大

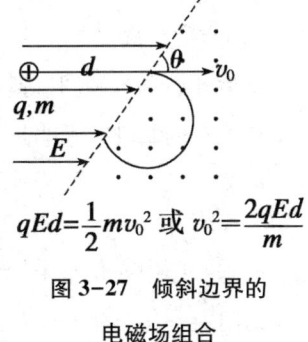

变化，因此学生还不能从掌握基本方法过渡到运用解决此类问题的策略。于是笔者呈现如右图 3-28 所示的情景，然后与学生交流：

教师：电荷在电场中的运动形式与上面两题有什么不同？

学生：由直线运动变成类平抛。

教师：在磁场中的运动有没有变化？

学生：没有变化，还是匀速圆周运动。

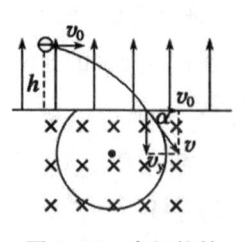

图 3-28 电场偏转后进入磁场

教师：若已知电场强度为 E，点电荷电荷量为 $-q$，质量为 m，初速度为 v_0，图中 h 为已知量，磁感应强度为 B，求出点电荷在磁场中运动的半径。

学生由于观察到运动的形式发生变化，自然能注意到进入磁场的速度并没有与边界垂直，所以学生抓住了应该先求出进入磁场的速度这个关键信息，多数学生都能够得到正确的结果。到了这里，笔者觉得可以再提高题目的难度，于是呈现了如右图 3-29 的情景，开始与学生对话：

教师：若 P、Q 两平行板间没有电压，那么点电荷进入磁场的点 M 与离开磁场的点 N 之间的距离多大？

学生：垂直边界进入磁场，点电荷在磁场中的运动刚好是一个半圆，距离为 $\dfrac{2mv_0}{qB}$。

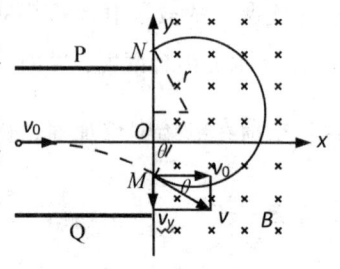

教师：若在 P、Q 两板间加上电压 U，那么 M、N 两点的距离又是多大？

图 3-29 电磁场经典组合

学生开始进行画图、运算，由于前面的情景已经做了充分的铺垫，这里只是在原有的基础上适当地增加难度，学生基本都能解得 M、N 两点的距离：$\dfrac{2mv\cos\theta}{qB}$。

教师：题中 θ 角是未知量，接下来怎么办？

这时有一位学生马上站起来，兴奋地说："我知道了，$v\cos\theta$ 不就等于 v_0

吗？所以结果应该是$\frac{2mv_0}{qB}$。"

教师：那么你可以得到什么结论？

学生：只要点电荷能够从电场两板间进入磁场，不管电压多大，M、N两点的距离都是$\frac{2mv_0}{qB}$。

在上述教学过程中，从变换情景的细节，到变换电荷的运动形式，最后设置隐藏条件来提高题目的难度，这一步步的设置都是为学生最后的"顿悟"做铺垫。在解题过程中，对细节变化的关注使得解决各个步骤的方法变得有效，而对运动形式变换的关注，使得学生逐渐努力把各个步骤整合成一个完整的程序，从而形成解题策略，并能将该策略应用到不同的情景当中，形成策略的自发迁移。[1]

二、通过运动场景的交替变换，实现解题策略的高路迁移

在信息加工理论中，迁移涉及对记忆网络中知识的激活。迁移要求信息以命题的形式存储于记忆中，并且相互紧密地联系。记忆中的各个信息块相互联系得越多，那么一条信息的激活就越能成为其他信息的导火索。[2] 借鉴这个理论，在电场和磁场组合的习题设计中，笔者力求在学生已经构建的情境中，进行电磁场的更替变换，使得电场和磁场的组合在学生的知识储备中紧密联系，成为促使学生所习得的策略实现高路迁移的导火索。

图3-30和图3-31所示的情境，是组合场中最常见的情景，教师不需要给出任何条件，学生都知道题目的意图，笔者将这两个情景展示出来后，学生便马上举手描述这两个运动过程。因此，笔者将这两个图组合起来，展示如图3-32所示的情景，并开始提问。

教师：点电荷静止释放后，将怎么运动？

学生：从电场中直线加速后，进入磁场中做圆周运动，然后又返回电

---

[1] 斯腾伯格. 认知心理学 [M]. 杨炳钧, 陈燕, 邹枝玲, 译. 3版. 北京：中国轻工业出版社, 2006：57.

[2] 申克. 学习理论 [M]. 何一希, 译. 6版. 南京：江苏教育出版社, 2012：309.

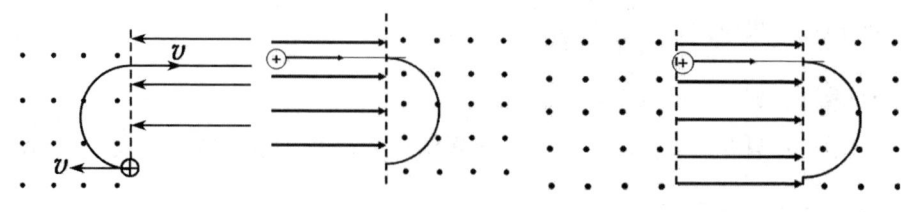

图 3-30 从磁场进入电场　　图 3-31 从电场进入磁场　　图 3-32 电磁场往返运动

场中。

教师：返回电场中之后，会不会再进入左边的磁场？

学生：（思考之后）不会！当点电荷到达电场左边界时，速度已减为 0。接下来重复之前的运动。

教师：会不会有什么遗憾？

学生：如果能进入左边的磁场，那图像就会很好看了！

这时，笔者觉得时机成熟了，把下面例题呈现出来，让学生独立思考并解答。

例 1：如图甲所示，相隔一定距离的竖直边界两侧为相同的匀强磁场区，磁场方向垂直纸面向里，在边界上固定两长为 L 的平行金属极板 MN 和 PQ，两极板中心各有一小孔 S_1、S_2，两极板间电压的变化规律如图乙所示，正反向电压的大小均为 U_0，周期为 T_0。在 $t=0$ 时刻将一个质量为 m、电荷量为 $-q$（$q>0$）的粒子由 S_1 静止释放，粒子在电场力的作用下向右运动，在 $t=0.2T_0$ 时刻通过 S_2 垂直于边界进入右侧磁场区。若已保证了粒子未与极板相撞，为使粒子在 $t=3T_0$ 时刻再次到达 S_2，且速度恰好为 0，求该过程中粒子在磁场内运动的时间和磁感应强度的大小。（不计粒子重力，不考虑极板外的电场。）

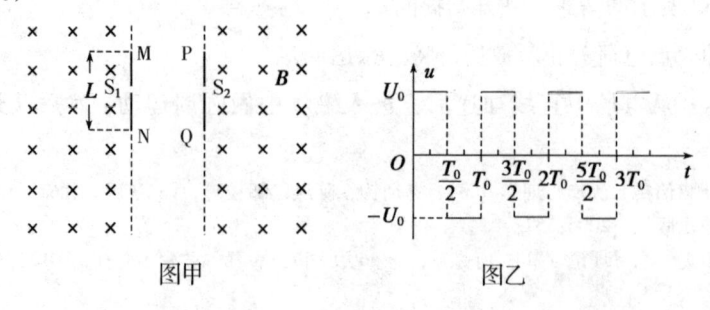

图甲　　图乙

让学生充分思考后，笔者开始进行如下教学活动：

教师：粒子第一次到达 S_2 时速度多大？

学生：由动能定理可以得到 $v = \sqrt{\dfrac{2qU_0}{m}}$。

教师：若粒子刚好不会碰到金属板，它运动的半径要满足什么条件？

学生：半径应大于 $\dfrac{L}{4}$。

教师：那么粒子从 Q 点下方返回时，将做什么运动？

学生：匀速直线运动，最后进入磁场中，在磁场中做圆周运动。

教师：粒子能否返回 S_1 孔，为什么？

学生：能，因为粒子的速度没有发生变化，半径与在右边区域中的半径相同。

教师：为什么粒子返回到 S_2 时速度会变为 0？

学生：因为电场的方向发生变化，这是刚开始加速的逆过程。

教师：既然这样，能否把粒子运动的轨迹图大致画出来？

…………

到了这里，多数学生已经清晰地理解了粒子运动的情景，并很快得到正确的解答。面对这个复杂的情景，学生能够在短时间内接受并理解，主要是因为前面做了铺垫。前面已经让学生的思维在从电场到磁场，再从磁场到电场的过程中反复"运转"，在学生的脑中建立了充分的触发条件。当学生接触例 1 时，其思维像"水流"一样，很自然地"流进"了该题目的关键场景中，解题策略也自然地实现了迁移。而策略实现迁移之后，要形成学生解题的能力，还需要对类似情景不断地进行强化。

关于策略迁移，菲伊提出了一个能加强策略迁移的模式。在起初的策略获得阶段，学习者获得指导并加以联系，同时建立了对策略使用进行评估的元认知意识；接下来是保持阶段，它包括进一步学习训练材料和进一步回忆项目。当参与者尝试解决新的问题时，第三个阶段就发生了。笔者在设计本节的几个教学活动时，主要参考了菲伊的上述理论，而在教学的实践过程中，策略的迁移主要通过运动形式的变化以及运动场景的交替出现，从易到难对学生进行触发，通过强化训练实现高路迁移，最终形成能力。

第四节　培养质疑创新素养的实验课教学实践①

教师引导、启发学生对平抛运动实验的误差进行多角度思考与提问。通过深入分析、计算、论证，让学生经历并体验调用已有知识分析问题的过程，养成习惯，体验提出问题、解决问题的思维路径，为培养学生的质疑创新能力提供一种教学方式。

质疑创新是科学思维的重要组成部分，是较高层次的素养之一，而提出问题是质疑的直观表达。爱因斯坦说过："提出一个问题往往比解决一个问题更重要，因为解决问题也许仅是一个数学或实验上的技能而已。而提出新的问题、新的可能性，从新的角度去看旧的问题，却需要创造性的想象力。"②

本节将以平抛运动实验误差分析为载体，不断引导学生提出问题，并通过物理规律和数学工具不断解决问题，以此为主要线索展开教学活动。

实验误差分析是实验教学的一个重难点，也是对实验过程进行审视、反思的重要环节。③ 在该环节中，教师如果能够正确引导学生针对实验的步骤、器材、原理等各方面进行审视，针对各个环节的误差提出问题，并针对这些问题展开教学活动，启发学生搜索、应用原有知识进行全方位分析，就会逐渐形成提出问题、分析问题、解决问题的能力。

下面以平抛运动实验的误差分析为例。

用如图 3-33 所示的装置研究平抛运动的实验，相关实验的内容如下：

(1) 将斜轨固定在桌面上，反复调节斜轨末端成水平；

(2) 在末端出口处安装光电门并调节其到适当位置，将贴有坐标纸的木

---

① 本节于 2023 年发表于《物理教学》第 11 期。
② 张庆林，邱江. 思维心理学 [M]. 重庆：西南师范大学出版社，2007：227-228.
③ 蔡钳. 由"铁球下落"引发的思考 [J]. 物理教师，2022，43（7）：61-63.

板紧靠在斜轨出口处竖直放置，并在坐标纸上将出口处标为 O 点，过 O 点作水平线为 x 轴、竖直线为 y 轴；

（3）用螺旋测微器测量小球的直径 d，读数如图 3-34，则 $d=6.200$mm；

（4）从斜轨上释放小球，用每隔 $\frac{1}{30}$s 曝光一次的频闪照相机正对着木板照相；

（5）从数字计时器读到小球通过光电门的遮光时间为 6.2×10^{-3}s；

（6）根据频闪照片中记录的信息，在图 3-33 的坐标纸上标出小球离开斜轨后的 5 个连续位置，即 A、B、C、D、E，读得 A、E 两位置的水平距离为 12.00cm。

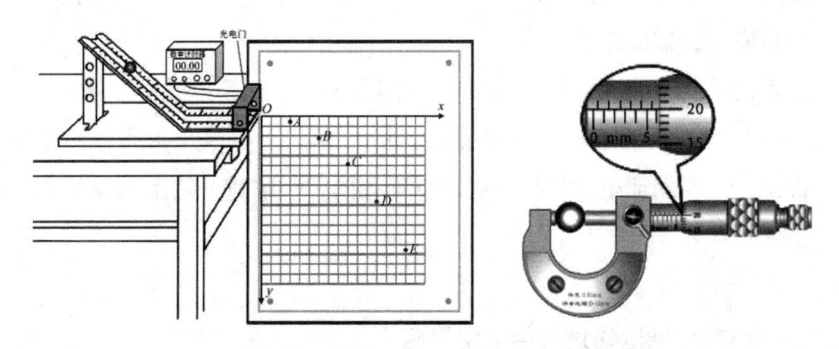

图 3-33　实验装置示意图　　图 3-34　螺旋测微器

完成了以上实验内容后，师生共同根据小球的直径 d 以及它过光电门的时间，求出小球的初速度 $v_1=\dfrac{d}{t}=\dfrac{6.2\times10^{-3}\text{m}}{6.2\times10^{-3}\text{s}}=1.0$m/s，而根据 AE 的距离和频闪照相的时间间隔求得平抛运动的水平速度为 $v_2=\dfrac{x}{4T}=\dfrac{0.12\text{m}}{4\times\dfrac{1}{30}\text{s}}=$ 0.9m/s。

根据上述结果，多数学生可能提出问题：该实验的误差多大？根据计算可知 $\eta=\dfrac{v_1-v_2}{v_1}\times100\%=10\%$。按照实验原理，$v_1$ 应该等于 v_2，为什么会有这么大的误差呢？面对一个物理现象，多数学生凭直觉提出的问题往往比较容易解决，这些问题处于学生群体思维能力平均水平的层次，解决这些问题只是完成对一个知识或现象的认知，可能无法对学生的思维层次造成影响或提升。而教学过程中，教师往往需要预判学生可能提出的问题，或者引导学生提出有价值的问题，只有解决这些有价值的问题，才能使学生的思维层次得到提升。

下面从提出问题与解决问题的过程来探讨培养质疑创新能力的一种策略。

一、小球在轨道斜面上受到的摩擦阻力

这是多数学生可能提出的第一个问题：这个误差有没有可能是轨道斜面上的摩擦阻力造成的？

这个问题要从实验原理进行思考，小球每次从斜面上同一位置释放，到达光电门开始遮光的过程中，摩擦阻力做功相同，小球开始遮光的速度相同。因此，只要保证小球每次释放的位置相同，小球遮光之前的摩擦阻力便不会造成该误差。

二、小球平抛运动过程中的空气阻力

学生可能提出的第二个直接问题：该误差是不是平抛运动过程中空气阻力造成的？不仅是学生，多数教师也会认为是空气阻力造成了这个误差。

笔者近些年来养成了这样的习惯：慎重对待直觉问题，对可以论证的直觉问题，总是想方设法用数学的工具进行论证。[1] 一些问题往往在师生共同探讨、论证中，获得令学生信服的答案，而这个过程也恰恰培养了学生质疑、论证的思维习惯。

师生共同探讨空气阻力的问题：由空气阻力公式 $f = \dfrac{1}{2}C\rho s v^2$，其中速度

---

[1] 郑维鹏. 测定电源的电动势和内阻实验误差分析方法探讨及拓展[J]. 物理教师, 2010, 31 (7): 31-32.

较小，C 的值可以取 0.40①，空气密度 ρ 为 1.29kg/m³，铁球的密度为 $\rho_{铁}$ = 7.9×10³ kg/m³，假设小球整个过程均以最大水平速度 v_1 = 1m/s 运动，即预估最大阻力。小球从 A 到 E 的时间为 $\Delta t = \frac{1}{30} \times 4\text{s} = \frac{2}{15}\text{s}$，由动量定理 $f\Delta t = m\Delta v$ 可知，由此造成的水平速度变化量满足 $\frac{1}{2}C\rho sv^2\Delta t = \rho_{铁}\frac{4}{3}\pi r^3\Delta v$，利用 $s = \pi r^2$，$r = d/2 = 3.100$mm，解得 $\Delta v = 0.00105$m/s，造成的相对误差为 $\eta = \frac{\Delta v}{v}$ × 100% = 0.105%。不难发现空气阻力不是造成误差的主要原因。师生共同算出这个结果时，可以从学生脸上看到一脸疑惑又信服的表情。

三、从小球遮光结束到离开轨道水平部分的摩擦阻力

上述两个常见且最容易想到的因素，通过分析、计算都被证实不是造成该实验误差的主要原因，而多次重复该实验，这个误差总是存在，且接近 10%，那么造成误差的原因是什么呢？教师继续引导学生思考……

有学生将线索指向图 3-35 所示的位置：当小球经过光电门时，它遮光结束后在水平轨道上还运动了一小段距离后才离开轨道，有没有可能是这个原因造成的误差呢？

图 3-35 小球过光电门示意图

师生共同计算：小球从斜面滚动而下，滚动摩擦因数较小，可以设为 0.02，设小球在该段距离经历的时间为 $\Delta t_1 = 6.2 \times 10^{-3}$s，即可以认为小球离开光电门的时间也等于 6.2×10^{-3}s（数量级相同即可，实际应小于该时间）。由此造成的速度变化量满足 $\mu mg\Delta t_1 = m\Delta v_1$，由此可得 $\Delta v_1 = 1.24 \times 10^{-3}$m/s，

---

① 周雨青，叶兆宁，吴宗汉. 球类运动中空气阻力的计算和分析 [J]. 物理与工程，2002（1）：55-59.

相对误差为 $\eta = \dfrac{\Delta v_1}{v} \times 100\% = 0.124\%$，由于计算时预估较大，所以该误差应该不是造成"10%"的主要因素。

到这里，有些学生开始陷入"苦苦思索"中，有些学生开始气馁了……直到有学生提出这样一个问题：有没有可能是小球从轨道离开时速度方向与坐标纸不平行造成的？

四、小球平抛运动轨迹平面与坐标纸不平行

学生显然觉得这个可能是主要因素，于是开始动笔算起来：若小球初速度与木板夹角为3°（该角度已经估计得很小），小球在木板方向的投影为 $v_x = v_1 \cos 3°$，造成的相对误差为 $\eta = \dfrac{v_1 - v_x}{v_1} \times 100\% = 0.14\%$。

0.14%，这个结果显然令人失望。于是继续寻找：夹角为5°，则误差为0.38%；若夹角为10°，误差为1.52%……，显然，这也不是造成10%的主要原因！

有学生提出有没有可能是摄像机不正对木板造成的？这个问题的计算与轨道平面与坐标纸不平行类似，不再赘述。这又令学生再次经历由希望到失落的过程。

五、小球经过光电门时，球心与光线不在同一直线

这个问题笔者也百思不得其解，但作为教师，笔者认为学生的观察能力、思维潜力如果得到适当的启发应该能够超过教师。基于这个认知，笔者引导学生对实验装置的各个细节以及实验原理进行全方位观察和思考，直到找到真实的原因。

师生经过思索、探讨，有学生提出这样一个问题：会不会是小球经过光电门时，光线并不是对着圆心所在水平面的直径？

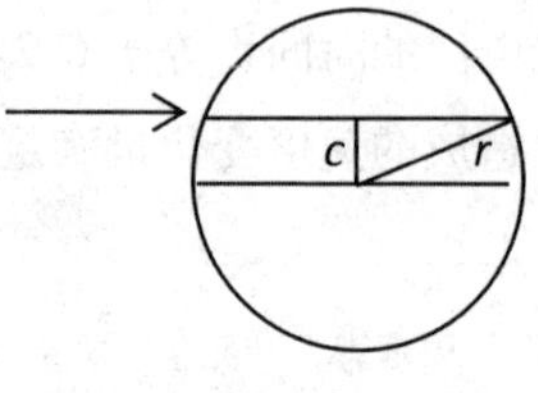

于是，师生将小球放在光电门处，的确如此，光线的位置如右图3-36所示对着球心上方

图3-36 光线不过球心

的某个位置。

师生共同计算：假设小球遮光的位置在球心以上 $c=1$mm 的位置，则小球遮光的长度 L 应该为 $L=2\sqrt{r^2-c^2}=5.87\times 10^{-3}$m，由此计算初速度：

$$v'_1=\frac{L}{t}=\frac{5.87}{6.2}\text{m/s}=0.947\text{m/s}$$

造成的误差：$\eta=\frac{v_1-v'_1}{v'_1}\times 100\%=5.6\%$。

若 $c=1.5$mm，则误差为 12.5%。显然，这就是造成"10%"的主要原因!

上述寻找误差原因的整个过程，都是基于反复引导提出问题、解决问题展开的思维过程，该过程对学生误差分析能力的提升、思维能力的提升具有较大的作用，同时，对培养学生质疑创新能力有积极的作用。

第五节　基于学生思维进阶的单元整体教学设计案例

教育部最新颁布的《普通高中课程方案（2017 年版 2020 年修订）》[1]明确指出，教师在新课程方案实施过程中以及在设计教学内容时，应重视以学科大概念为核心，对课程内容进行知识单元重构和结构化设计，以主题为引领，使课程内容情境化，促进学科核心素养的落实。学科大概念引领下的单元整体教学设计，不是对教材的重新编排，而是突出学科知识间的逻辑联系，统整较为零散的碎片化知识，形成以学科大概念为统摄的学科结构化知识，进而转化为解决实际问题的方法与能力。受传统课时教学的影响，当前我国的高中物理教学还存在着教学内容相互联系不够紧密，知识结构化的水平较低，教师主导学生主体的学科活动针对性不强等问题。笔者认为在大概念统摄下的物理单元整体设计是解决上述问题的重要方法和策略。

从认知发展的角度看，大概念可以使零散的知识连接起来，提供构建自

---

[1] 中华人民共和国教育部．普通高中课程方案 [M]．北京：人民教育出版社，2020．

已理解的认知框架。从课程内容的角度看，大概念指向学科中的核心概念，是在事实基础上抽象出来的深层次的、可迁移的概念。因此，从学科大概念视角系统组织和规划单元学习过程，是进行单元整体教学设计的关键。基于单元主题教学内容，教师围绕学科大概念整合教材，连贯地理解课程目标，关注前后内容，突出学科知识的系统性和教学的方向性，把大概念统摄下的大量具体概念、规律、原理等具体教学内容按照一定的逻辑线索组织成由浅入深、由简单到复杂、有层级的结构化的物理学科活动，使学生对学习内容的理解与认知由浅及深，逐步达成单元学习目标。本节以粤教版《物理：选择性必修1》第一章"动量和动量守恒定律"教学单元为例，探讨如何基于学科大概念进行单元整体教学设计，以促进单元教学目标的达成和学生学科核心素养的培养。

一、分析学科大概念，整合教学内容

以学科大概念为统领，将不同内容进行有机整合，实现知识系统化。依据范围的不同，不同概念呈现出一定的层级结构。学生从基本事实、知识与技能提升到学科一般概念，进而提升到学科大概念并拓展到跨学科大概念，是学生不断完善认知结构的过程。

该单元的学习内容围绕这一章的大概念"动量守恒定律"进行，概念层级结构关系如图3-37所示。

在形成"动量守恒定律"学科大概念后，最后一节课安排学生回顾学过的守恒定律，包括机械能守恒定律、能量守恒定律、质量守恒定律、电荷守恒定律等，凸显了跨单元的大概念"守恒定律"，进一步强调跨学科大概念"守恒思想"。

分析和把握大概念，可以把握知识间的本质联系和纵横关系。对事实、具体概念进行抽象概括、一般化或系统化等思维加工活动，可以帮助学生形成知识间纵向上的联系，实现知识拓展和建立知识结构。

二、理解新课程新教材的逻辑结构

教材的逻辑包括学科逻辑、认知逻辑和教学逻辑。学科逻辑是按照一定

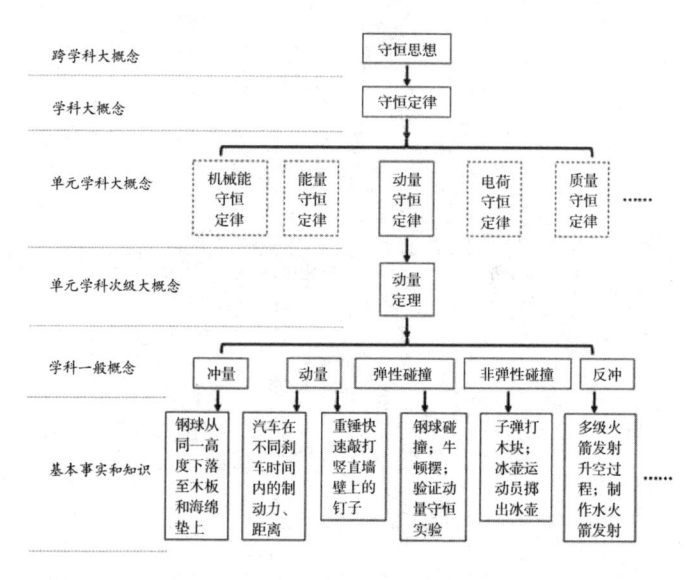

图 3-37 大概念下的知识整合案例

的理论方法使学科中的各个知识点串联起来形成一定的线索结构。认知逻辑是以认知语言学为基础，关于**认知过程及其规律**的逻辑系统。学生学习知识与技能需要遵循一定的认知规律，这种认知顺序是由熟悉到陌生、由简单到复杂、由已知到未知、由具体到**抽象**、由感知到理解应用等。教学逻辑就是教材的可教学性，是对学科逻辑和认知逻辑的概括和发展，是教师关于教学内容与教学活动安排的构想。

本单元的教材逻辑如图 3-38 所示。教材的学科逻辑围绕"动量守恒定律"这个大概念展开，首先，建立冲量和动量概念为推导动量定理做知识准备；其次，动量定理又为动量守恒定律做准备，通过理论推导和实验验证得到动量守恒定律，再运用动量守恒定律解决生产生活中的实际问题；最后，归纳所学的守恒定律。

学生的认知逻辑是从分析钢球落地实例开始的，通过这个实例，学生认知到相互作用力与时间、质量和速度有关系，进而按照认知需求建立冲量和动量的概念。由已有知识牛顿第二定律，分析一个物体的冲量和动量的关系，从而推导出动量定理，建立起冲量和动量之间的认知关系；由已有知识牛顿第三定律和动量定理，分析两个物体组成的系统在相互作用过程中的动

123

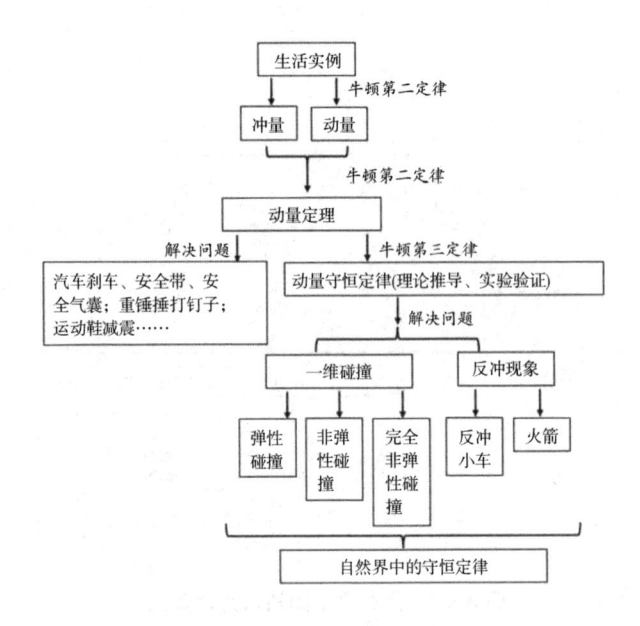

图 3-38　"动量和动量守恒定律"单元知识整合

量守恒，并利用已有的平抛运动知识设计实验来验证动量守恒定律；运用动量守恒定律解决包括碰撞、反冲等在内的实际问题；在实际运用过程中形成守恒观念。

结合学科逻辑和认知逻辑形成教学逻辑，在学生初步形成的运动与相互作用观念和能量观念的基础上，通过具体实例分析引导学生在已有知识基础上根据实际需求建立新的物理概念；让学生经历科学论证过程，引导学生得到新的物理规律；运用新的物理规律解决实际问题，从动量守恒定律的普适性来认识自然界的统一性，进一步发展学生运动与相互作用的观念和能量观念。

三、编制物理核心素养的教学目标

新课程新教材的单元整体教学设计要从知识目标到素养目标，教学目标包含知识目标和素养目标。学科教学逻辑要与学生发展逻辑有机统一，以学生发展的视角去思考教学实施路径，让知识与学生建立起有意义的关联。

表 3-2 《动量和冲量》教学目标编写案例

序号	知识目标	实施路径	素养目标
1	了解冲量的定义	通过生活实例或实验，学生知道影响碰撞效果的因素，体验冲量概念建立的过程	物理观念、科学思维
2	理解动量的概念	学生通过实验体验动量概念建立过程；通过具体例子分析动量的矢量性	物理观念、科学思维
3	理解动量定理	学生自主分析生活具体例子，教师引导示范计算典型例题	科学思维
4	理解动量守恒定律	学生自主运用牛顿第三定律和动量定理推导动量守恒定律，从动量角度认识相互作用观	物理观念、科学思维
5	理解验证动量守恒定律实验的原理	学生做两小球一维碰撞分组实验，用平抛运动测量碰撞前后小球的速度；学生交流分享实验结果，总结归纳实验结论	科学思维、科学探究
6	了解弹性碰撞、非弹性碰撞和完全非弹性碰撞	教师引导学生应用动量和能量的观点综合分析解决一维碰撞问题和简单的生产、生活实际问题	科学思维、科学探究
7	理解守恒定律	通过研讨分析，学生自主用系统的思想和守恒的思想分析物理问题；能从运动定律、动量守恒、能量守恒等不同角度思考物理问题	物理观念、科学思维
8	形成守恒物理观念	让学生体会物理规律反映出的自然世界的秩序，培养学生的科学态度与责任	物理观念、科学态度与责任

四、围绕大概念设计物理学科活动

物理核心素养不能通过"告知"或"机械训练"得来，它是在应用物理知识分析实际问题，进行预测、解释、推论等实践活动过程中逐渐养成的。大概念统摄下设计有效的物理学科活动，能引导学生积极主动地参与学科活动，从而发展核心素养。

（一）统筹教材内容立德树人，培养学生正确价值观念

粤教版"动量和动量守恒定律"教材通过不同的栏目展示的内容有以下几个方面：讨论交流"汽车制动时间与滑行距离"；计算"苹果从 20 层高楼

落地的平均撞击力"；文本介绍"我国现有酒泉、西昌、太原、文昌四大火箭发射场"；资料活页"安全带和安全气囊在碰撞中的保护作用"和"预防碰撞安全系统"；实践与拓展"制作发射水火箭""查找资料分析碰撞中能量是如何传递的""查阅资料从能量守恒定律的角度了解能源利用的新方式"等育人素材。通过课堂展示图片资料、播放录像视频、学生讨论与交流和课后查阅资料、撰写研究报告、开展制作比赛等物理学科活动，"润物细无声"地渗透安全、生命、环保、爱国主义和人类可持续发展等方面的教育，潜移默化地影响学生，从而落实物理课堂思政"立德树人"的目标，培养学生正确的价值观念。

（二）引入生产生活问题情境，重视物理观念形成过程

物理概念是客观事物的物理共同属性和本质特征在人们头脑中的反映，是物理事物的抽象。物理概念是观察、实验和科学思维相结合的产物。教师引导学生建立冲量、动量、反冲等概念时，应从生活情境出发，再通过演示实验或分组实验让学生进行体验，然后提出具体问题，使物理概念形成过程更加清晰，减轻学生的认知负荷，为形成物理观念打下扎实的基础。

例如，在第一节引入冲量、动量概念时，利用视频资料或新闻素材展示一只飞鸟能将高速飞行的飞机头撞偏的生活案例，一把重锤不一定能将静止的飞机机头砸偏，看似柔弱的小鸟的破坏性比重锤还大。通过演示实验：不同质量的钢球从不同高度下落到木板和海绵上，对比观察作用效果。教师引导学生认识到物体相互作用力的影响因素是多方面的，为引入冲量和动量概念做铺垫。

例如，在进行"运用动量定理解决问题"的教学时，可以通过图片给学生展示生产生活中的具体例子："冲床冲压钢板""铁锤敲钉子"等例子是通过减少作用时间来获得较大的冲击力；"码头上的橡皮轮胎""沙池上跳远""海绵垫上跳高"等例子是通过缓冲延长作用时间减少冲击力。这些例子很好地说明了在动量改变量相同的条件下，可以通过改变作用时间得到不同的相互作用力，从而让动量定理的运用与实际问题紧密地联系在一起，使学生慢慢形成正确的物理观念。

（三）把握单元教材逻辑线索，帮助学生科学思维进阶

该单元的学科大概念是动量守恒定律，单元学科次级大概念是动量定理。从思维逻辑上主要回答以下几个问题：影响碰撞效果的因素有哪些？（物体的质量、速度和作用时间）为什么要引入冲量和动量概念？（建立新概念解决新问题）冲量和动量有什么关系？（动量定理）如何判断两个物体在相互作用过程中动量是否守恒？（动量定理的运用）如何用动量守恒定律来解决实际问题？（动量守恒定律的运用）如何用守恒的观念来思考实际问题？（守恒观念的运用）这几个问题构成了该章知识发展的思维逻辑线索。

如图3-39所示，从建立冲量和动量概念到学生形成守恒观念这个知识发展的方向，也是学生思维能力提升的方向。在这一单元教学中把握单元教材逻辑线索，不同的课时完成相应的教学任务，所有的教学内容和学生活动都围绕知识发展的逻辑线索来展开，从简单到复杂、从低级到高级，帮助学生科学思维进阶。

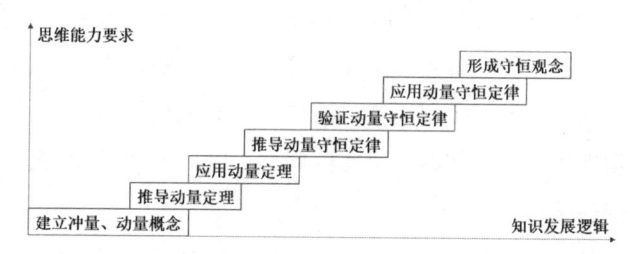

图3-39 "动量和动量守恒定律"单元知识与思维逻辑

（四）体验物理规律建立过程，培养学生科学探究能力

教师在学生掌握冲量和动量的概念后，让学生从牛顿第二定律出发，寻找冲量和动量的关系，通过变式整理可以得到"物体受到的冲量等于物体动量的增量"，这就是动量定理。在既有命题的基础上证明出来的命题就是定理，定理的证明通常被诠释为对其真实性的验证。定律是客观规律的统称，反映事物在一定条件下发展变化的客观规律的论断，它是可以通过实验来证明的。动量守恒定律的发现过程很好地体现了定律的特点，学生用动量定理研究两个物体在相互作用过程中每个物体动量变化的情况时，由牛顿第三定律可知两个物体的冲量是大小相等、方向相反的，所以两个物体的动量变化

127

量也是大小相等、方向相反的，即一个增大一个减小，动量总量保持不变，这就是动量守恒定律的核心内容。完成理论推导后教师再安排学生分组实验进行验证，让学生完整地经历基于科学推理和事实证据对客观事物的本质属性抽象概括的过程，这是培养学生科学思维和探究能力的重要途径。

（五）应用规律解决实际问题，培养学生科学态度责任

该单元教材选取了大量生产生活情景，还通过习题、实践与拓展和资料活页等栏目设置了许多培养学生科学态度责任的素材。例如，第一节练习题：请仔细观察日常生活现象，找出通过延长作用时间减小相互作用力的实例；找出通过缩短作用时间来增大相互作用的实例。第六节练习题：举出生活中动量守恒、能量守恒、机械能守恒的例子；了解火箭运载人造卫星上天的发射过程，并分析在火箭发射的各个阶段适用哪些守恒定律来估算人造卫星的速度等。比如，"根据动量定理分析运动鞋减震的设计原理"和"水火箭制作与射远比赛"的实践与拓展；资料活页介绍"历史上关于运动量度问题的争论""应用动量守恒定律时应注意的问题"等。教师用这些素材引导学生尝试用动量定理和动量守恒定律来解释实际问题；组织学生开展物理课外实践拓展活动；指导学生阅读资料活页和查阅网络资料；让学生运用所学物理知识和物理规律动手实践解决实际问题，开阔学生的视野，培养学生的科学态度和责任感。

单元教学具有一定的时间跨度，整体设计物理学科活动能较好地规划学生掌握知识和发展能力的螺旋式上升轨迹，在大概念的统摄下能很好地设定螺旋式上升的中心方向和各阶段的发展目标，为运用大概念解决实际问题、为核心素养的落地奠定良好的基础。

第四章

高中物理学生思维进阶教学评价

教学评价是教学的一个重要环节,课程标准在教学评价方面,提出了依据学业质量水平对学生学习表现进行评价的建议。学业质量水平是依据核心素养的四方面,对学生的学习成就进行综合评价的一个依据。学业质量水平的划分依据是情境的复杂程度、知识与技能的综合程度以及思维方式和价值观的复杂程度,其将物理观念、科学思维、科学探究和科学态度与责任都分别划分为五个水平。[1]

学业质量水平递进的划分本质与学生思维进阶是高度吻合的。教师在教学实践中,如何以学业质量水平进行教学以促进学生思维发展呢?这是近年来广大教师所关注的问题。很多专家学者在教学设计、命题考试等方面都依据学业质量水平做了尝试,并发表了很多可借鉴的成果。

本章将从如何依据学业质量水平进行命题考试、作业设计、实验操作和课外探究作业等方面进行介绍,希望在教学评价方面起到抛砖引玉的作用。

第一节 促进思维发展的试题命制理论与实践[2]

本节以学业质量水平为依据,尝试从低水平向高水平递进演变的试题命制方法,试图让考试命题有"法"可依,并形成可迁移应用的经验。

---

[1] 中华人民共和国教育部. 普通高中物理课程标准 [M]. 北京:人民教育出版社,2018.

[2] 本节于2021年发表于《物理教学》第4期。

课程标准指出，高中物理学业质量是学生完成本学科课程学习后学业成就的综合表现。高中物理学业质量依据物理观念、科学思维、科学探究和科学态度与责任四方面及其水平，结合课程内容的要求制定而成。学业质量水平有两种划分方式：（1）依据学业质量水平将核心素养四方面由低层次向高层次进行划分；（2）按照核心素养的四方面，分别从水平1向水平5进行划分。两种划分方式表达的内容相同。

学业质量由低水平向高水平划分的主要依据：（1）问题情境的复杂程度；（2）知识和技能的结构化程度；（3）思维方式或价值观的综合程度。通过改变问题情境的复杂程度、知识和技能的结构化程度、思维的复杂程度或价值观的综合程度，改变学业质量水平的要求。这个划分方法，为教学和考试命题都提供了可操作的依据。

在对核心素养的四方面从水平1向水平5进行划分时，每个水平表述的内容基本一致，但对学生能力要求是递进的。例如，物理观念中对应用规律解决问题的五个水平表述如表4-1。

表4-1 学业质量水平与解决问题能力的对应关系

水平 \ 能力表述	应用规律解决问题的能力
水平1	知道概念和规律与解决问题的联系（不要求解决问题）
水平2	能解决简单的问题
水平3	能解决实际问题
水平4	能解决综合问题
水平5	能在新情境中解决综合问题

这个表述层次分明，能力要求划分细致，为考试命题提供了一本详细的说明书。那么，基于学业质量水平划分的命题具体应该如何操作？下面将以实例分析的方式尝试解决这个问题。

一、从学业质量水平划分的依据出发，尝试做相应难度试题的命制

从改变问题情境、知识和技能的综合程度以及思维的复杂程度，对"匀变速直线运动的规律"教学片段进行如表 4-2 的设计。

表 4-2 难度递进的试题命制依据

难度递进的试题设计	问题情境、知识和技能及思维方式
试题 1：物体初速度为 v_0，经过时间 t，末速度变为 v_t，求加速度 a	简单的情境、单一的知识结构
试题 2：汽车以初速度 $v_0 = 10m/s$ 刹车，经过 2s 后，速度变为 2m/s，求 2s 内该汽车的位移	具体的情境、加速度与位移求法的组合知识
试题 3：汽车以初速度 $v_0 = 10m/s$ 刹车，经过 2s 后，速度变为 2m/s，求汽车从开始刹车经过 4s 的位移	情境的分析、判断的思维组合，加速度与位移知识和技能的组合知识
试题 4：一个玩具小车以大小为 6m/s 的初速度滑上一光滑斜面（在斜面上加速度不变），经过 4s 后，小车速率变为 2m/s，求小车在该 4s 内的位移大小	情境复杂化（往返），情境的分析、判断的思维组合，加速度求法与位移求解技能的组合知识

表 4-2 中，试题 1 到试题 2 的变化是从单一情境向复杂情境的变化，从单一的加速度的求解向加速度与位移组合知识解决简单问题的变化，即依据情境复杂程度与知识的综合程度进行改变。试题 4 需要对往返运动的复杂情境进行分析（情境复杂程度高），需要分析、判断小车速度为 0 的时间（思维程度高），需要应用速度、加速度和位移公式综合解决问题（知识和技能综合程度高），属于较高层次的问题。

二、从物理观念的水平划分进行教学情境设计，最后转化为命题评价的案例分析

根据物理观念在解决问题方面的四个水平的描述，在具体的教学情境中进行相应的描述，下面以一个小孩从滑梯上下滑，滑到底端为例。

表 4-3 的第 3 列，依据物理观念从水平 1 到水平 4 的表述，进行教学情境化处理；第 4 列针对学生的表述，转化为问题（或试题）的形式予以呈现。

表 4-3 展示了从物理观念各层次的表述，到基于具体情境的能力的描

述，最后到基于学生问题的呈现方式这一完整过程。有了这个基础，可以对物理观念的评价进行递进式的试题设计。

表 4-3 物理观念各层次的水平在小孩滑滑梯的情境中及问题（试题）中的具体表达

学业质量水平	物理观念	基于具体教学情境的表达	转化为具体情境中的问题（试题）
水平 1	初步了解所学的物理概念和规律，能将其与相关的自然现象和问题解决联系起来	知道用质点和变速直线运动的概念和规律解释小孩的运动	小孩下滑的速度是怎样变化的？（知道用匀加速直线运动的规律进行解释）
水平 2	了解所学的物理概念和规律，能解释简单的自然现象，解决简单的实际问题	知道小孩下滑过程加速度，会求小孩到达底端的速度和时间	小孩加速度为 a，斜面长为 L，则小孩滑到底端的速度和时间分别多大？（应用规律解决简单问题）
水平 3	了解所学的物理概念和规律及其相互关系，能解释自然现象，解决实际问题	能从受力角度分析小孩具有加速度的原因，求解小孩到达底端的时间	小孩质量为 m，与斜面摩擦因数为 μ，斜面长为 L，则小孩到达底端的动能多大？（能应用运动学规律及受力分析、牛顿第二定律解决实际问题）
水平 4	理解所学的物理概念和规律及其相互关系，能正确解释自然现象，综合应用所学的物理知识解决实际问题	能分析小孩的受力以及各个力做功情况、小孩动能、重力势能的变化情况，用牛顿运动定律综合能量观点求解小孩运动的情况	斜面底边长为 L，倾角为 θ；小孩与斜面摩擦因数为 μ，求小孩到达斜面底端时的动能。（综合应用受力分析、力的合成与分解、动能定理等知识解决实际问题）

三、基于物理观念的水平划分的难度递进式试题设计实例

应用物理观念解决问题，是核心素养目标达成的表现之一。在运用概念、规律及思维方法解决从简单问题、实际问题到综合问题的过程中，可以对物理观念进行能力螺旋上升式的评价，如表 4-4 的案例所示。

表 4-4 对物理观念试题评价从水平 1 到水平 5 的案例分析

水平 1	单一知识，单一情境，知道规律与实际现象的关系
试题	物体从高处由静止自由下落，速度怎样变化？
学生解答	物体具有重力加速度，因此速度越来越大，运动越来越快
水平 2	具体情景，识别初、末速度。将知识的掌握与真实的情景结合，有初步应用规律分析问题的能力
试题	篮球以 10m/s 的初速度打在墙上，经过 0.5s，以 8m/s 反弹，求加速度
学生解答	末速度 v_t = 8m/s，初速度 v_0 = -10m/s，加速度 $a = \dfrac{v_t - v_0}{t}$
水平 3	具体情景，能根据高度找到初末速度、根据总时间和空中时间的差求碰撞时间。将知识的掌握与真实的情景结合，有一定的分析能力
试题	篮球从 0.45m 高处由静止自由下落，撞到地面后反弹最大高度为 0.2m，全程经过时间 0.6s，求小球与地面碰撞过程的平均加速度
学生解答	情境分析： （0.3s，0.2s 示意图） 调用规律：$H = \dfrac{1}{2}gt_1^2$，$h = \dfrac{1}{2}gt_2^2$；落地速率 $v_1 = gt_1$；反弹速率 $v_2 = gt_2$ 调用概念：$a = \dfrac{v_2 - (-v_1)}{\Delta t}$（$\Delta t$ = 0.6s - 0.3s - 0.2s）
水平 4	具体情境分析，并在实际情境中选择恰当的物理规律解决问题，综合运用规律分析、判断，获得正确的结论，最终解决综合问题
试题	一个小球从空中的 O 点以初速度 v_0 竖直上抛，返回 O 点时速率为 v_1，小球在运动过程中始终受到大小恒定的阻力 f 作用，小球上升过程运动的时间为 t_1 和下落过程运动的时间为 t_2，比较 t_1 和 t_2 的大小
学生解答	情景分析：速度向上，加速度 a_1 向下；速度向下，加速度 a_2 向下；高度均为 H 规律选择：$H = \dfrac{1}{2}a_1t_1^2$，$H = \dfrac{1}{2}a_2t_2^2$ 分析、判断：$a_1 > a_2$，$t_1 < t_2$
水平 5	具体情景，综合应用运动学规律、受力分析、动量定理和微元法等解决新情境中的复杂问题（中学阶段最高等级）

续表

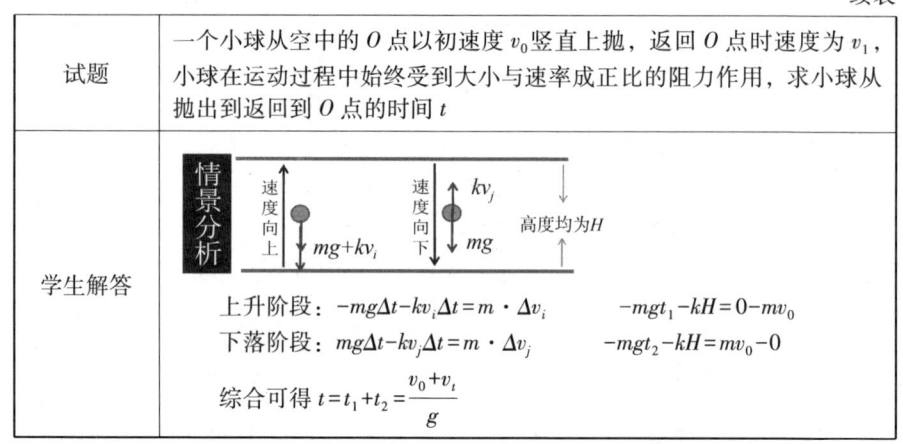

试题	一个小球从空中的 O 点以初速度 v_0 竖直上抛，返回 O 点时速度为 v_1，小球在运动过程中始终受到大小与速率成正比的阻力作用，求小球从抛出到返回到 O 点的时间 t
学生解答	情景分析：速度向上，$mg+kv_i$；速度向下，kv_j，mg；高度均为 H 上升阶段：$-mg\Delta t - kv_i \Delta t = m \cdot \Delta v_i$　　$-mgt_1 - kH = 0 - mv_0$ 下落阶段：$mg\Delta t - kv_j \Delta t = m \cdot \Delta v_j$　　$-mgt_2 - kH = mv_0 - 0$ 综合可得 $t = t_1 + t_2 = \dfrac{v_0 + v_t}{g}$

表 4-4 展示了依据学业质量水平划分依据，对物理观念从水平 1 向水平 5 进行递进式命题的整个过程，展示了相应的命题策略：从单一情境到复杂情境，最后演变为陌生情境；从单一概念、规律和技能向概念与规律的综合运用转变，最后到能够选择合适的概念和规律来解决问题。

四、结论与展望

上述过程侧重分析了评价物理观念不同水平的命题过程，对核心素养的其他要素的评价也可以用同样的方式进行试题命制，因为它们的划分依据都是一致的。例如，对科学思维评价的试题，可以从模型建构、科学推理和科学论证的角度分别从低水平向高水平进行递进的设计。

试题的命制最终要指向对核心素养各要素的综合评价，而不是单独评价某方面，上述案例所列举的试题也只是侧重于物理观念进行分析，它们同时也涉及科学推理、论证等科学思维的评价。因此，综合试题的命制最终的依据和落点依然是学业质量水平划分的依据：情境、知识技能、思维方式和价值观。

第二节　促进思维发展的作业设计理论与实践①

课后作业的多少是衡量学业负担是否过重的重要因素，也是广大教师、学者普遍关注的教学问题之一。本节尝试以学业质量水平为基础，创设一个真实情境，并基于这个情境开发不同水平的作业，试图通过提高作业的质量和针对性，减轻学业负担并促进不同层次的思维发展。

学业质量是课程标准提到的一个重要内容，学业质量水平的划分为教学、考试命题和课后作业设计提供了依据。其中特别提道："创设真实而有价值的问题情境，采用主体多元、方法多样的评价方式，客观全面地了解学生物理学科核心素养发展状况，找出存在的问题，明确发展方向，及时有效地反馈评价结果，促进学生全面而有个性的发展。"②

多年来，学生作业负担过重是教育界普遍关注却无法解决的问题。笔者所在的团队对这个问题也有过多年的研究，结合对学业质量水平内涵的理解，尝试在学完一节课的内容或一章的内容后，创设一个真实的情境，并基于这个唯一的情境开发不同水平、适合不同思维层次的学生的问题，并在评价方面进行"不仅仅拘泥于知识本身"的尝试。

下面通过三个案例介绍这种做法。

【案例1】设计"牛顿第二定律"课后作业。创设真实情境：跳高运动员从蹬地起跳，到横跨过杆，最后落地的过程（如右图4-1所示）。

考核目标：考查对质点、超重、失重、作用力与反作用力的认识；应用牛顿第二定律、匀加速直线运动规律等解决问题的观念；考查科学思维中的

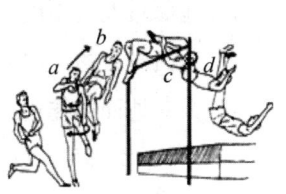

图4-1　跳高情境

---

① 本节于2021年发表于《物理教学探讨》第1期。
② 中华人民共和国教育部. 普通高中物理课程标准（2017年版2020年修订）[M]. 北京：人民教育出版社，2020：56.

分析、推理。

任务描述：(1) 跳高运动员蹬地起跳，与地面相互作用，地面支持力大于重力；(2) 跳高运动员斜向上抛，做减速运动，加速度向下；(3) 跳高运动员下落，向下做加速运动，加速度向下；(4) 跳高运动员在最高点的速度不为0。

(水平1) 下列可将运动员视为质点的是（　　）。

A. 研究运动员的跳高方式时

B. 研究运动员的跳高成绩时

C. 研究运动员跳离地面的转体动作时

D. 研究运动员落在垫子上的部位时

该题考查学生对模型的基本认识，属于科学思维水平1的要求。

(水平2) 运动员在 b、d 所处的状态分别为（　　）。

A. 超重、超重　　　B. 超重、失重

C. 失重、失重　　　D. 失重、超重

该题通过实验，使学生认识超重和失重现象，了解所学的物理概念和规律，能解释自然现象，解决简单的实际问题，属于物理观念水平2的要求。

(水平3) 运动员在 a 处起跳瞬间（　　）。

A. 地面对人的作用力等于人对地面的作用力

B. 地面对人的作用力大于人对对面的作用力

C. 地面对人的作用力大于人的重力

D. 人对地面的作用力等于人的重力

该题使学生理解牛顿运动定律，能用牛顿运动定律解释生产生活中的有关现象，解决有关问题，并运用力与运动观念分析、推理、解决问题，属于物理观念、科学思维水平3的要求。

(水平4) 运动员在 a 处从开始蹬地到离地过程（视为匀加速），加速过程中重心上升的距离为"加速距离"。离地后重心继续上升，在此过程中重心上升的最大距离称为"竖直高度"。某同学身高1.8m，质量80kg，在某次跳高比赛时"加速距离"为0.5m，起跳后身体横着越过（背越式）2.15m高的横杆。试估算人的起跳速度 v 和起跳过程中地面对人的平均作用力 F。

(g 取 10m/s^2)

该题使学生理解牛顿运动定律，能用牛顿运动定律解释生产生活中的有关现象，解决有关问题；通过理论推导和实验，理解动量定理，能用其解释生产生活中的有关现象；能将实际问题中的对象和过程转换成所学的物理模型；能对综合性物理问题进行分析和推理，获得结论并做出解释。属于物理观念、科学思维水平 4 的要求。

（水平 5）运动员在 a 处开始蹬地，离地瞬间速度大小为 v_1，方向与水平方向夹角为 θ。落地瞬间速度大小为 v_2，方向与水平方向夹角为 a。已知运动员受到的阻力与速率成正比，假设落地点与起跳时重心高度相等，重力加速度为 g，求运动员从离开地面到落地的时间 t。

该题考查学生能在受线性变化阻力这种新的情境中对问题进行分析和推理，通过应用微元法结合力与运动观念分析、解决问题，属于高中阶段最高要求。

毋庸置疑，读到此处的朋友已经明白本节的意图。没错，就是在一个情境中开发五个不同水平的作业题，让学生在有限的课余时间中进行思维进阶通关游戏，水平低的学生完成前三题，努力思考第 4 题；水平中上的学生完成前 4 题，水平极高的学生完成 5 道题。这样处理既节省了时间，又再一次让学生经历知识建构、问题进阶的全过程，其优点不言而喻。

【案例 2】设计"平抛运动"课后作业。创设真实情境：沿水平方向匀速运动的飞机，每隔相同时间释放一颗炸弹。

考核目标：考查对平抛运动规律的理解，运用力与运动观念解决平抛运动问题的能力；考查运用平抛运动规律解决问题的观念；考查科学思维中应用物理规律对具体问题进行分析、推理的能力。

任务描述：（1）飞机每隔相同时间释放一颗炸弹，每颗炸弹做平抛运动；（2）炸弹的水平速度与飞机相同，因此落地前与飞机在同一直线上；（3）炸弹运动过程中，相邻的炸弹距离越来越大，且呈现一定规律；（4）能运算炸弹投中各类目标的相关数据。

（水平 1）关于每颗炸弹离开飞机后，运动的描述正确的是（　　）。

A. 做自由落体运动

B. 向下做匀速直线运动

C. 做平抛运动

D. 向下做匀加速直线运动

（水平2）请解释炸弹落地前排出一条竖直线的原因。

可能的答案：炸弹水平方向速度为0；炸弹水平方向速度相同；先释放的炸弹水平速度越来越大，追上后释放的炸弹；后释放的炸弹水平速度越来越小，被先释放的炸弹追上。

（水平3）所有炸弹落地前，第 n 颗炸弹释放瞬间，下列分析正确的是（　　）。

A. 相邻炸弹之间的距离保持不变

B. 相邻炸弹之间的距离越来越大

C. 第 n 颗、$n-1$ 颗、$n-2$ 颗炸弹之间距离的比是 1：3：5

D. 第 1 颗、2 颗、3 颗炸弹之间距离的比是 1：3：5

（水平4）以初速度 $v_0 = 100$m/s 沿水平方向匀速运动的飞机 A，每隔 $T=3$s 时间释放一颗炸弹，记最先释放的炸弹为第"1"颗，以后释放的炸弹依次是"2""3""4"……已知当第 1 颗炸弹落地时速度与水平方向夹角与第 6 颗炸弹速度与竖直方向夹角相同，第 3 颗炸弹在某高度处垂直击中飞机 B 机身，被击中的飞机机身与水平方向夹角为 30°，求：（1）投弹飞机 A 所在的高度 H；（2）飞机 B 被击中时离第 1 颗炸弹落地点的水平距离。

案例 2 从水平 1 向水平 4 发展的设计与案例 1 相似，其作用不再赘述。下面通过案例 3 介绍在评价方面进行改变的做法。

【案例3】创设情境：一个小球从半径为 $R=0.8$m 的光滑 1/4 竖直圆弧轨道底端滑入（如右图 4-2 所示），小球的初速度为 $v_0=4$m/s，请选择一种你认为合适的方法求小球到达圆弧顶端的时间。

图 4-2 小球滑上圆弧轨道

这是一个极简单的情境，却是一个不容易解决的问题，通过这样的问题，学生可以尽最大努力"搜索"解题思路，尝试解决问题。而对学生的答案，教师不该简单地以"对错"进行评价，还应该考虑学生答案所

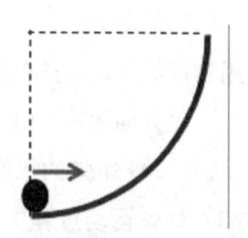

体现的思维层次。

层次一：$t = \dfrac{S}{v_0}$。（评价：当作速率不变解决问题，给予一点鼓励分。）

层次二：由 $\dfrac{1}{2}mv_0^2 = mgR$ 可知，小球到达圆弧最高点时速度为0，用平均值求解 $t = \dfrac{0.5\pi R}{(v_0 + v_t)/2} = 0.628\text{s}$。（评价：当作匀变速运动求解，给予一定分数。）

层次三：将小球的运动分为两段，从开始运动到经过一半圆弧长时间为 t_1，剩下一半圆弧长运动时间为 t_2，设小球到达轨道中点的速度为 v_1，由机械能守恒定律：

$\dfrac{1}{2}mv_0^2 = mgR(1 - \cos 45°) + \dfrac{1}{2}mv_1^2$，解得 $v_1 = 3.36\text{m/s}$。

则第一段圆弧的时间 $t_1 = \dfrac{0.25\pi R}{(v_0 + v_1)/2} = 0.628\text{s} = 0.17\text{s}$；

第二段圆弧的时间 $t_2 = \dfrac{0.25\pi R}{(0 + v_1)/2} = 0.37\text{s}$；

总时间 $t = t_1 + t_2 = 0.54\text{s}$。

（评价：给予较高分数）

层次四：将小球的运动分为三段，从开始运动到经过1/3圆弧长时间为 t_1，中间1/3圆弧长运动时间为 t_2，最后1/3圆弧时间为 t_3，设小球到达第一段1/3圆弧末端的速度为 v_1，到达第二段1/3圆弧末端的速度为 v_2，由机械能守恒定律：

$\dfrac{1}{2}mv_0^2 = mgR(1 - \cos 30°) + \dfrac{1}{2}mv_1^2$，解得 $v_1 = 3.72\text{m/s}$；

$\dfrac{1}{2}mv_0^2 = mgR(1 - \cos 60°) + \dfrac{1}{2}mv_2^2$，解得 $v_2 = 2.84\text{m/s}$。

则第一段1/3圆弧的时间 $t_1 = \dfrac{0.5\pi R/3}{(v_0 + v_1)/2} = 0.108\text{s}$；

第二段1/3圆弧的时间 $t_2 = \dfrac{0.5\pi R/3}{(v_1 + v_2)/2} = 0.128\text{s}$；

第三段 1/3 圆弧的时间 $t_3 = \dfrac{0.5\pi R/3}{(0+v_2)/2} = 0.295\text{s}$；

总时间 $t = t_1 + t_2 + t_3 = 0.531\text{s}$。

（评价：将圆弧分段处理的思想，已经接近处理非线性问题的微积分思想，可给满分。）

层次五：采用微积分严格求解

如图4-3，小球从最低点以初速度 v_0 滑入光滑圆弧后，小球运动的路程对应的圆心角为 θ 时，小球的速度为（　　）。

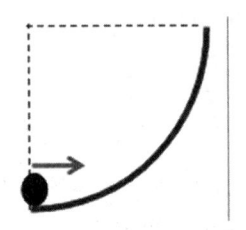

$v = R\omega = R\dot{\theta}$（角速度大小等于角度对时间的导数）

图4-3 小球滑上圆弧轨道

由机械能守恒定律 $\dfrac{1}{2}mv_0^2 = \dfrac{1}{2}mv^2 + mgR(1-\cos\theta)$，代入得 $\dfrac{1}{2}mv_0^2 = \dfrac{1}{2}m(R\dot{\theta})^2 + mgR(1-\cos\theta)$。

将上题的条件 $v_0 = 4\text{m/s}$，$R = 0.8\text{m}$，$g = 10\text{m/s}^2$ 代入，化简可得 $\dfrac{d\theta}{dt} = 5\sqrt{\cos\theta}$；

于是，$t = \dfrac{1}{5}\displaystyle\int_0^{\frac{\pi}{2}} \dfrac{d\theta}{\sqrt{\cos\theta}} = \dfrac{1}{5}\sqrt{2}K(\dfrac{1}{2}) \approx 0.524\text{s}$。

（评价：满分）

总结与反思：基于一个真实情境开发整节课（整章）作业，不仅能够节约学生完成作业的时间，提高作业效率，还能够较好落实学业目标要求。主要有三个优点：（1）能够让学生经历从低阶思维向高阶思维发展的全过程，有利于不同层次的学生通过作业得到不同层次的提高。（2）能够让学生经历从理解物理规律，到应用物理规律解决问题的全过程，较好地培养物理观念。（3）能够让学生经历从认识模型、模型建构到应用模型解决问题的全过程，较好地培养科学思维。

当然，读完本节的读者朋友还可能发现其他优点，希望不吝指导、拓展。

第三节 促进思维发展的实验操作评价案例

《普通高中物理课程标准》（以下简称《课标》）指出"科学探究"是指基于观察和实验提出物理问题、形成猜想和假设、设计实验与制定方案、获取和处理信息、基于证据得出结论并做出解释，以及对科学探究过程和结果进行交流、评估、反思的能力。[①] 在高中物理课程的学习中，科学探究的一个重要方面就是物理实验探究。

《课标》强调在高中物理课程中，应注重科学探究，尤其应注重物理实验，这在培养学生的探究能力和科学态度等方面具有重要地位。[②] 对物理实验做了以下六方面的要求：

第一，在物理实验中，应发掘实验在培养学生发现和提出问题能力方面的潜在价值。

第二，应通过实验提高学生制订计划的能力。教学中应尽量为学生提供制订探究计划的机会。

第三，要让学生观察和收集那些与预期结果相矛盾的信息。在处理信息时，应让学生依照物理事实运用逻辑推理确立物理量之间的关系，发展依据证据、运用逻辑和现有知识进行科学论证和解释的能力。

第四，应引导学生从以下两方面提高表达能力：一是交流内容的组织，包括问题的提出、探究方案的设计、数据收集和整理、结论的得出及解释、存在问题的反思等；二是陈述的形式，包括文字、表格、图像、公式、插图等，根据内容选择恰当的形式进行交流。

第五，应通过科学探究让学生在本实验小组范围内进行分工合作之外，还可以让不同的实验小组设计不同的实验方案，实现各小组之间的实验数据

[①] 中华人民共和国教育部. 普通高中物理课程标准（2017年版2020年修订）[M]. 北京：人民教育出版社，2020：5.

[②] 中华人民共和国教育部. 普通高中物理课程标准（2017年版2020年修订）[M]. 北京：人民教育出版社，2020：53.

共享，感受合作在获取数据中的作用，增强学生的合作意识。

第六，教师应培养学生严肃认真对待实验的态度。尊重实验结果与事实，杜绝编造和修改实验数据，并把实事求是的作风带到平时的学习和生活中。

在涉及评价方面，《课标》提出了评价应具有目的明确、可信有效、全面深入、主体多元及方式多样和激励进步的特点。评价任务设计是实施评价活动的基础，一般包括以下三个步骤。①

步骤一，根据物理学科核心素养和学业质量水平的要求，制定评价目标。评价目标的描述要明确、具体、可测，体现一定的概括性。要说明学生在什么样的问题情境中，运用哪些物理知识、思想和方法，其行为应达到什么样的水平。

步骤二，根据评价目标和课程内容要求设计评价内容。评价内容的设计应以物理基本概念和规律为依托，指向物理学科核心素养，创设有利于学生讨论、探究的真实问题情境，评价学生在真实学习环境中物理学科核心素养的表现水平，以提高评价的真实性和准确性。

步骤三，依据物理学科学业质量水平制定评价指标。评价指标的制定要针对评价内容，依据物理学科学业质量水平进行具体描述，要体现学生在具体学习活动中的行为表现。

结合以上要求和本书的内容，笔者认为评价也应兼具促进学生思维发展的功能。

一、实验操作考试的现状——以广东为例

蔡日宇②在他的硕士论文《基于广州中考物理实验操作考试的实验教学改进研究》中，将广东在义务教育阶段进行实验操作考试的地级市的情况调查汇总如下：

---

① 中华人民共和国教育部. 普通高中物理课程标准（2017年版2020年修订）[M]. 北京：人民教育出版社，2020：57-58.
② 蔡日宇. 基于广州中考物理实验操作考试的实验教学改进研究[D]. 广州：广州大学，2021：34.

佛山市于 2012 年开始实行实验操作考试制度，考试成绩不与中考录取相关。考试成绩以 A、B、C、D 四个等级呈现，达标为 C 级，考试不达标或缺考为 D 级。从 2023 年开始，佛山市要求报考提前批高中的学生实验操作等级需达 C 级以上。

珠海市于 2013 年开始实行实验操作考试制度，考试成绩不与中考录取相关。考试成绩采取 10 分制，满分为 10 分，6 分以上为合格，最终考查成绩只记合格、不合格两个等级，并记入学籍表、学生档案和毕业证书。从 2023 年起，物理、化学考试均按 80 分计入中考总分，其中实验操作考试成绩占 8 分。

深圳市于 2017 年开始实行实验操作考试制度，考试成绩与中考录取相关。实验成绩按 10 分制呈现，2018 年实验考核成绩以等级形式记入学生档案，2019 年实验成绩以"合格与待合格"形式记入学生档案，在中考成绩相同的情况下，按照"同分比较原则"，实验操作考核等级高的学生优先录取。汕头市于 2020 年起，实验操作考试成绩与中考录取相关。物理实验操作考试满分为 10 分，计入高中阶段学校招生录取总分。广州市于 2021 年起，实验操作考试成绩与中考录取相关。物理实验操作考试满分为 10 分，计入中考总成绩。

从上述分析不难发现，这几个地市越来越重视在义务教育阶段对实验操作的评价。而在高中阶段，从 2005 年开始，广州市均在高二第一学期面向全体学生开展实验操作合格性评价。

二、分析实验能力，制定实验操作评价的指标

近几年，实验操作评价方面的研究得到各个层面的重视。李春密教授在《物理实验操作能力的结构模型初探》中提出：物理实验操作能力是物理实验能力的核心部分，对实验操作能力的评价提出了如图 4-4 所示的三维评价模型。[1]

解问鼎在其硕士论文《基于数字实验平台的中学生物理实验操作能力智

---

[1] 李春密. 物理实验操作能力的结构模型初探 [J]. 学科教育, 2002 (6)：39-42.

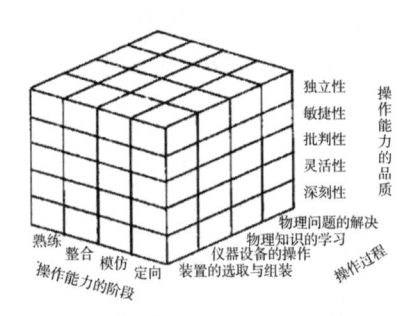

图 4-4　李春密物理实验能力三维评价模型

能化测量与评价系统研究》一文中，从实验内容领域、实验能力和学生表现水平三个维度对实验能力评价进行归纳，提出了如图 4-5 所示的三维评价模型。[①]

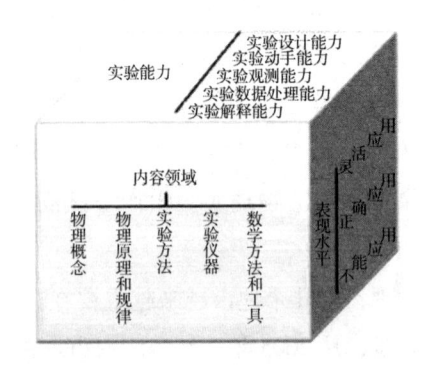

图 4-5　解问鼎物理实验能力三维模型

笔者结合广大专家、学者所提出的实验操作评价模型，再根据科学探究中关于实验操作方面对应的学业质量五级水平的表述，对于其中水平 2（合格性考试应达到的水平）和水平 4（选择性考试应达到的水平）的标准进行表现化分析，提炼出如表 4-5 所示的可评价指标。

---

① 解问鼎. 基于数字实验平台的中学生物理实验操作能力智能化测量与评价系统研究[D]. 苏州：苏州大学, 2015：36.

表 4-5 科学探究中关于实验操作水平对应的表现水平

评价内容	学业质量水平	表现水平
制定方案和使用器材收集数据	水平2 能根据已有的科学探究方案，使用所学的基本器材获得数据	不能使用
		能使用
		灵活使用
	水平4 能制定科学探究方案，选用合适的器材获得数据	不能制定方案
		能制定方案获取数据
		能灵活制定方案
分析、处理数据	水平2 能对数据进行整理，得到初步的结论	不能处理数据
		能处理数据
		能处理数据、得出结论
	水平4 能分析数据，发现其规律，形成合理的结论	不能分析数据
		能分析数据发现规律
		能发现数据规律、得出合理结论
形成实验报告	水平2 能撰写简单的报告	不能撰写报告
		能撰写简单的报告
	水平4 能撰写完整的实验报告	不能撰写报告
		能撰写报告
		能撰写完整、规范的报告

表 4-5 将科学探究中相应的合格考试水平和选择考试水平的实验操作要求进行了表现式提炼，而在实际操作中，每一个评价内容对应的表现水平也将根据实际情况进行细化，进而得出合理的评价量表，这将在本节后面的实例中进行展示。

三、课标要求的 21 个实验

《课标》指出：学校应充分利用已有的实验器材，努力开发适合本校情况的实验课程资源，尽可能让学生自己动手多做实验，提升学生的物理学科核心素养。必修及选择性必修课程中的学生必做实验如下。[1]

---

[1] 中华人民共和国教育部. 普通高中物理课程标准（2017 年版 2020 年修订）[M]. 北京：人民教育出版社，2020：43.

表 4-6 课程标准要求的 21 个必做实验①

模块	必做实验
必修 1	1. 测量做直线运动物体的瞬时速度
	2. 探究弹簧弹力与形变量的关系
	3. 探究两个互成角度的力的合成规律
	4. 探究加速度与物体受力、物体质量的关系
必修 2	5. 验证机械能守恒定律
	6. 探究平抛运动的特点
	7. 探究向心力大小与半径、角速度、质量的关系
必修 3	8. 观察电容器的充、放电现象
	9. 长度的测量及其测量工具的选用
	10. 测量金属丝的电阻率
	11. 用多用电表测量电学中的物理量
	12. 测量电源的电动势和内阻
选择性必修 1	1. 验证动量守恒定律
	2. 用单摆测量重力加速度的大小
	3. 测玻璃的折射率
	4. 用双缝干涉实验测量光的波长
选择性必修 2	5. 探究影响感应电流方向的因素
	6. 探究变压器原、副线圈电压与匝数的关系
	7. 利用传感器制作简单的自动控制装置
选择性必修 3	8. 用油膜法估测油酸分子的大小
	9. 探究等温情况下一定质量气体压强与体积的关系

在制定上述 21 个实验的操作评价量表时，可以分别根据水平 2 和水平 4 的要求设计两套量表，选择物理方向的考生可以根据水平 4 的要求进行评价，这样做既能够合理区分合格考试水平与选择考试水平的考生，又能够促进选择物理方向考生的学业、思维发展。

---

① 中华人民共和国教育部. 普通高中物理课程标准（2017 年版 2020 年修订）[M]. 北京：人民教育出版社，2020：43-44.

四、实验操作评价案例

在"测量电源的电动势和内阻"的实验操作评价中,以学生达到水平 2 的要求为例,参考解问鼎模型中的表现水平,结合李春密教授提出的操作能力三维模型,制作评价量表如下。

表 4-7　测量电源的电动势和内阻实验操作评价实例

科学探究	实验项目	实验要求	表现水平	得分
实验方案、器材选择	根据方案使用器材 提供原理图中的器材	根据原理图,将提供的器材连接成电路	不能连接、连接错误	0 分
			能连接	1 分
			能熟练连接	2 分
获取数据过程	正确调节电路、读取 6~8 组数据	规范操作、正确读取电流表和电压表的读数	不能规范操作、不能正确读数	0 分
			能规范操作电表,按照电表读数由小到大的顺序进行读数	1 分
			能规范操作、合理读数	2 分
处理数据	用表格整理数据	设计直观的表格	不能设计表格	0 分
			能设计正确表格	1 分
			能设计较好表格	2 分
分析数据	描点作图	能正确地在设计好的坐标纸上描点,并将点连成平滑直线	不能得到直线	0 分
			能描点连线	1 分
			能熟练描点、科学作图	2 分

续表

科学探究	实验项目	实验要求	表现水平	得分
得出结论	根据图像得出结论	根据图像算出电动势和内阻	不能算出 E、r	0分
			能算出 E、r 其中一个	1分
			能算出 E 和 r	2分
形成实验报告	撰写实验报告 【实验目的】： 【实验原理】： 【实验器材】： 【实验步骤】： 【实验结果】： 【误差分析】：	设计好"实验目的""实验原理""实验器材""实验步骤""实验结果""误差分析"等栏目的空白实验报告	根据实验结果判断	分别赋予0、2、4分
			根据实验结果判断	分别赋予0、2、4分
			根据实验结果判断	分别赋予0、2、4分
			根据实验结果判断	分别赋予0、2、4分
			根据实验结果判断	分别赋予0、2、4分
			根据实验结果判断	分别赋予0、2、4分

表4-7是面向合格考试的考生设计的，因此在获得学生群体的总分后，可以按一定比例划定"合格"和"不合格"的分数线。如果面向选择性考试的考生，可以根据学业质量水平4的要求重新制定评价要求和得分规则，再根据学生群体情况划出"A""B""C""D""E"各个等级的分数线。我校在长期实践中，针对学生实验操作能力评价制定了小组评价方案并形成报告，详见附录。

由此可见，各个实验评价指标大同小异，在设计实验操作得分的总分时没必要都按统一的分数，只需要对学生群体按比例进行划分即可。这样的操作可以更合理地对整个学生群体进行区分，也可以对学生群体的知识掌握情况、思维层次进行甄别，达到促进思维发展的目标。

第四节　促进思维发展的课外探究作业评价案例

物理学是研究自然界的物质运动普遍规律的科学，是建立在科学实验基础上的。在物理学发展的各个阶段，除了有理论物理学家创造性思维，还必须有实验物理学家创造性的实验设计和巧妙的实验观测，二者的结合才能有伟大的科学发现，才能推动物理学不断发展。

因此，在物理学科学习的评价方面，不能仅仅拘泥于前面三节所提到的考试命题、作业和实验操作，还应给予学生更广阔的空间——课外探究。本节主要摘录了我校在长期实践过程中学生的一个课外探究案例——测量"重力加速度"的实验设计与研究。

一、实验设计与测量

在实验室内测量"重力加速度"的方法有很多种，如"打点计时法""落球法""单摆法""差值法""滴水法"等方法。通过实验室所能提供的仪器和实际操作情况，我设计了下列三种测量"重力加速度"的方法。

(一) 实验设计一

1. 设计原理：根据单摆小球做接近于简谐振动时的周期 $T=2\pi\sqrt{l/g}$ 而推出 $g=4\pi^2 l/T^2$。

2. 实验仪器：游标卡尺、细绳、长刻度尺、金属球、铁架台、秒表。

3. 实验步骤：

(1) 用游标卡尺测出小球的直径 d；

(2) 安装器材；

(3) 测出细绳的长 l_1（注意：为了使实验更精确，摆长应在 1m 左右或更大）；

(4) 将细绳拉起，让小球在平面内摆动，用秒表测出其通过平衡位置 50 次的时间 T_1。

4. 数据处理方法：$l=l_1+d/2$，$T=\dfrac{2T_1}{50}=\dfrac{T_1}{25}$，$g=\dfrac{4\pi^2(l_1+\dfrac{d}{2})}{(\dfrac{T_1}{25})^2}$。

5. 注意事项：

（1）见"步骤（3）"后的"注意……"

（2）小球摆动时，要尽量使其做平面摆动。

（3）摆角应不超过 5°。

6. 数据记录和处理：

表 4-8　单摆法测重力加速度实验记录

d（cm）	l_1（cm）	T_1（s）	g（m/s^2）
2.565	96.800	49.726	9.787

（二）实验设计二

1. 设计思路：有时实验室里没有器材去测量小球的直径，那么摆球球心位置就确定不了，即摆长不可确定，这时可采用多次测量把不确定部分消去的办法来测量。如两次改变摆线的长度为 l_1 和 l_2，则两次摆长分别为 (l_1+r) 和 (l_2+r)，所以有 $T_1=2\pi\sqrt{(l_1+r)/g}$ 和 $T_2=2\pi\sqrt{(l_2+r)/g}$。重力加速度的值为 $g=\dfrac{4\pi^2(l_1-l_2)}{T_1^2-T_2^2}$。

2. 实验仪器：细绳、长刻度尺、金属球、铁架台、秒表。

3. 实验步骤：

（1）起摆方法正确，待小球静止后轻拨悬线，防止摆角过大和小球旋转，要在铅垂面内摆动。

（2）须稳态计时，不能同步计时与释放小球。

（3）须保证小球在摆动过程中悬点位置不变。

（4）两次摆长应超过 60cm，越长越好。

4. 数据记录和处理：

表 4-9　差值法测重力加速度实验记录

l_1（cm）	l_2（cm）	T_1（s）	T_2（s）	g（m/s²）
92.45	98.9	1.9512	2.0169	9.764

（三）实验设计三

1. 设计思路：看到实验室里有水龙头，学生突发奇想利用水滴下落时做自由落体运动，通过其下落高度、下落时间来测出重力加速度。

2. 实验仪器：水龙头、秒表、刻度尺。

3. 实验步骤：

（1）在水龙头下面放一个盘子，测出其间的距离 H。

（2）调节水龙头阀门，使第一个水滴碰到盘子的瞬间，第二个水滴正好从阀门处开始下落。方法是边听水滴碰到盘子的响声边注视着阀门处的水滴。

（3）从第 1 滴水落到盘子时开始计时，测出第 51 滴水落在盘子时所经过的时间 T。

4. 数据处理：$t = \dfrac{T}{50}$，$g = \dfrac{2H}{t^2}$。

5. 注意事项：

（1）要保持水滴滴落稳定；

（2）避免风吹动水滴而影响测量效果。

6. 数据记录和处理：

表 4-10　滴水法测重力加速度实验记录

H（m）	T（s）	g（m/s²）
1.17	24.486	9.757

二、实验分析与研究

通过几种不同的实验发现,其测量得到的重力加速度均与理论上广州地区的重力加速度的值 9.788m/s² 有一定的误差。这虽然与实验所在地的高度、纬度及受到空气阻力有关,但也离不开操作过程中的实验误差。

例如,由于实验系统本身所造成的误差。实验一、二中,测量细绳的长度时,由于钢尺会弯曲,所以测量出来的长度偏大。

又如,实验一、二中用到的单摆周期公式:

$$T = 2\pi\sqrt{\frac{l}{g}}$$

而实际的公式:

$$T = 2\pi\sqrt{\frac{l}{g}}(1 + \frac{1}{4}\sin^2\theta + \cdots\cdots)$$

这个公式成立的条件是摆角很小,忽略高次项,设实际测量周期与理论值之比为 A,当 $\theta = 5°$ 时,通过对摆角的控制,可以使理论误差减小到可以忽略的程度。但 T 偏大,因为 $g = \dfrac{4\pi^2 l}{T^2}$,所以 g 偏小。

再如,理论上三个实验都要在无外力影响下实验,但事实上这点是办不到的,因为做这三个实验都要受到空气阻力的影响。实验一、二中由于受其影响,下落的重力加速度 g 的测量值偏小。

下面以实验一为例分析实验的最大误差:

由公式 $g = \dfrac{4\pi^2 l}{T^2}$ 得相对误差 $\dfrac{\Delta g}{g} = \dfrac{\Delta l}{l} + 2\dfrac{\Delta T}{T} + 2\dfrac{\Delta \pi}{\pi} = \dfrac{\Delta l_1 + \dfrac{1}{2}\Delta d}{l} + 2\dfrac{\Delta T}{T} + 2\dfrac{\Delta \pi}{\pi}$。

这里,l_1 用米尺测量。取 l_1 约等于 1m,考虑到测量条件所限,可以认为 $\Delta l_1 \approx 2 \times 10^{-3}$m。小球直径 d 是用游标卡尺测量的,$\Delta d \approx 5 \times 10^{-5}$m,所以 $\dfrac{\Delta l}{l} \approx$

$\dfrac{\Delta l_1}{l_1} \approx 0.002 \text{m}$。

t 是用秒表测量的。秒表的精度为 0.1s，共测量 50 个周期，所以 $\Delta T \approx \dfrac{0.1}{50} = 0.002$ s。

因为 $l \approx 1\text{m}$ 时，$T \approx 2\text{s}$，所以 $\dfrac{\Delta T}{T} \approx 0.001$。

由于 π 是无理数，当我们用 3.14 来代表 π 时，就引起了误差。其相对误差的大小：

$$\dfrac{\Delta \pi}{\pi} = \dfrac{3.14 - \pi}{\pi}$$

用计算器来计算得 $\dfrac{\Delta \pi}{\pi} = 0.0005$。由上可得 $\dfrac{\Delta g}{g} = 0.002 + 2 \times 0.001 + 2 \times 0.0005 = 0.5\%$。所以，可以确定实验结果的正确范围为 $9.787 \pm 0.048 \text{m/s}^2$。

三、总结

在进行实验方法和实验设计的研究时，学生要善于了解实验的设计思想、实验手段、显示方法等。实验设计时的基本思路：首先要注意实验设计的条件和目的，充分运用所掌握的物理知识，设法寻找未知量和已知量之间的物理关系，可能是直接的，也可能是间接的，通过这些关系寻找直接测量量，灵活运用物理实验方法测量一些难测量的量，把不能测量的量转换为能测量的量进行测量。

上述是学校在完成了课内知识——测量重力加速度实验之后进行的课外实验探究成果，学生经过对课内知识的思考、反思，查阅相关的资料并进行再创造，设计了三种测量重力加速度的方法，并进行自我反思与评价，形成了小论文。这样的课外学习过程，不仅仅巩固了知识、拓展了方法，还对实验方法本身进行了迁移和创新，这是策略的成功迁移和思维进阶的体现。

第五章

高中物理思维进阶教学问题争鸣

　　高中物理有许多有趣的教学问题。可以运用数学物理工具由浅入深、由简至繁来探讨此类教学问题。这类问题对分析推理、深度探究和总结归纳能力的要求较高，在解决问题过程中，体现了层层递进的思维进阶过程。探讨的结果往往会开创一片天地，让人耳目一新。而选取不同角度来探讨，有时会条条大路通罗马，"殊途同归"，有时会差之毫厘谬以千里，"南辕北辙"，所以高中物理教学问题往往会引起大家的争鸣。本章通过对"求解一类圆周运动时间""一类碰撞问题""定值电阻""最值问题"等问题进行深度分析并展示思维进阶发展过程；通过探析一类"非常规"高考试题的常规解法、"垂直最小"的极值解题方法，以及进行细节分析与临界拓展等，阐述了促进思维进阶的策略。这些教学问题争鸣对思维发展过程的反思，窥探到其中物理学解决问题策略的形成要素：深刻的情境体验、强烈的好奇、反复的试错、大胆的猜想、可靠的证据和解决问题的数理基础。顺着物理过程的发展方向，恰当地设置有价值的问题，通过引导学习者对细节进行分析和对节点问题进行突破，不断地将思维空间向前推进，并不断尝试寻找、设计新的节点问题……这样，学习者将逐步实现思维进阶。

第一节　探讨求解一类圆周运动时间的思维发展过程[①]

单摆摆动 1/4 周期的整数倍的时间可以通过公式求解，但当小球摆动角度较大时，小球运动时间的求解方法却变得复杂，解决问题的策略也发生根本性变化。本节记录了小球在沿 1/4 竖直圆弧运动时间求解的过程中进行试错、猜想、实验测量以及严格求解的经历，反思其中思维发展的过程，领悟物理学解决问题策略的形成方式。

单摆是熟悉的物理模型，单摆的周期及推导也是众所周知的事情。本节由于需要从单摆周期公式的推导展开，所以有必要重复这一推导过程。

如右图 5-1，设单摆的摆长为 L，重力加速度为 g，现将摆线拉至摆角为 θ（$\theta < 5°$）处静止释放，求小球摆至最低点的时间 t。

以最低点为 O 点建立 Ox 坐标轴，以 Ox 为正方向，由牛顿第二定律可知：$-mg\sin\theta = ma$。由于 θ 角较小，则 $\sin\theta \approx \theta \approx \dfrac{x}{L}$。于是有 $-mg\dfrac{x}{L} = ma$。可得 $g\dfrac{x}{L} + \dfrac{d^2x}{dt^2} = 0$。因此单摆在摆角较小的情况下是简谐振动，可以求得圆频率 $\omega = \sqrt{\dfrac{g}{L}}$，解得单摆的周期 $T = \dfrac{2\pi}{\omega} = 2\pi\sqrt{\dfrac{L}{g}}$，所以小球从最大摆角处摆到最低点的时间 $t = \dfrac{T}{4} = \dfrac{\pi}{2}\sqrt{\dfrac{L}{g}}$。

图 5-1　建立 Ox 坐标轴

[①] 本节于 2020 年 11 月发表于《物理教学》。

一、问题的提出

当笔者跟学生一起推导完单摆的周期公式,并求出时间 t 后,一位学生提出这样的问题:"老师,如果摆角不是很小的情况下,假如摆角等于 90°,小球摆到最低点的时间还能求吗?"

笔者回答学生:"上述推导过程进行了近似处理,由于 θ 角较小,$\sin\theta \approx \theta \approx \frac{x}{L}$;如果 θ 角较大,就不能做这样的近似,那么单摆的公式也不适用了。"学生继续追问:"那应该怎样求时间呢?"这个问题着实难住了笔者,当时只是对学生讲需要高等数学知识才能解决,就没有继续深入了。

但是这么简单的物理情境,"运动时间"这么简单的物理量竟无法求解,这让笔者一直耿耿于怀……

最近,笔者所在的命题团队为全省的模拟测试命制了这样一道题:

如图 5-2,AOC 是竖直面内的固定轨道,AO 是粗糙的水平轨道,长度为 $L=8.0\text{m}$;OC 是半径为 $R=0.8\text{m}$ 的 1/4 光滑圆弧,与 AO 相切于 O 点。一个玩轮滑的小朋友以初速度 v 从 A 点沿 AO 方向运动后滑入圆弧,最终停在 AO 上。已知小朋友在 AO 段受到的阻力是其重的 0.2 倍,重力加速度 $g = 10\text{m/s}^2$。

(1) 求 v 的取值范围;

(2) 若小朋友以(1)中的最大速度进入 AO 区域到最终停止下来所经历的时间为 5.3s,求小朋友在 1/4 圆弧上运动的时间。

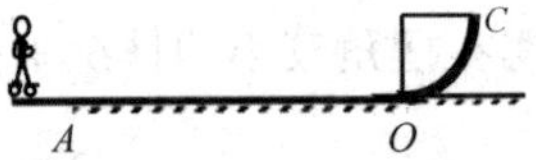

图 5-2 直轨道接圆弧轨道

解答与分析:

(1) $4\sqrt{2}\text{m/s} < v \leq 8\text{m/s}$(过程略)。

(2) 小朋友速度最大值为 $v=8\text{m/s}$,小朋友滑入 O 点时速度大小 $v_0 = 4\sqrt{2}\text{m/s}$,到达 C 点时速度大小 $v_1 = 4\text{m/s}$。小孩在 AO 段的时间 $t_1 = \frac{v}{a} = 4\text{s}$。离开 C 点竖直上抛后再回到 C 点时间 $t_2 = \frac{2v_1}{a} = 0.8\text{s}$。可得小孩在圆弧上运动的

时间 $t_3 = t - t_1 - t_2 = 0.5\text{s}$。

该解答的思维过程很顺畅，"0.5s"这个结果也很完美。但是命题团队开始反思题设条件：为什么要给出总时间为5.3s，然后用总时间减去 AO 段减速运动的时间和竖直上抛运动的时间？既然滑入圆弧 OC 的初速度和末速度都知道，圆弧大小又是已知量，那为什么不直接求这段运动的时间？

0.5s 这个巧妙的数据，让笔者再一次想到了 3 个月前学生提出的问题：小朋友从 O 点运动到 C 点的时间能够直接求解吗？该题目中的 0.5s 是否科学？

二、问题求解过程中的试错与猜想

这一次，笔者团队下决心要解决这个问题。把题目中的小朋友用小球代替，在一次演算过程中得到小球从底端以 v_0 滑到 C 点的时间是 0.0826s，后来又算得时间是 0.0779s。笔者从直觉和经验上否定了这些答案，大致作小球运动的 v-t 图如图5-3所示。

笔者进行这样的推理：

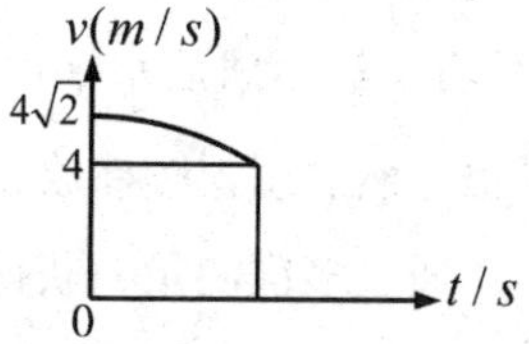

（1）假设小球做匀速圆周运动，从 O 到 C 的运动速度大小都是 v_0，则其运动时间 $t = \dfrac{0.5\pi R}{v_0} \approx 0.222\text{s}$；

图 5-3 v-t 图

（2）由于小球运动到 C 点的速度大小为 $v_1 = 4\text{m/s}$，若将该运动视为匀变速运动，其平均速度 $\bar{v} = \dfrac{v_0 + v_1}{2}$，则时间 $t = \dfrac{0.5\pi R}{v_0} \approx 0.26\text{s}$。

（3）假设小球从 O 点运动到上升高度为 R/2 的过程为单摆运动，时间为 t_1，则有 $t_1 = \dfrac{\pi}{2}\sqrt{\dfrac{R}{g}} \times \dfrac{1}{2} \approx 0.22\text{s}$；再假设从与 O 点竖直距离为 R/2 处运动到 C 点为竖直上抛运动，时间为 t_2，小球到达与 O 点竖直距离为 R/2 处时速度为 $v_2 = 2\sqrt{6}\text{m/s}$，则有 $t_2 = \dfrac{0.5R}{(v_2 + v_1)/2} \approx 0.09\text{s}$。可得总时间为 $t = t_1 +$

157

$t_2 = 0.31$s。

上述三个推理过程，调用了匀速圆周运动模型、单摆模型和竖直上抛运动模型近似求解，再结合 v-t 图像可以断定：小球从 O 运动到 C 的时间应该在 0.222s 到 0.26s 之间。因此，上述 0.0826s 和 0.0779s 的结果一定是错误的。这种估算将实际情境、经验和物理模型联系了起来，是一个既现实又灵活的思维过程。[1]

三、通过设计实验接近问题求解的真相[2]

把小球沿圆弧向上运动的情境做一个调整：用轻绳系着小球，让小球从与圆心等高处摆下。使用手机拍摄小球下摆的视频，并用计算机软件分析其运动的时间，装置如右图 5-4，在小球最低点用激光笔的激光照出一条直线（参照线），让小球从水平位置摆下并拍摄，然后用视频播放软件很容易找出小球从水平位置摆到最低点的时间。

图 5-4 小球小角度摆动实验图

通过多次测量，获得当绳长约为 0.81m 时，小球运动的时间记录如表 5-1 所示。

表 5-1 小球运动的时间

序号	到达最低点时刻	到达水平位置时刻	用时（s）
第 1 次	19.375	19.706	0.331
第 2 次	34.982	35.306	0.324
第 3 次	46.588	46.900	0.312

---

[1] 梁树森，张晓灵，王文莲. 解决社会生活情景物理问题的思维过程及特点 [J]. 中学物理教学参考，2008（3）：7-8.

[2] 本小节于 2020 年 11 月发表于《物理教学》。

试验结果与上述通过 v-t 图像的猜想是接近的，差别主要来自上述题目中小球是具有初速度的，而该实验过程小球初速度为 0，所以实验的时间略大于通过 v-t 图像猜想的时间范围是可以理解的，因此，命题团队认为这个实验结果是接近真实值的。

那么，如果小球像上述题目中从最低点摆到最高点，又从最高点摆回最低点的时间约为 0.648s，这与上述题目求得的结果有一定的差距，这个差距应该是由于上述题目中小球具有初速度导致的。但是该实验依然无法让命题团队下定决心相信来回运动的时间就是 0.5s。

四、灵机一动，通过换元法严格求解

这个差距，令笔者下定决心进行严格求解。

如右图 5-5，小球从最低点以初速度 v_0 滑入光滑圆弧后，当小球运动的路程对应的圆心角为 θ 时，小球的速度为 $v = R\omega = R\dot{\theta}$（角速度大小等于角度对时间的导数）。

图 5-5 小球在 1/4 圆弧轨道上

由机械能守恒定律 $\frac{1}{2}mv_0^2 = \frac{1}{2}mv^2 + mgR(1-\cos\theta)$，代入得 $\frac{1}{2}mv_0^2 = \frac{1}{2}m(R\dot{\theta})^2 + mgR(1-\cos\theta)$。

将上题的条件 $v_0 = 4\sqrt{2}$m/s，$R = 0.8$m，$g = 10$m/s^2 代入，化简可得 $\frac{d\theta}{dt} = 5\sqrt{1+\cos\theta}$，可得 $t = \frac{1}{5}\int_0^{\frac{\pi}{2}} \frac{d\theta}{\sqrt{1+\cos\theta}} = \int_0^{\frac{\pi}{2}} \frac{1}{5\sqrt{2}} \frac{d\theta}{\sqrt{1-\sin^2\frac{\theta}{2}}}$。

这个积分很难找到原函数，笔者查了很多高等数学的资料都无法求解，后来发现这是一个类似椭圆积分的形式，可以通过展开式近似求解，但系数又和椭圆积分的形式不同，求解过程又卡在了这里，笔者觉得很不甘心！经过反复思考、演算，发现可以通过换元的方法求解，方法如下：

令 $\tan\frac{\theta}{2} = x$，两边微分可得 $d\theta = \frac{2dx}{1+x^2}$，又因为 $\cos\theta = \frac{1-x^2}{1+x^2}$，解得

$$1 + \cos\theta = \frac{2}{1+x^2}$$

于是 $t = \dfrac{1}{5}\displaystyle\int_0^{\frac{\pi}{2}} \dfrac{d\theta}{\sqrt{1+\cos\theta}} = \dfrac{1}{5}\displaystyle\int_0^1 \dfrac{\frac{2}{1+x^2}dx}{\sqrt{\frac{2}{1+x^2}}} = \dfrac{\sqrt{2}}{5}\displaystyle\int_0^1 \dfrac{dx}{\sqrt{1+x^2}}$。

由积分公式可得 $t = \dfrac{\sqrt{2}}{5}\left[\ln(x+\sqrt{1+x^2})\right]\Big|_0^1 = \dfrac{2}{5}\ln(1+\sqrt{2}) \approx 0.249\text{s}$。

回顾前面求解的历程：结合 v-t 图像求得时间在 0.222s 到 0.26s 之间；通过实验得到时间应该小于 0.32s，这说明上述求解过程在一步一步逼近真相，而最终 0.249s 的"严格解"让这个过程有了一个完美的结局。

五、反思思维过程，领悟物理思想

从学生提出小朋友沿 1/4 圆弧轨道运动的时间能否严格求解的问题出发，结合上述题目中小朋友从 O 点运动到 C 点时间的科学性问题，问题的物理情境和数学表达都显得非常清晰，这在一定程度上刺激了问题解决者的兴趣和催生了解决问题的方法萌芽。这说明清晰的物理情境和有意义的问题，能够激发人们追根问底的科学精神。数学方法选择错误，产生了两个偏差较大的结果，这在一定程度上促使问题解决者厘清了通过猜想、调用物理模型并结合经验来验证结果的思路。果然，笔者通过 v-t 图像与物理模型相结合，并进行逻辑推理，否定了两个错误结果，并初步获得了运动时间的范围，与真实结果近了一步。

设计实验的测量结果，让问题解决者笃定了猜想的正确性，这就是实验的作用和证据的魅力。正是一步一步逼近真相的成功感，让问题解决者能够进行深层次的情境体验和思维拓展，于是便产生了"灵机一动"的顿悟，顺利调用了"换元法"解决问题，形成了解决问题的策略。[①] 至此，通过这个经历和对思维发展过程的反思，问题解决者窥探到物理学解决问题策略的形

---

① 蔡建国."一个目的，两个构建"：提升学生解决实际问题的能力 [J]. 物理教学，2016, 38 (8)：34-35, 38.

成要素，包括深刻的情境体验、强烈的好奇、反复的试错、大胆的猜想、可靠的证据和解决问题的数理基础。当然，解决不同问题的策略可能不尽相同，但思维的发展过程应该大同小异。

第二节　一类碰撞问题的深度分析与思维过程（上）①

周期性或重复相互作用的问题，往往蕴含着深层次的规律。本节通过探讨多次碰撞的问题，深度分析并探寻其中的规律，呈现思维过程，挖掘问题分析在促进思维发展方面的作用。

在周期性或重复性的相互作用问题中，物理量的变化往往具有规律性。前不久，网络上发起了对两个物块碰撞问题的讨论，情景如下：质量较大的物块 M 以初速度与质量较小的物块 m 发生弹性碰撞后，m 与左侧挡板也发生弹性碰撞，于是 m 反复与 M 和挡板碰撞。

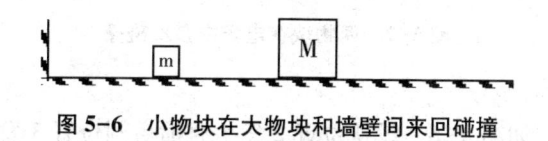

图 5-6　小物块在大物块和墙壁间来回碰撞

当 $M=1$kg，$m=1$kg 时，m 与挡板和 M 一共发生 3 次碰撞；

当 $M=100$kg，$m=1$kg 时，m 与挡板和 M 一共发生 31 次碰撞……

当 $M=100^3$kg，$m=1$kg 时，m 与挡板和 M 一共发生 3141 次碰撞；

当 $M=100^6$kg，$m=1$kg 时，m 与挡板和 M 一共发生 3,141,592 次碰撞……

接下来的数据应该不用列举了，当 M 质量的指数规律按 100^{3n} 增大时，M 与挡板和 m 碰撞的次数与圆周率 π 去掉小数点后的数值竟然是一致的！这个问题在网络上已经有了答案，不再赘述。受这个问题的启发，笔者将对一类重复性弹性碰撞问题进行深度分析，挖掘其中的规律，试图找到类似上述情

---

① 本文于 2020 年 10 月发表于《物理教师》。

景中出现的对物理思想有冲击的"巧合",启发解决物理问题的方法,探讨问题的深度分析在促进思维发展方面的作用。

从一个简单的情景谈起:

【情景1】如图5-7,两个质量均为 m 的绝缘弹性物块静止在绝缘水平面上,距离为 L,物块 A 带电量为 $+q$,物块 B 不带电。两物块发生碰撞时,电荷不发生转移,且 A 的电量保持不变。空间存在场强为 E、方向水平向右的匀强电场。

情景分析:A 被电场加速,加速度大小为 a,则 $a = \dfrac{qE}{m}$;当两物块发生碰撞时,物块 A 的速度 $v^2 = 2aL$,可得 $v = \sqrt{\dfrac{2qEL}{m}}$,由于 A、B 发生弹性碰撞,碰撞后交换速度,则 A 的速度为 0,B 的速度为 $v_1 = v$。

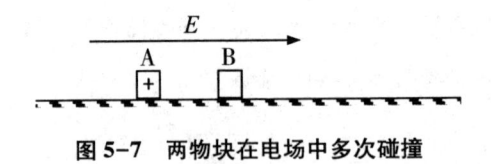

图5-7 两物块在电场中多次碰撞

深度分析:如图5-8,设从位置 2 发生碰撞后到位置 3 发生碰撞的时间为 t_1,两物块的位移相等,即 $\dfrac{1}{2}at_1^2 = v_1 t_1$,可得 $t_1 = \dfrac{2v}{a}$;位置 2 和 3 的距离 $S_1 = v_1 t_1 = 4L$;碰撞前 A 的速度 $v_2 = at_1 = 2v$。

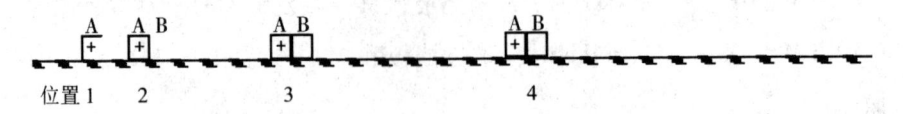

图5-8 多次碰撞示意图

在位置 2,A 与 B 发生碰撞后交换速度,A 的速度为 v,B 的速度为 $2v$,从位置 3 到位置 4 的时间为 t_2,则 $vt_2 + \dfrac{1}{2}at_2^2 = 2vt_2$,解得 $t_2 = \dfrac{2v}{a}$,则位置 3 和 4 的距离 $S_2 = 2vt_2 = 8L$;A 与 B 在位置 4 碰撞前的速度 $v_3 = v + at_2 = 3v$。

碰撞后 A、B 交换速度，A 的速度为 $2v$，B 的速度为 $3v$……

发现规律：从上述分析发现，$S_1 = 4L$、$S_2 = 8L$……$S_n = 4nL$，即从第一次碰撞后，每两次碰撞间物块的位移都变为原来的 2 倍；每次碰撞前的速度 $v_n = nv$，即每一次碰撞前，在电场力作用下 A 的速度都增加了 v；从第一次碰撞后，每次碰撞的时间间隔都为 $\Delta t = \dfrac{2v}{a}$。

在位置 1 碰撞前，A 相对于 B 的速度大小为 v，碰撞后 B 相对于 A 的速度大小为 v；在位置 2 碰撞前，A 相对于 B 的速度大小又是 v，碰撞后，B 相对于 A 的速度大小也是 v……

为什么会有这么"完美"的规律？这必须从物理思想方法层面进行深入探讨。

思想方法：第一次碰撞前，A 相对于 B 的速度大小为 v，碰撞后 B 相对于 A 的速度为 v。如果以 A 为参考系，B 做的是速度为 v 的匀减速直线运动，加速度大小就是 a，当它们再次相遇时，B 相对于 A 的位移为 0，则 $vt - \dfrac{1}{2}at^2 = 0$，即可得 $t = \dfrac{2v}{a}$；由于两次碰撞的时间间隔相等，并且电场力对 A 的冲量相等，所以 A 的动量增量也相等。而 A 与 B 碰撞后，A 将电场力的冲量"转移"给 B，使得每次碰撞后 B 的速度都比 A 大 v，即相对速度相等。就这样，周而复始也就形成了上述规律。

从能量角度分析：第一次碰撞后，每次电场对 A 做的功成倍数增加，让 A 的动能也有规律地增大。A 每次获得动能后通过与 B 发生弹性碰撞，将比 B 多出来的那一部分能量"转移"给 B，使得 B 的动能有规律地增大。

对思维发展的促进作用：以上层层深入的分析，从求出初步的速度和位移大小，到归纳出规律，最后从物理思想方法的角度分析规律，对学习思维有一次层层递进的深度体验，对思维发展有一定的促进作用。

在上述问题中，A、B 质量相等，才有了后面那些"巧合"的规律。那么，如果 A、B 质量不相等，还能发生这样的规律吗？下面在原来的基础上对问题变化如下。

【情景 2】光滑水平面上放有如图 5-9 所示的用绝缘材料制成的 L 形滑

板（平面部分足够长），质量为 $4m$，距滑板的 A 壁为 L_1 距离的 B 处放有一质量为 m、电量为 $+q$ 的大小不计的小物体 B，物体与板面的摩擦不计。整个装置置于场强为 E 的匀强电场中，初始时刻，滑板与物体都静止。

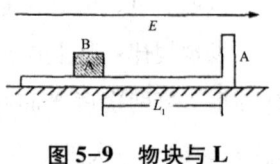

图 5-9 物块与 L 形板多次碰撞

情景分析：（为了研究问题方便，用 A 右侧的挡板代替整个滑板）。B 在电场力作用下加速，加速度大小为 $a = \dfrac{qE}{4m}$；当 A、B 发生第一次碰撞前，B 的速度为 $v = \sqrt{2aL_1} = \sqrt{\dfrac{qEL_1}{2m}}$。

当 B 与 A 发生第一次碰撞后，由动量守恒定律和动能关系：$mv = mv_1 + 4mv_2$，$\dfrac{1}{2}mv^2 = \dfrac{1}{2}mv_1^2 + \dfrac{1}{2}(4m)v_2^2$，解得 $v_1 = -\dfrac{3}{5}v$，$v_2 = \dfrac{2}{5}v$，时间 $t_1 = \dfrac{v}{a}$。

深度分析：设第一次碰撞后经过 t_2 时间，在位置 2 发生第二次碰撞，B 与 A 位移相等：$-\dfrac{3}{5}vt_2 + \dfrac{1}{2}at_2^2 = \dfrac{2}{5}vt_2$，解得 $t_2 = \dfrac{2v}{a}$；位移 $S_2 = \dfrac{2}{5}vt_2 = \dfrac{8L_1}{5}$。

设第二次碰撞前，B 的速度为 v'_2，则 $v'_2 = v_1 + at_2 = \dfrac{7}{5}v$。

碰撞后，B 和 A 的速度分别为 v_3 和 v_4，由动量守恒定律和动能关系解得 $v_3 = -\dfrac{v}{5}$，$v_4 = \dfrac{4v}{5}$。

经过 t_3 时间，在位置 3 发生第三次碰撞，位置 2 和 3 的距离为 S_3，由运动学规律：

$$-\dfrac{v}{5}t_3 + \dfrac{1}{2}at_3^2 = \dfrac{4v}{5}t_3$$

解得 $t_3 = \dfrac{2v}{a}$，$S_3 = \dfrac{16}{5}L_1$。

在位置 3 发生第三次碰撞前，B 的速度为 v'_3，则 $v'_3 = v_3 + at_3 = \dfrac{9v}{5}$。

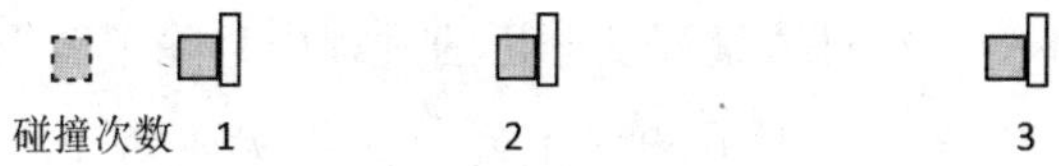

<<< 第五章 高中物理思维进阶教学问题争鸣

碰撞次数   1   2   3

图 5-10　多次碰撞示意简图

发现规律：（1）速度规律：在位置 1，碰撞前 B 的速度是 v，A 的速度为 0，B 相对于 A 的速度是 v；碰撞后，B、A 的速度分别是 $v_1 = -\frac{3}{5}v$ 和 $v_2 = \frac{2}{5}v$，B 相对于 A 的速度为 v。在位置 2，碰撞前 B、A 的速度分别是 $\frac{7}{5}v$ 和 $\frac{2}{5}v$，碰撞后的速度分别是 $-\frac{1}{5}v$ 和 $\frac{4}{5}v$，碰撞前后的相对速度都是 v……在每次碰撞前后的相对速度都一致。

（2）时间规律：第一次碰撞后，每两次碰撞的时间间隔都是 $\Delta t = \frac{2v}{a}$。这是由相对速度保持不变以及每次 B 的加速度不变这两个因素共同决定的。

（3）位移规律：第一次碰撞后，每两次碰撞位置的距离分别是 $\frac{8}{5}L_1$、$\frac{16}{5}L_1$、$\frac{32}{5}L_1$……，呈倍数增加，这是由时间不变和 A 的速度倍数增大共同决定的。

这个规律与情景 1 所呈现的规律基本是一致的，这要从物理思想方法谈起。

思想方法：B 每次受到的电场力不变，加速度不变。第一次碰撞后，以 B 为参考系，A 相对于 B 的速度为 v，则 A 相对于 B 以加速度 a 做匀减速直线运动。在第二次碰撞时 A 相对于 B 的位移为 0，则 $v\Delta t = \frac{1}{2}a(\Delta t)^2$，解得 $\Delta t = \frac{2v}{a}$。形成这个规律的第二个原因是 B 与 A 每次的碰撞都是弹性碰撞，导致碰撞前后相对速度不变，所以每次碰撞后 A 相对于 B 的速度都是 v，这就形成了这样周而复始的规律……

对思维发展的促进作用：从情景 1 到情景 2，改变了被碰物体的质量，其他条件保持不变。在对情景深度分析的过程中，除了数据不同，所呈现的规律基本是一致的，这种在思维上经过深层次演绎和思考后发现的规律，激发了人们寻根问底的精神，促使人们从解决问题的一般过程向物理思想方法的进阶思考转变。

那么在情景 2 中，如果保持其他条件不变，将滑板 A 的质量改为 nm，还能不能呈现这样的规律呢？下面进一步分析这个问题。

B 在电场力作用下加速，加速度大小为 $a = \dfrac{qE}{4m}$。当 A、B 发生第一次碰撞前，B 的速度为 $v = \sqrt{2aL_1} = \sqrt{\dfrac{qEL_1}{2m}}$。当 B 与 A 发生第一次碰撞后，由动量守恒定律和动能关系：$mv = mv_1 + nmv_2$，$\dfrac{1}{2}mv^2 = \dfrac{1}{2}mv_1^2 + \dfrac{1}{2}mv_2^2$，解得 $v_1 = \dfrac{1-n}{1+n}v$，$v_2 = \dfrac{2}{1+n}v$。

不难发现，碰撞后 A 相对于 B 的速度 $v_{AB} = v_2 - v_1 = \dfrac{2-(1-n)}{1+n}v = v$，问题的真相应该在这里了，A 的质量无论怎么改，结果都是一样的。

进一步思考：如果 B 的质量也发生变化，那么还有没有这样的规律呢？

答案是肯定的，因为无论如何，都可以把 B 的质量设为 m，A 的质量用 km 表示，这样问题就简化为情景 2 的形式了。

回到本节开始的那个"网络问题"，为什么会出现碰撞次数与 π 的数值"巧合"一致的情况呢？或许反复发生弹性碰撞的问题可能呈现一些"令人惊讶"的规律，只是我们平时极少对这些看似简单的情景进行深度分析与思考罢了。

第三节　一类碰撞问题的深度分析与思维过程（下）

本节深入探讨 2023 年全国乙卷第 25 题中相互作用对象的速度、相对速度、碰撞时间以及位移所呈现的规律；对这类问题从斜面和任意方向的运动进行比较分析，发现更普遍的规律；对相同类型的试题进行对比分析。

具有规律性的试题大多有这样的特点：给定初始条件和场景，不需要过多描述运动与相互作用的过程，让问题解决者在进入情境后，顺着运动与相互作用的过程展开分析，进入思维过程，寻找相互作用前后运动的共同点，发现其规律性，最后进行总结、归纳从而解决问题。笔者认为，这类问题对考生的分析推理、深度探究和总结归纳能力的要求较高，能够甄别思维能力较好的考生。这类问题的另一个特点：考生在解决问题过程中，体验着层层进阶的思维过程，并且能够在关键处被启发，是一类优质的试题。

笔者 2020 年 10 月发表在《物理教师》上的《一类碰撞问题的深度分析与思维过程》一文曾经探讨过这类试题的特点，而 2023 年全国乙卷第 25 题就是这类试题。①

例 1：如图，一竖直固定的长直圆管内有一质量为 M 的静止薄圆盘，圆盘与管的上端口距离为 l，圆管长度为 $20l$。一质量为 $m = \frac{1}{3}M$ 的小球从管的上端口由静止下落，并撞在圆盘中心，圆盘向下滑动，所受滑动摩擦力与其所受重力大小相等。小球在管内运动时与管壁不接触，圆盘始终水平，小球与圆盘发生的碰撞均为弹性碰撞且碰撞时间极短。不计空气阻力，重力加速度大小为 g。求：

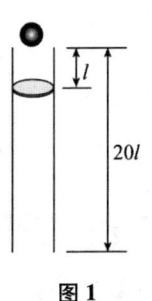

图 1

（1）第一次碰撞后瞬间小球和圆盘的速度大小；

（2）在第一次碰撞到第二次碰撞之间，小球与圆盘间的最远距离；

（3）圆盘在管内运动过程中，小球与圆盘碰撞的次数。

---

① 蔡钳. 一类碰撞问题的深度分析与思维过程 [J]. 物理教师，2020，41（10）：66-68.

一、该题的解题过程

（1）小球从释放到与圆盘相碰，由机械能守恒定律 $mgl = \frac{1}{2}mv_0^2$，得 $v_0 = \sqrt{2gl}$。

设碰撞后瞬间小球和盘的速度大小分别为 v_{m1}、v_{M1}，由弹性碰撞的规律：$mv_0 = mv_{m1} + Mv_{M1}$，$\frac{1}{2}mv_0^2 = \frac{1}{2}mv_{m1}^2 + \frac{1}{2}Mv_{M1}^2$，解得 $v_{m1} = -\frac{1}{2}\sqrt{2gl}$，$v_{M1} = \frac{1}{2}\sqrt{2gl}$。

（2）碰撞后小球做初速度向上、加速度向下的匀变速直线运动，加速度大小为 g。圆盘以 v_{M1} 向下做匀速直线运动，设经过时间 t 两者速度大小相等，此时距离最远，由 $v_1 = v_{m1} + gt = v_{M1}$，解得 $t = \sqrt{\frac{2l}{g}}$。此时距离为 $s_1 = v_{M1}t - \frac{v_{m1} + v_{M1}}{2}t = \frac{v_{M1} + (-v_{m1})}{2}t = l$。

（3）设第一次碰撞后经过 t_{12} 时间发生第二次碰撞，由运动学规律 $v_{m1}t_{12} + \frac{1}{2}gt_{12}^2 = v_{M1}t_{12}$，解得 $t_{12} = \frac{2(v_{M1} - v_{m1})}{g} = 2\sqrt{\frac{2l}{g}}$，该过程圆盘下移距离 $s_{12} = v_{M1}t_{12} = 2l$。

第二次碰撞前小球的速度为 v_2，碰撞后的速度分别为 v_{m2} 和 v_{M2}，则 $v_2 = v_{m1} + gt_{12} = \frac{3}{2}\sqrt{2gl}$。

由弹性碰撞的规律：$mv_2 + Mv_{M1} = mv_{m2} + Mv_{M2}$，$\frac{1}{2}mv_2^2 + \frac{1}{2}Mv_{M1}^2 = \frac{1}{2}mv_{m2}^2 + \frac{1}{2}Mv_{M2}^2$，解得 $v_{m2} = 0$，$v_{M2} = \sqrt{2gl}$。

第二次到第三次碰撞的时间为 t_{23}，碰撞前小球的速度为 v_3，碰撞后的速度分别为 v_{m3} 和 v_{M3}，则：

$\frac{1}{2}gt_{23}^2 = v_{M2}t_{23}$，解得 $t_{23} = \frac{2v_{M2}}{g} = 2\sqrt{\frac{2l}{g}}$；圆盘下移的距离为 $s_{23} = v_{M2}t_{23} =$

$4l$，$v_3 = v_{m2} + gt_{23} = 2\sqrt{2gl}$。

由碰撞规律：$mv_3 + Mv_{M2} = mv_{m3} + Mv_{M3}$，$\frac{1}{2}mv_3^2 + \frac{1}{2}Mv_{M2}^2 = \frac{1}{2}mv_{m3}^2 + \frac{1}{2}Mv_{M3}^2$，解得 $v_{m3} = \frac{1}{2}\sqrt{2gl}$，$v_{M3} = \frac{3}{2}\sqrt{2gl}$。

第三次到第四次碰撞的时间为 t_{34}，碰撞前小球的速度为 v_4，碰撞后的速度分别为 v_{m4} 和 v_{M4}，则 $v_{m3}t_{34} + \frac{1}{2}gt_{34}^2 = v_{M3}t_{34}$，解得 $t_{34} = 2\sqrt{\frac{2l}{g}}$。圆盘下移的距离：$s_{34} = v_{M3}t_{34} = 6l$，$v_4 = v_{m3} + gt_{34} = \frac{5}{2}\sqrt{2gl}$。

由碰撞规律：$mv_4 + Mv_{M3} = mv_{m4} + Mv_{M4}$，$\frac{1}{2}mv_4^2 + \frac{1}{2}Mv_{M3}^2 = \frac{1}{2}mv_{m4}^2 + \frac{1}{2}Mv_{M4}^2$，解得 $v_{m4} = \sqrt{2gl}$，$v_{M4} = 2\sqrt{2gl}$。

第四次到第五次碰撞的时间为 t_{45}，则 $v_{m4}t_{45} + \frac{1}{2}gt_{45}^2 = v_{M4}t_{45}$，解得 $t_{45} = 2\sqrt{\frac{2l}{g}}$，则圆盘下移的距离 $s_{45} = v_{M4}t_{45} = 8l$。

由于 $s_{12} + s_{23} + s_{34} + s_{45} + l = 21l$，$21l > 20l$，故第四次碰撞后圆盘将离开管。

二、深入探讨该问题的规律

该题给定了 A、B 的初始条件和受力特点，之后发生的系列相互作用和运动的时间、速度、相对速度和位移都呈现出一定的规律（如表 5-2 所示）。

（一）速度、相对速度和时间所呈现的规律

表 5-2 球和盘碰撞前后速度列表

碰撞次数	第一次碰前	第一次碰后	第 n 次碰前	第 n 次碰后
小球速度	$\sqrt{2gl}$	$-\frac{\sqrt{2gl}}{2}$	$\frac{n+1}{2}\sqrt{2gl}$	$\frac{n-2}{2}\sqrt{2gl}$

续表

碰撞次数	第一次碰前	第一次碰后	第 n 次碰前	第 n 次碰后
圆盘速度	0	$\dfrac{\sqrt{2gl}}{2}$	$\dfrac{n-1}{2}\sqrt{2gl}$	$\dfrac{n}{2}\sqrt{2gl}$
相对速度大小的绝对值	$\sqrt{2gl}$	$\sqrt{2gl}$	$\sqrt{2gl}$	$\sqrt{2gl}$
每两次碰撞的时间间隔	$t_{n(n+1)}=2\sqrt{\dfrac{2l}{g}}$（这个时间间隔可以写成 $t_{n(n+1)}=\dfrac{2v_{相对}}{g}$，即第一次碰撞前相对速度大小就已经决定了以后每两次碰撞的时间间隔，进一步思考：这是由运动的初始条件和受力特征决定的）			

从表 5-2 不难发现：（1）每次碰撞前，小球和圆盘的速度相对于前一次碰撞前，大小均增大 $\dfrac{\sqrt{2gl}}{2}$；每次碰撞后，小球和圆盘速度均相对于前一次碰撞后，大小均增大 $\dfrac{\sqrt{2gl}}{2}$。（2）每次碰撞前后，小球的速度变化量 $\Delta v_m = -\dfrac{3}{2}\sqrt{2gl}$，圆盘的速度变化量 $\Delta v_M = \dfrac{1}{2}\sqrt{2gl}$，绝对值刚好是 3 倍关系，这是因为圆盘的质量是小球质量的 3 倍。（3）每次碰撞前后的两者相对速度大小均为 $\sqrt{2gl}$，这是由于两者发生弹性碰撞，且这个相对速度大小是由初始条件和受力条件决定的：初始距离 l，受力为 mg，导致小球与圆盘碰前的速度为 $\sqrt{2gl}$，而圆盘初始速度为 0，故相对速度为 $\sqrt{2gl}$。

（二）将问题进行横向比较

竖直方向的碰撞存在上述规律，在斜面或者水平面上的碰撞，还存在类似的规律吗？

例 2：如图，质量为 km（$k>0$）的物块 B 恰好静止在足够长的倾角为 30° 的斜面上，质量为 m 的光滑物块 A 从斜面顶端与 B 距离 L 处静止下滑，A 将与 B 发生弹性碰撞，探讨之后运动的规律。

A 与 B 碰撞前的速度为 v_0，由 $mgL\sin 30° = \dfrac{1}{2}mv_0^2 - 0$，解得 $v_0 = \sqrt{gL}$。

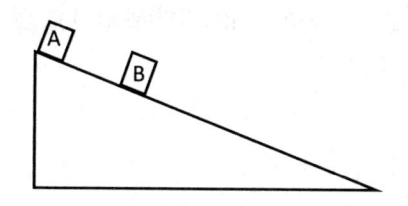

进行分析后，同样可以得到如下速度规律：

表 5-3　归纳 n 次碰撞的结果

碰撞次数	第一次碰前	第一次碰后	第 n 次碰前	第 n 次碰后
A 的速度	$\sqrt{gL}$	$\dfrac{1-k}{1+k}\sqrt{gL}$	$\dfrac{(2n-1)+k}{1+k}\sqrt{gL}$	$\dfrac{(2n-1)-k}{1+k}\sqrt{gL}$
B 的速度	0	$\dfrac{2}{1+k}\sqrt{gL}$	$\dfrac{2(n-1)}{1+k}\sqrt{gL}$	$\dfrac{2n}{1+k}\sqrt{gL}$
相对速度大小的绝对值	$\sqrt{gL}$			

进一步将问题普遍化探讨：

例 3：一个质量为 m 的物体 A 受到合力 F 作用，另一个质量为 km 的物体 B 恰好静止在沿着合力 F 方向的某处，A、B 距离为 L，A、B 总是发生弹性碰撞，探讨之后运动和相互作用的规律。

由前面分析可以迁移得知：（1）每次碰撞前后相对速度大小为 $v_{相对} = \sqrt{\dfrac{2FL}{m}}$；（2）第一次碰撞经历的时间为 $t_{01} = \dfrac{v}{a} = \sqrt{\dfrac{2mL}{F}}$，以后每两次碰撞的时间间隔 $t_{n(n+1)} = \dfrac{2v_{相对}}{a} = 2\sqrt{\dfrac{2mL}{F}}$；（3）每两次碰撞点的距离 $s_{01} = L$，$s_{n(n+1)} = v_{Bn}t_{n(n+1)} = \dfrac{2n}{1+k}v_0 t_{n(n+1)} = \dfrac{8nL}{1+k}$。（$v_{Bn}$ 指的是第 n 次碰撞后 B 的速度，由表 5-3 可得。）

根据上述分析不难发现：这类问题都具有类似的规律。

（三）通过图像呈现相应的规律

下面通过 $v\text{-}t$ 图（如图 5-11）形象描述运动全过程（令 $k=3$）：图中粗

斜线段是 A 的运动图像，平行于 t 轴的直线段是 B 的运动图像，阴影部分面积大小为每两次碰撞的距离。

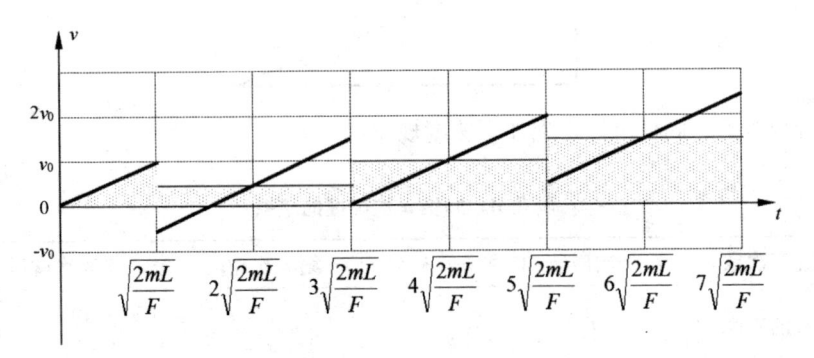

图 5-11 v-t 图

从上述 v-t 图像中，也能发现 A、B 碰撞过程中时间、速度和位移变化的规律。为了发现产生规律性变化的原因，下面作 A、B 动能随位移的变化图像（如图 5-12）。其中，斜直线段为 A 的图像，横直线段为 B 的图像（令 $k=3$）。由弹性碰撞的规律可知，每次碰撞 A 动能的减少量等于 B 动能的增加量（图中大括号所示），A 每段线段的斜率大小为 A 所受合外力的大小。

每次碰撞，由 A 转移到 B 的动能（如图 5-12 中大括号所示）：

$$\Delta E_k = \frac{1}{2}mv_{n后}^2 - \frac{1}{2}mv_{n前}^2 = \frac{1}{2}m\left[\frac{(2n-1)+k}{1+k}v_0\right]^2 - \frac{1}{2}m\left[\frac{(2n-1)-k}{1+k}v_0\right]^2$$

化简可得每次碰撞 A 转移给 B 的动能与碰撞次数 n、A 和 B 质量比值 k 之间的关系：

$$\Delta E_k = \frac{1}{2}mv_0^2\left[\frac{4k(2n-1)}{(1+k)^2}\right] = FL\frac{4k(2n-1)}{(1+k)^2}$$（F 即 A 所受合外力，L 为 A、

B 初始距离），令 $k=3$，可得 $\Delta E_k = \frac{3}{4}(2n-1)FL$。这个值与 A 动能的比为

$\frac{4k(2n-1)}{(1+k)[(2n-1)+k]}$，这个比值不仅与碰撞的次数有关，还与 A、B 质量

的比值有关。与 A、B 质量的比值 k 有关是容易理解的，但为什么与碰撞的次数有关呢？这主要是因为随着碰撞次数增多，外力 F 对 A 做的功也在增

大，如果不存在外力做功与碰撞次数 n 相关这个因素，这个比值应该只与 k 有关：

$$\frac{\frac{1}{2}mv_{A0}^2 - \frac{1}{2}m\left(\frac{1-k}{1+k}v_{A0}\right)^2}{\frac{1}{2}mv_{A0}^2}$$

其中，v_{A0} 是每次 A 与 B 碰撞前的速度大小。

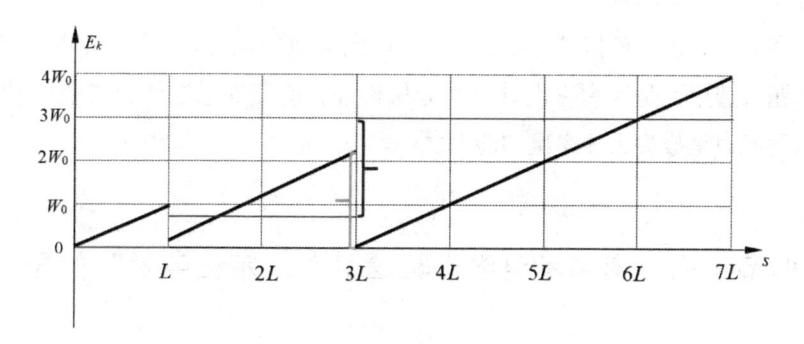

图 5-12　A、B 动能随位移的变化图像

三、同类试题对比分析

这一类试题在以往各类考试中也以不同形式出现，例如，2021 年福建省新高考适应性考试物理试题的最后一道计算题：

例 4：如图，光滑绝缘水平面位于以 ab、cd 为边界的匀强电场中，电场方向垂直边界向右。两个小球 A 和 B 放置在水平桌面上，其位置连线与电场方向平行。两个小球质量均为 m，A 带电量为 q（$q>0$），B 不带电。初始时小球 A 距离 ab 边界为 L，两个小球的距离也为 L。已知电场区域两个边界 ab、cd 间的距离为 $10L$，电场强度大小为 E。现释放小球 A，A 在电场力的作用下沿直线加速运动，与小球 B 发生弹性碰撞。两个小球碰撞时没有电荷转移，碰撞时间极短。求：

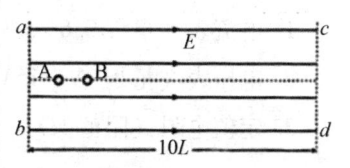

（1）两小球发生第一次碰撞后，B 获得的动量大小；

173

(2) 两个小球发生第一次碰撞后至第二次碰撞前，A、B的最大距离；

(3) 当小球B离开电场区域时，A在电场中的位置。

对比分析：例1中的重力 mg、例2中的重力沿斜面的分析 $mg\sin30°$、例3中的合外力 F 与该题中A受到的电场力在试题中的作用是相同的；该题让B球不带电，目的就是使得B球受到的合外力始终为0，这与前面三个问题条件的设置是一样的。因此，该题与前面三个问题一样，其运动和相互作用过程应存在类似的规律。

在其他省市的模拟试题中，也经常碰到类似的试题。这类试题之所以常被命题者选用，是因为它们具有对分析推理、论证等思维能力考查的功能，而这种能力是拔尖人才突出的能力之一。[①]

第四节　由一道高考电学实验题引发"定值电阻"的思考[②]

2009年安徽省高考物理试题第21题考查的是测定电池的电动势和内阻，对该题定值电阻的作用，笔者感觉有些疑惑，现在这里进行探讨。题目内容如下：

例1：（安徽卷2009，21）用右图所示的电路，测定一节干电池的电动势和内阻。电池的内阻较小，为了防止在调节滑动变阻器时造成短路，电路中用一个定值电阻 R_0 起保护作用。除电池、开关和导线，可供使用的实验器材还有：

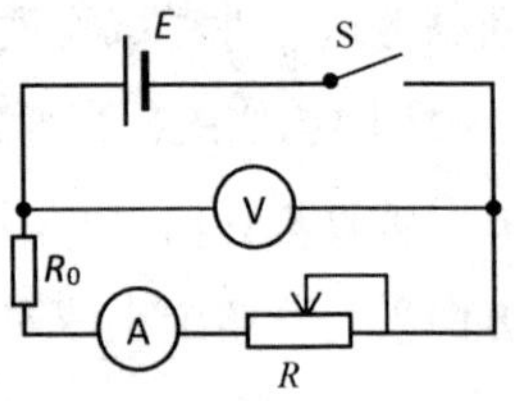

1. 电流表（量程0.6A、3A）；

2. 电压表（量程3V、15V）；

3. 定值电阻（阻值1Ω、额定功率5W）；

图1

[①] 孙龙周. 指向学生科学思维的初中物理教学 [J]. 物理教师，2023，44（5）：45-47，50.

[②] 本节于2017年5月发表于《物理教师》。

174

4. 定值电阻（阻值10Ω，额定功率10W）；

5. 滑动变阻器（阻值范围0~10Ω、额定电流2A）；

6. 滑动变阻器（阻值范围0~100Ω、额定电流1A）。

那么，(1)要正确完成实验，电压表的量程应选择_____V，电流表的量程应选择_____A；R_0应选择_____Ω的定值电阻，R应选择阻值范围是_____Ω的滑动变阻器。

(2)引起该实验系统误差的主要原因是_____。

该题把定值电阻R_0接在图中所示的位置，题干中提到的作用是"对电路起保护作用"，而题干又说"电池的内阻较小"，这和实际的实验操作存在一个较大的矛盾：在实际操作中，如果没有定值电阻，加入电池是新电池（内阻较小），那么闭合开关后无论怎么调节滑动变阻器，电压表的示数都很大。基于上述疑问，笔者从实验室取来一节新电池和必需的实验器材，按照图中的结构连接，得到下列数据。（实验时间为2016年12月5日晚上7点左右）

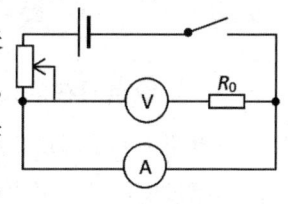

图 2

表 5-4　图 1 实验数据记录

数据记录	1	2	3	4	5	6	7
电流/A	0.08	0.12	0.16	0.20	0.24	0.28	0.32
电压/V	1.23	1.20	1.18	1.17	1.15	1.13	1.12

从表5-4中的数据可以看出，在电流按规律变化的过程中，电压表的读数始终很大，在1.12V到1.23V之间变化。这样的变化范围很不利于数据处理，会造成较大的偶然误差。造成这个问题的原因就是把定值电阻R_0接在了电流表所在的支路。原本电池内阻就很小，导致电流表、定值电阻和滑动变阻器的分压（即电压表的读数）一直都很大。为了解决这个问题，笔者重新组合电路，按照图2中所示的电路进行实验，得到表5-5所示的数据。

表 5-5　图 2 实验数据记录

数据记录	1	2	3	4	5	6
电流/A	0.08	0.12	0.16	0.20	0.24	0.28
电压/V	1.20	1.10	1.00	0.95	0.90	0.80

表 5-5 中的数据相对表 5-4 有了明显的改进，电压的调节范围较大，这样处理数据时可以大大减小误差，也可以较方便地进行线性拟合。

上述的两次实验，只是改变了定值电阻的位置，对电路的影响却大不相同，因此笔者对定值电阻的作用产生了浓厚的兴趣，经过对多年的电学实验的研究和分析，对定值电阻在电路中的主要作用归纳如下。

一、定值电阻在电路中起"保护电路"的作用

在电路中，定值电阻一个比较常见的用法就是保护电路，当电路的电流可能会超过电流表或者电压表的量程时，通常用定值电阻进行保驾护航，例如，2004 年北京高考试题第 22 题，内容如下：

例 2：（北京卷 2004，22）为了测定电流表 A_1 的内阻，采用如图所示的电路。其中 A_1 是待测电流表，量程为 $300\mu A$，内阻约为 100Ω；A_2 是标准电流表，量程是 $200\mu A$；R_1 是电阻箱，阻值范围 $0 \sim 999.9\Omega$；R_2 是滑动变阻器；R_3 是保护电阻；E 是电池组，电动势为 4V，内阻不计；S_1 是单刀单掷开关，S_2 是单刀双掷开关。

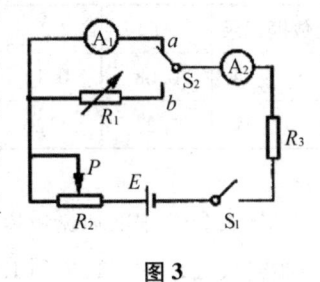

图 3

（3）上述实验中，无论怎样调整滑动变阻器 R_2 的滑动端位置，都要保证两块电流表的安全。在下面提供的四个电阻中，保护电阻 R_3 应选用：_____（填写阻值相应的字母）。

A. $200k\Omega$　　B. $20k\Omega$　　C. $15k\Omega$　　D. 20Ω

该题明确提出定值电阻 R_3 就是保护电阻，并且在第（3）问中要求选择 R_3 的大小，这是常见的一个问法，只要利用闭合电路的欧姆定律粗略计算，

便可得到正确答案,解答如下:假设达到电流表 A₂ 的最大电流,则电路的电阻必须满足 $R = \dfrac{4\text{V}}{200\mu\text{A}} = 20\text{k}\Omega$,由于电流表内阻较小,因此正确的选项为 B。

又如 2012 年福建高考物理试题第 15 题,其中定值电阻的作用也是起到保护电路的作用。

例3:(福建卷 2012,15)某研究性学习小组欲测定一块电池的电动势 E。(这里只讨论与主题相关的第②问)

②然后,用电压表Ⓥ、电阻箱 R、定值电阻 R_0、开关 S、若干导线和该电池组成电路,测定该电池电动势。

根据电路图,用笔画线代替导线,将实物图连接成完整电路如图所示。

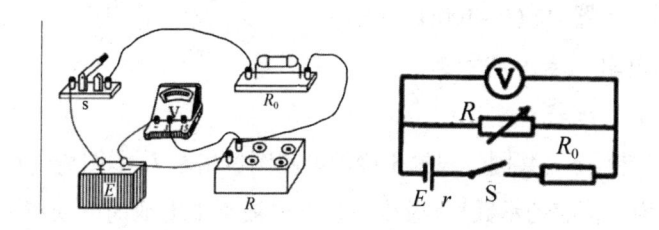

该题定值电阻的一个明显作用就是保护电路,但是该题和 2009 年安徽高考试题第 21 题不同的是定值电阻的安装位置,这里把定值电阻装在电源旁边,即电压表测量电路的外面,就如本节开头所讲,这样接的另一个作用就是可以让电压表获得较大范围电压。但要注意的是,如果利用作图法求出内阻后,结果应该减去定值电阻 R_0 才是电源的内阻,因此,也可以说这个定值电阻相当于扩大了电源的内阻。

二、定值电阻"隐藏"在电路中准备扩大电表的量程

定值电阻在电路中另一个常见的作用就是用来扩大电表的量程。定值电阻与电流表串联,可以把电流表改装成一个电压表使用;电流表与定值电阻并联,可以改装成一个大量程的电流表。但在有些题目中,往往不会告知定值电阻的作用,而是要根据题目的要求来确定定值电阻的作用,这类题目往往难度较大。

例如，下面这一个测电池电动势和内阻的问题，题目内容如下，这里只呈现与本节内容相关的第（3）问。

例4：（模拟试题）为了测一节干电池的电动势和内阻，现准备了下列器材：

①待测干电池（电动势约1.5V，内阻约1.0Ω）；

②电流表G（满偏电流3.0mA，内阻10Ω）；

③安培表A（量程0~0.6A，内阻约为0.5Ω）；

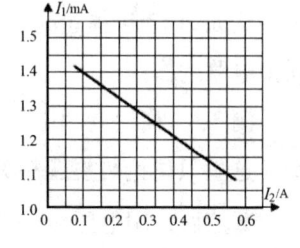

④滑动电阻器R_1（0~20Ω，10A）；

⑤滑动电阻器R_2（0~100Ω，1A）；

⑥定值电阻R_3=990Ω；

⑦开关和导线若干。

（3）如图所示，某同学根据正确的电路图做出了I_1-I_2图线（I_1为电流表的示数，I_2为安培表的示数），由该图线可得被测干电池的电动势$E=$_____V，内阻$r=$_____Ω。

该实验题的目的是测定电池的电动势和内阻，从题目给出的仪器发现，该题没有给出电压表，但不难发现该题多给了一个电流表G，但这个电流表的量程太小，显然不能单独使用。因此，可以断定应该要用这个电流表改装成一个电压表。那么如何改装呢？这肯定要用到定值电阻R_3，笔者在讲解为什么一定要和R_3串联时，除了用常规的串联分压的原理讲解，还让学生发现电流表G的内阻与R_3的电阻之和刚好1000Ω，这其实是暗示了这两个原件应该是串联使用的，在电表扩大量程的问题中，多数都呈现这个规律。

在使用定值电阻扩大量程的试题中，2012年四川高考物理试题应该是最突出的，内容如下，同样这里只摘取与讨论内容相关的第（3）问。

例5：（四川卷2012，18）某兴趣小组的同学探究小灯泡L的伏安特性曲线，可供选择的器材如下：

小灯泡L，规格"4.0V，0.7A"；

电流表A_1，量程3A，内阻约为0.1Ω；

电流表 A_2，量程 0.6A，内阻 $r_2=0.2\Omega$；
电压表 V，量程 3V，内阻 $r_V=9k\Omega$；
标准电阻 R_1，阻值 1Ω；标准电阻 R_2，阻值 $3k\Omega$；
滑动变阻器 R，阻值范围 $0\sim10\Omega$；
学生电源 E，电动势 6V，内阻不计；
开关 S 及导线若干。

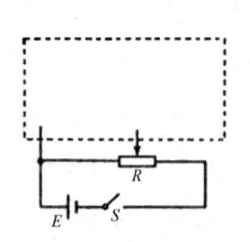

学习小组认为要想更准确地描绘出 L 完整的伏安特性曲线，需要重新设计电路。请你在乙同学的基础上利用所供器材，在图中所示的虚线框内补画出实验电路图，并在图上标明所选器材代号。

分析该题的仪器，小灯泡的额定电压是 4.0V，电压表的量程不够测量小灯泡的额定电压值，这怎么办呢？观察题目给出的定值电阻 R_2，该电阻阻值 $3k\Omega$，而电压表内阻 $9k\Omega$，这其实已经暗示了这两个元件应该是串联使用的。通过计算，电压表和 R_2 串联刚好可以扩大为量程为 4V 的电压表。再看小灯泡的额定电流为 0.7A，若使用电流表 A_1，量程太大，误差太大；再观察电流表 A_2 和定值电阻 R_1，电流表 A_2 的内阻是 R_1 的 1/5，如果它们并联的话，R_1 的最大电流是电流表量程的 1/5，即 0.12A，这样就顺利地把电流表的量程扩大到 0.72A。

从上述的分析中可以悟出这么一个规律：电路中如果电表的量程不够，又给出定值电阻的话，那么实验的意图应该是把电表利用定值电阻进行改装。至于如何改装，选择多大的电阻，题目中电阻的数值往往会给出暗示，假如用电流表串联电阻改装成电压表的，往往电流表和定值电阻的和是一个比较容易计算的整数值；假如把电流表并联电阻改装成大量程电流表的问题，电流表的内阻往往是定值电阻阻值的整数倍。

三、定值电阻利用它"串联分压"的本领"充当电流表"

由于定值电阻的阻值是已知的，利用它自身的这个便利条件，往往可以根据分压的原理，将其充当电压表使用。例如，2004 年广东高考物理试题的第 12 题，如图所示，K_2 接到 a 端，闭合 K_1，记下电压表的读数 U_2；然后 K_1 仍闭合，K_2 接到 b 端，记下电压表的读数 U_3。通过计算便可以得到电压表的

内阻为 $\frac{U_3}{U_2-U_3}R$。

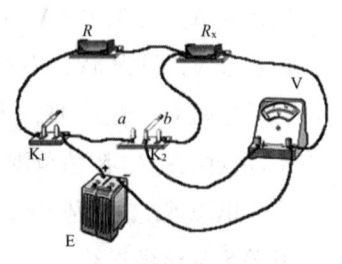

在这个问题中，没有电流表使得问题的难度增大。这时，定值电阻发挥了分压作用，利用电路的设计得到它的电压，进而顺利地算出了电流。同样地，在 2008 年全国高考物理试卷 I 实验题第 22 题中，定值电阻的这个功能也是比较明显的，题目内容如下：

例6：（2008 全国卷 I）一直流电压表 V，量程为 1V，内阻为 1000Ω。现将一阻值在 5000~7000Ω 之间的固定电阻 R_1 与此电压表串联，以扩大电压表的量程。为求得扩大后量程的准确值，再给定一直流电源（电动势 E 为 6~7V，内阻可忽略不计），一阻值 $R_2 = 2000Ω$ 的固定电阻，两个单刀开关 S_1、S_2 及若干导线。

（1）为达到上述目的，将答题卡上对应的图 a 连成一个完整的实验电路图。

（2）连线完成以后，当 S_1 与 S_2 均闭合时，电压表的示数为 0.90 V；当 S_1 闭合，S_2 断开时，电压表的示数为 0.70 V，由此可以计算出改装后电压表的量程为 V，电源电动势为 V。

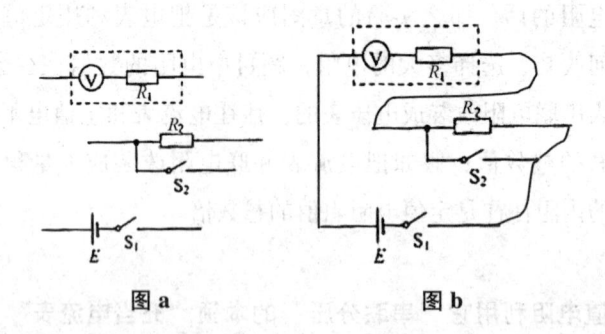

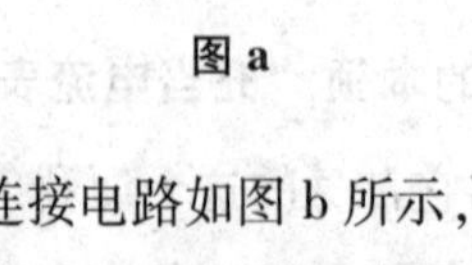

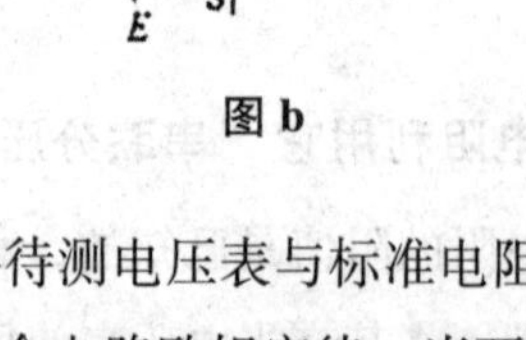

图 a   图 b

根据题意连接电路如图 b 所示，将待测电压表与标准电阻串联后与电源连接即可。设电源电动势为 E，则由闭合电路欧姆定律，当两开关都闭合时，R_2 被短路，则有 $E = 0.9 + \frac{0.9}{1000}R_1$；当 S_1 闭合，S_2 断开时，$E = 0.7 + \frac{0.7}{1000}(R_1 + $

R_2），由 $R_2=2000\Omega$，解得 $R_1=6000\Omega$，$E=6.3\mathrm{V}$；根据串联分压原理，可得电压表量程为 7V。

这类试题的一个启示就是电路没有电流表，通过电路设计可以获得定值电阻的电压，这样定值电阻便可发挥它阻值已知的优势，"充当了电流表"。

以上是笔者通过对一些高考试题的分析，归纳出的定值电阻在电路中的几种作用。当然，定值电阻在电路中应该还有其他一些功能，希望读者对本文不吝检阅、拓展。

第五节　探讨在细节分析与临界拓展中促使思维进阶的策略[①]

在具体的物理情境中开展教学活动，是落实物理学科核心素养的重要方法。近几年，很多教师在如何创设物理情境、如何通过物理情境落实素养目标方面展开了各种研究，也呈现出不少研究成果。

具体情境中发生的物理过程，其复杂程度主要受三方面因素影响：研究对象、相互作用情况和运动过程。在确定了研究对象后，给定初始运动情况（如速度）和相互作用情况便可以分析系统之后发生的物理过程。如果能够顺着发展的物理过程，恰当地设置有价值的问题（这样的问题应该指向学生的思维节点），通过引导学习者对细节的分析和对节点（或临界点）问题的突破，不断地将思维空间往前推进，并不断尝试寻找、设计新的节点问题，就这样，尝试实现思维进阶。这与游戏活动参与者通过不断努力突破层层障碍，到达每个游戏环节的关卡并试图突破关卡到达更高层次的活动场景是类似的，因此有些研究者也将这样的过程称为思维闯关。

那么，如何在具体情境中通过细节分析发现有价值的问题，进而设计节点问题呢？如何通过节点问题的分析、解决，触发思维到达临界点，并不断拓展深挖，促使思维突破临界点呢？

---

① 本节于 2023 年发表于《物理教师》第 6 期。

一、通过改变初始条件创设临界点，促使学习者对问题发散思考

要培养学习者思考问题的习惯，可以从"打开思路"开始，一个"打开思路"的方法就是促使学习者对同一个问题进行发散思考。长期经历对同一个问题进行多方位思考的过程，有利于让学习者找到解决问题的关键点。下面用一个实例探讨如何通过改变初始条件设计思维的临界点。

创设初始情境：如图 5-13，一种弹性极好的弹力球被平抛出去后，与水平面发生一次碰撞，之后斜向上越过一个固定挡板。如果要让小球不与水平面发生碰撞，直接越过挡板，应如何改变小球的速度？应增大还是减小小球的速度？

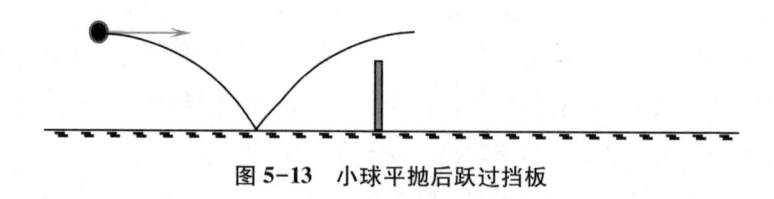

图 5-13　小球平抛后跃过挡板

问题的答案比较简单：应增大小球的速度。为了引导学生进一步思考，将问题进行以下改变。

如果要让小球与水平面发生一次碰撞后，越过挡板时轨道最高点刚好在挡板正上方，应如何改变速度？

可能的答案 1：应减小小球的速度。

可能的答案 2：如图 5-14，应减小小球的速度使得小球水平位移 s 的两倍刚好等于小球与挡板之间的水平距离 L。

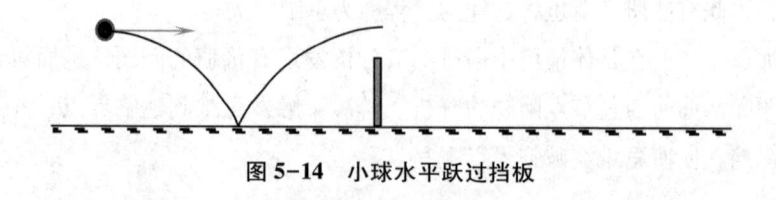

图 5-14　小球水平跃过挡板

如果能从学生中获得类似答案 2 的反馈，那么可以将问题继续进行以下拓展。

如图 5-15，若小球与挡板的水平距离 L，小球距离地面高度和挡板高均为 H，给予小球一定初速度 v_0，试讨论当 v_0 取不同值时，小球打在挡板上的速度的方向可能是怎样的？

师生共同计算已知量：设小球每次从最高点落地的时间为 t，每次平抛的水平位移为 s。

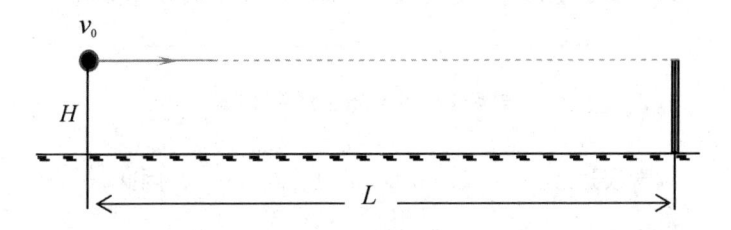

图 5-15 小球多次碰撞后击中挡板

由 $H = \frac{1}{2}gt^2$，得 $t = \sqrt{\frac{2H}{g}}$；则水平位移 $s = v_0\sqrt{\frac{2H}{g}}$。

（1）引导发现临界点 1：如果小球与水平面经过若干次碰撞后，最终刚好到达挡板最高点，那么它的轨迹如何？

经过一番思维演绎，学生不难画出如图 5-16 所示的轨迹图，可以发现此时 L 是 s 的偶数倍。

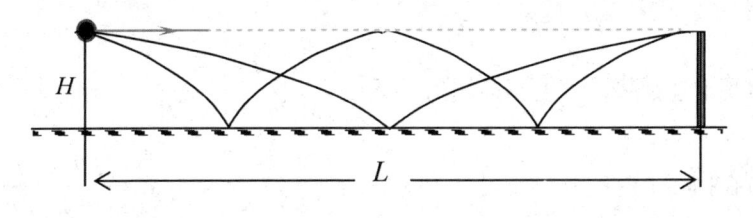

图 5-16 小球在最高点击中挡板

于是，可写出数学表达式：$L = 2ns$（$n = 1, 2, 3\cdots$），因此 $L = 2nv_0\sqrt{\frac{2H}{g}}$，

得到小球初速度应满足 $v_0 = \frac{L}{2n}\sqrt{\frac{g}{2H}}$，（$n = 1, 2, 3\cdots$）。

（2）进一步引导发现临界点 2：如果小球与水平面经过若干次碰撞后，

183

最终刚好到达挡板底端，那么它的轨迹如何？

经过思考，学生画出如图 5-17 所示的轨迹，并发现此时 L 是 s 的奇数倍。

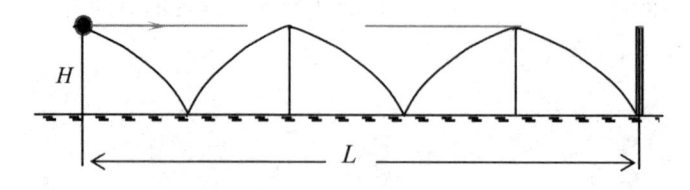

图 5-17 小球击中挡板底端

可写出数学表达式：$L=(2n-1)s\,(n=1,2,3\cdots)$，因此，得到小球初速度应满足 $v_0=\dfrac{L}{2n-1}\sqrt{\dfrac{g}{2H}}$，$(n=1,2,3\cdots)$。

（3）继续拓展提问：v_0 取不同的值时，小球落在挡板上的方向如何？（开放性问题，触发发散性思考）

图 5-18 小球斜向下击中挡板

有了上述铺垫，学生不难找到以下结论：$\dfrac{L}{2n-1}\sqrt{\dfrac{g}{2H}}<v_0<\dfrac{L}{2n}\sqrt{\dfrac{g}{2H}}$，小球打在挡板上时的方向如图 5-18 甲所示；$\dfrac{L}{2n}\sqrt{\dfrac{g}{2H}}<v_0<\dfrac{L}{2n+1}\sqrt{\dfrac{g}{2H}}$，小球打在挡板上方向如图 5-18 乙所示。

当然，面对层次高的学生，可以直接抛出问题，让学生自己寻找临界点，并获得最终结论；面对层次较低的学生，在引导学生找到临界点后，还需要通过轨道左右移动的方法引导学生获得最终的数学表达式；面向层次更高的学生，还可以引导求解小球打在挡板上时速度与挡板夹角的范围。

上述教学过程，在一个常见的情境中，通过改变初始条件获得变化的运动情况，从而引导学生发散思考，在层层思考中获取问题的临界点。当最终形成解决问题的结论，思维将形成聚焦，从而实现思维进阶。

二、通过改变相互作用条件创设临界点，触发思维层层深入拓展

通过改变研究对象的运动场景，往往能够改变其运动过程中受到的作用力，最直接的方法就是设计研究对象在电场或者磁场这样的"场景"中运动，通过改变"场"的大小或边界，让研究对象受到的作用力以及作用时间发生变化，从而引发运动过程中临界点的存在，为学习者探索问题情境提供足够的思维空间。

（一）创设原始情境

如图 5-19 所示的矩形匀强磁场区域 I、II 磁感应强度相同，区域 II 的宽度为 d，长足够大；I 区域长、宽都足够大；区域 I、II 之间距离也是 d，粒子在这个区域没有受任何作用力。一带正电的粒子在两匀强磁场区域之间以初速度 v_0 垂直磁场边界和磁场方向进入区域 II，该粒子恰好能够返回区域 I，则粒子第一次回到出发点的时间多大？

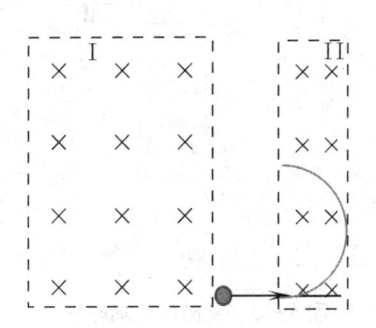

图 5-19　两磁场组合

这是一个简单的临界问题，学生只要把和区域 II 相切的半圆轨道画出来，便能发现粒子在左右磁场的运动都经过一个半圆，在区域之间的运动是匀速直线运动，因此总时间：

$$t = \frac{2\pi d}{v_0} + \frac{2d}{v_0}$$

笔者之所以把这个情境写在本节，是因为笔者察觉学生在完成这个往返

运动的情境计算时,有一种意犹未尽的感觉。因此,笔者认为通过对这样的情境的改变,应该有利于培养学生发现问题、寻找规律的兴趣。

(二) 增加作用力

如图 5-20,在两磁场区域之间增加方向与粒子初速度方向相同的匀强电场,并将区域 II 的宽度改为 $2d$,其他条件不变。提出问题:若粒子进入区域 II 后恰好不会离开区域 II,粒子返回区域 I 后从 A 点(未画出)离开区域 I,求 A 点与粒子出发点的距离。

(1) 引导学生画轨迹图:从"粒子恰好不会离开区域 II"这个条件,可以画出一个和区域 II 相切的半圆,即在区域 II 的轨道半径为 $2d$。

(2) 引导学生发现运动特征:粒子在被电场加速后进入区域 II,从区域 II 返回电场时将被电场减速,减速后以大小 v_0 进入区域 I,因此在区域 I 的半径仍然为 d。

(3) 师生共同得到答案:A 点与出发点的距离刚好为区域 I 半圆的直径,即距离为 $2d$。

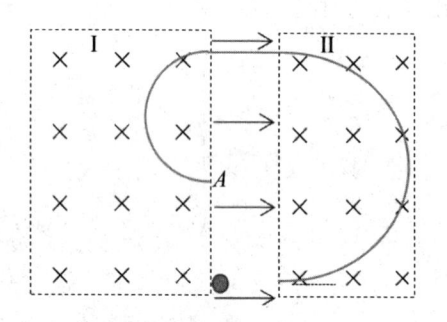

图 5-20 两磁场间加电场

(三) 改变作用力,改变作用力的范围

如图 5-21,改变电场强度 E,并将区域 II 的宽度改为 $1.25d$。已知粒子质量为 m、电荷量为 q(>0),其他条件不变。提出问题:若粒子在图示位置 P 进入区域 I 后,途径区域 II 时恰好不会离开区域 II,则粒子经过多长时间回到 P 点?

有了前面两个问题的思维铺垫,给予学生足够长的时间探索,学生应不难画出图 5-22 所示的轨迹图。然后引导学生思考：

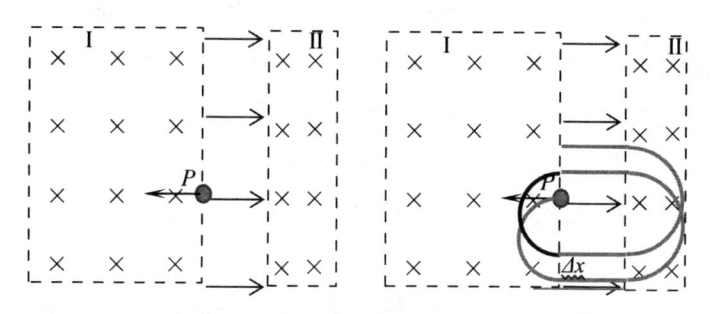

图 5-21　小球在组合场中开始运动　图 5-22　小球组合场中往返运动

（1）既然粒子恰好不会离开区域 II，那么粒子在区域 II 的半径应是 1.25d，每次返回区域 I 经过一个半圆后从区域 I 出射的点相对于上次出射的点移动的距离为 Δx，则 Δx 多大？

学生不难找到：$\Delta x = 2.5d - 2d = 0.5d$；

（2）那么，粒子要上移多少个 Δx，才能返回 P 点。

答案很明显：$n = \dfrac{2d}{\Delta x} = 4$（次）。

（3）引导学生发现运动次数：引导学生通过作图或者思维演绎，发现粒子在区域 I 的磁场经过 5 个半圆，在区域 II 的磁场经过 4 个半圆，共 9 次经过电场区域。

（4）师生共同求时间：在区域 I 中运动的时间为 $t_1 = \dfrac{\pi d}{v_0} \times 5$。

求在区域 II 中的速度 v，由 $qv_0 B = \dfrac{m v_0^2}{d}$，代入得 $qvB = \dfrac{mv^2}{1.25d}$，解得 $v = \dfrac{5qBd}{4m} = 1.25 v_0$；则在区域 II 中运动的时间 $t_2 = \dfrac{\pi(1.25d)}{1.25 v_0} \times 4 = \dfrac{\pi d}{v_0} \times 4$。

在电场中运动的时间：$t_3 = \dfrac{d}{(v_0 + v)/2} = \dfrac{d}{(v_0 + 1.25 v_0)/2}$，这里应用平均速度，学生比较熟悉的公式。

因此，总时间为 $t = t_1 + t_2 + t_3$。

面向层次更高的学生，可以进一步改变区域 II 的宽度，让粒子经过 n 次偏转后回到出发点，求电场满足的条件。

上述教学过程，在一个基础情境里，不断改变粒子运动的场景从而改变其受到的作用力（包括电场力和洛伦兹力）、作用力的作用时间以及路程，从而改变运动情境的复杂性。引导学生层层递进思考，并在其中发现运动过程的转折点、临界点，并通过这些临界点的相似性进行暗示，使得学生顺利实现分析、解决问题的策略迁移，最终实现思维进阶。

三、在复杂情境的细节分析中寻找临界点，寻求突破思维所能触及的区域

众所周知，如果一味让学习者处理简单的问题，学习者的思维是无法得到发展的。只有不断提出让学习挑战具有一定难度、超过学习者阶段性能力的问题，才能促进学习者思维发展。而在复杂问题中，通过深入的分析、探索，找到问题的临界点，并引导学习者尝试突破，这是促进学习者思维发展的有效途径之一。

第一，选取一个复杂情境：2021年山东高考物理试题第18题。

例题：如图所示，三个质量均为 m 的小物块 A、B、C，放置在水平地面上，A 紧靠竖直墙壁，一劲度系数为 k 的轻弹簧将 A、B 连接，C 紧靠 B，开始时弹簧处于原长，A、B、C 均静止。现给 C 施加一水平向左、大小为 F 的恒力，使 B、C 一起向左运动，当速度为 0 时，立即撤去恒力，一段时间后 A 离开墙壁，最终三物块都停止运动。已知 A、B、C 与地面间的滑动摩擦力大小均为 f，最大静摩擦力等于滑动摩擦力，弹簧始终在弹性限度内。（弹簧的弹性势能可表示为 $E_\mathrm{p} = \frac{1}{2} kx^2$，$k$ 为弹簧的劲度系数，x 为弹簧的形变量）

（3）若三物块都停止时 B、C 间的距离为 x_BC，从 B、C 分离到 B 停止运动的整个过程，B 克服弹簧弹力做的功为 W，通过推导比较 W 与 fx_BC 的大小。 [只选取相关的第（3）问]

该题的标准答案：从 B、C 分离到 B 停止运动，设 B 的路程为 x_B，C 的位移为 x_C，以 B 为研究对象，弹簧和摩擦力对其做的功使它的动能变为零：$-W - fx_\mathrm{B} = 0 - E_\mathrm{k}$。

以 C 为研究对象，摩擦力做功使它动能变为零：$-fx_C = 0 - E_k$。

由 B、C 的运动关系得 $x_B > x_C - x_{BC}$，联立可知 $W < fx_{BC}$。

第二，引导学生提出问题：为什么 $x_B > x_C - x_{BC}$？是 B 在停止运动之前曾经反向运动吗？标准答案和多数教师的想法基本一致：因为 B 做简谐振动，故它应该会返回，导致它的路程比位移大，因此 $x_B > x_C - x_{BC}$。虽然上述说法直觉上应该没有问题，但显然无法说服一些学生。

第三，将复杂的过程用简洁的思维图景进行清晰的表达，为解决问题夯实基础。

显然，必须借助简谐振动的知识解决问题：由题意知，A 必须离开墙壁，推力的最小值为 $F_{\min} = (3 + \frac{\sqrt{10}}{2})f$，不妨设 $F = 5f$。

（1）从开始到 B、C 向左移动到最大距离的过程中，推力做的功等于克服摩擦力和弹簧弹力做的功：$Fx_0 = 2fx_0 + \frac{1}{2}kx_0^2$。

（2）弹簧恢复原长时 B、C 分离，从弹簧最短到 B、C 分离，弹簧释放的弹性势能一部分用来克服摩擦力做功，另一部分等于 B、C 恢复原长时的动能：$\frac{1}{2}kx_0^2 = 2fx_0 + 2E_k$；得 B 此时的动能为 $E_k = \frac{f^2}{2k}$。

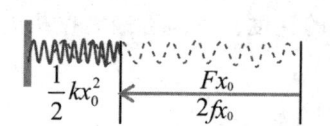

图 5-23　弹力、阻力做功示意图　　图 5-24　合力的功与动能变化示意图

（3）为了找到 B 曾经返回的证据，引导学生寻找 B 的运动方程，深入对运动细节的分析，寻找临界点：

步骤一，A 刚离开墙壁时，弹簧的伸长量为 $x_0 = \frac{f}{k}$，B、C 的速度为 $v_0 = \frac{f}{\sqrt{mk}}$。可以解得 $x_c = \frac{f}{2k}$，B 与 A 将在水平面上做简谐振动。

步骤二，A、B 质心 C_{AB} 的加速度大小为 $a_0 = \frac{2f}{2m} = \frac{f}{m}$，即质心 C_{AB} 将做初

速度为 $\frac{v_0}{2}$、加速度大小为 $\frac{f}{m}$ 的匀减速直线运动。在质心系中，讨论 B 的运动情况：以弹簧原长时 B 的位置为原点 O，建立直线坐标系如图 5-25。

$t=0$ 时，B 的初速度为 $\frac{v_0}{2}$，$x_B=\frac{x_0}{2}$；在质心系中，B 受力如图 5-26。其中惯性力大小为 $f_{惯}=ma_0=f$，而质心左右两边的两段弹簧的劲度系数均为 $2k$，因此 B 受到的合力大小为 $2kx$，由此可知 B 在质心系中做简谐振动。

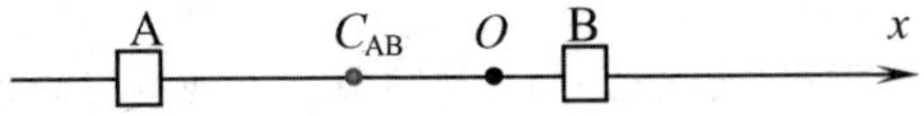

图 5-25 建立质心系

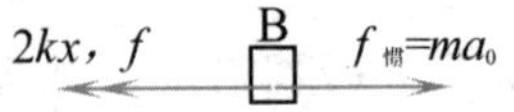

图 5-26 B 在质心系中受力图

步骤三，由牛顿第二定律：$-2kx=m\ddot{x}$ 可知，B 在质心系中做简谐振动的角频率为 $\omega=\sqrt{\frac{2k}{m}}$，其运动方程为 $x_B=A\cos(\omega t+\varphi)$，由 $t=0$，$x_B=\frac{x_0}{2}$，得 $\frac{f}{2k}=A\cos\varphi$。

由 $t=0$，$v_B=\frac{v_0}{2}$，得 $v_B=-A\omega\sin\varphi=\frac{f}{2\sqrt{mk}}$；解得 $A=\frac{\sqrt{6}f}{4k}$，$\cos\varphi=\frac{\sqrt{6}}{3}$。

由于 $t=0$ 时，B 具有沿着 x 轴正方向的速度，且向着最大振幅处振动，故初相位应为

$$\varphi=\frac{3\pi}{2}+\arccos\frac{\sqrt{6}}{3}$$

因此，可得 B 质心系中的运动方程：$x_B=\frac{\sqrt{6}f}{4k}\cos(\sqrt{\frac{2k}{m}}t+\arccos\frac{\sqrt{6}}{3}+\frac{3\pi}{2})$；其速度公式（以下所有式子中 $\arccos\frac{\sqrt{6}}{3}$ 在第一象限取值）：

$$v_B=-\frac{f}{2}\sqrt{\frac{3}{mk}}\sin(\sqrt{\frac{2k}{m}}t+\arccos\frac{\sqrt{6}}{3}+\frac{3\pi}{2})=\frac{f}{2}\sqrt{\frac{3}{mk}}\cos(\sqrt{\frac{2k}{m}}t+\arccos\frac{\sqrt{6}}{3})$$
；

质心速度方程：$v_{C0} = \dfrac{v_0}{2} - a_0 t = \dfrac{f}{2\sqrt{mk}} - \dfrac{f}{m}t$；因此，B 在地系中的速度：

$$v_{B0} = v_B + v_{C0} = \dfrac{f}{2\sqrt{mk}} - \dfrac{f}{m}t + \dfrac{f}{2}\sqrt{\dfrac{3}{mk}}\cos(\sqrt{\dfrac{2k}{m}}t + \arccos\dfrac{\sqrt{6}}{3})$$

要讨论 B 是否返回，即只需要讨论下式是否成立：

$$v_{B0} = \dfrac{f}{2\sqrt{mk}} - \dfrac{f}{m}t + \dfrac{f}{2}\sqrt{\dfrac{3}{mk}}\cos(\sqrt{\dfrac{2k}{m}}t + \arccos\dfrac{\sqrt{6}}{3}) < 0$$

步骤四，用逼近的方法试探求解"超越不等式"：已知谐振的周期为 $T = \dfrac{2\pi}{\omega} = 2\pi\sqrt{\dfrac{m}{2k}}$，（1）取 $t = \dfrac{T}{12} = \dfrac{\sqrt{2}\pi}{12}\sqrt{\dfrac{m}{k}}$ 进行尝试，即 $\omega t = \dfrac{\pi}{6}$。

$$v_{B0} = \dfrac{f}{2\sqrt{mk}} - \dfrac{f}{m}\dfrac{\sqrt{2}\pi}{12}\sqrt{\dfrac{m}{k}} + \dfrac{f}{2}\sqrt{\dfrac{3}{mk}}\cos(\dfrac{\pi}{6} + \arccos\dfrac{\sqrt{6}}{3}) = \dfrac{(3 + 3\sqrt{6} - \sqrt{2}\pi)f}{12\sqrt{mk}} > 0$$

（2）取 $t = \dfrac{T}{8} = \dfrac{\sqrt{2}\pi}{8}\sqrt{\dfrac{m}{k}}$ 进行尝试，即 $\omega t = \dfrac{\pi}{4}$。

$$v_{B0} = \dfrac{f}{2\sqrt{mk}} - \dfrac{f}{m}\dfrac{\sqrt{2}\pi}{8}\sqrt{\dfrac{m}{k}} + \dfrac{f}{2}\sqrt{\dfrac{3}{mk}}\cos(\dfrac{\pi}{4} + \arccos\dfrac{\sqrt{6}}{3}) = \dfrac{[8 - \sqrt{2}(2+\pi)]f}{8\sqrt{mk}} > 0$$

（3）取 $t = \dfrac{T}{6} = \dfrac{\sqrt{2}\pi}{6}\sqrt{\dfrac{m}{k}}$ 进行尝试，即 $\omega t = \dfrac{\pi}{3}$。

$$v_{B0} = \dfrac{f}{2\sqrt{mk}} - \dfrac{f}{m}\dfrac{\sqrt{2}\pi}{6}\sqrt{\dfrac{m}{k}} + \dfrac{f}{2}\sqrt{\dfrac{3}{mk}}\cos(\dfrac{\pi}{3} + \arccos\dfrac{\sqrt{6}}{3})$$

$$= \dfrac{[6 + 3\sqrt{2} - (2\sqrt{2}\pi + 3\sqrt{3})]f}{12\sqrt{mk}} < 0$$

上式表明，B 已经返回，即在停止之前 B 存在返回的情况，因此 $x_B > x_C - x_{BC}$ 是正确的。

（4）发现临界点：当同学们都觉得已经找到 B 返回运动的充足理由时，教师引导提出了这样的问题：由质心速度 $v_{C0} = \dfrac{v_0}{2} - a_0 t = \dfrac{f}{2\sqrt{mk}} - \dfrac{f}{m}t$，当 $t_1 =$

191

$\frac{1}{2}\sqrt{\frac{m}{k}}$ 时，质心速度已经变为 0，而上述 $t = \frac{T}{6} = \frac{\sqrt{2}\pi}{6}\sqrt{\frac{m}{k}} > t_1$，故应重新讨论上述问题。

问题的答案到了这里已经跃然纸上，当质心的速度为 0 时，将 t_1 代入 B 的速度公式，B 的速度大小为 $v_{B0} = 0.00546\frac{f}{\sqrt{mk}}$，仍然大于 0，即 B 相对质心具有向右的速度，而此过程 A、B 相对质心的运动是对称的，因此该过程弹簧处于一直伸长，直到 B 的速度等于 0，此时弹簧的弹力应大于最大静摩擦力 f，故 B 应该会返回运动。

上述分析过程，从求解 B 的速度出发，到一步一步寻找 B 的速度小于 0 的时间节点，求解问题的过程本身就是不断试错、不断尝试拓展思维界限的过程。如果能够在一个复杂情境分析中，准确把握每一个细节的分析，不断发现问题的临界点并不断拓展寻找其特点及物理过程的规律，让学习者在这样的过程中不断进行分析推理，不断尝试应用物理工具分析、解决问题，进而突破自身的思维节点，那么对促进思维进阶发展会有积极的意义。

第六节　高中物理的最值问题

历年来的物理高考题中都有考查学生利用数学方法和物理规律来解决物理过程中存在的最大值与最小值的问题。如何提高学生解决这类问题的能力，笔者认为在高三复习中进行物理学的最值问题专题复习是一种有效的途径。物理学的各个领域存在大量形形色色的最值问题，这些问题大致可分为两类：一是数学最值问题，需要应用有关的数学方法求解；二是物理最值问题，需要应用有关物理规律，根据问题中的物理条件来求解物理最值问题。

一、用数学方法求最值问题

（一）利用 $y = ax^2 + bx + c$ 的性质

1. $a > 0$ 时，当 $x = -\frac{b}{2a}$ 时，y 有最小值 $y_{\min} = \frac{4ac - b^2}{4a}$。

2. $a<0$ 时，当 $x = -\dfrac{b}{2a}$ 时，y 有最大值 $y_{max} = \dfrac{4ac-b^2}{4a}$。

例1：如图所示，光滑轨道竖直放置，半圆部分的半径为 R。在水平轨道上，停着质量为 $M = 0.99$kg 的木块，一颗质量为 $m = 0.01$kg 的子弹，以 $v_0 = 400$m/s 的水平速度射入木块中，然后一起运动到轨道的最高点水平抛出。试分析：当半圆的 R 多大时，平抛的水平位移最大，且最大值是多少？

解：由动量守恒定理得 $mv_0 = (m+M)v_1$，得 $v_1 = 14$m/s。

由碰撞到最高点的过程中机械能守恒得

$$\dfrac{1}{2}(m+M)v_1^2 = 2(m+M)gR + \dfrac{1}{2}(m+M)v_2^2$$

所以 $v_2 = \sqrt{16-40R}$。

平抛的水平位移为 $s = v_2 t = \sqrt{16-40R} \times \sqrt{\dfrac{4R}{g}} = 4\sqrt{0.4R - R^2}$。

设 $y = -R^2 + 0.4 + C$，所以当 $R = -\dfrac{b}{2a} = -\dfrac{0.4}{2 \times (-1)} = 0.2$ 时 y 有最大值。

所以当 $R = 0.2$m 时，水平位移的最大值为 $s = 4\sqrt{0.4R - R^2} = 4\sqrt{0.4 \times 0.2 - 0.2^2} = 0.8$m。

（二）利用分式性质

1. 分子一定时，分母最小时，分式具有最大值。
2. 分母一定时，分子最小时，分式具有最小值。

例2：如图所示，R_0 为定值电阻，可变电阻的总阻值为 R，电流表内阻不计，电池的电动势为 E，内阻为 r，试分析电流表的示数的变化范围。

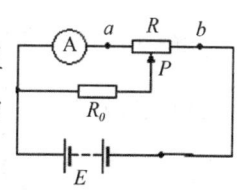

解：可以把变阻器看作两段，即并联部分 R_{pa} 和串联部分 $R_{pb} = R - R_{pa}$，如图所示根据并联电路的特性可知：

$$I_A = \dfrac{R_0}{R_0 + R_{pa}} \cdot I_总$$

根据全电路的欧姆定律得

$$I_{总} = \frac{E}{\frac{R_0 R_{pa}}{R_0 + R_{pa}} + (R - R_{pa} + r)}$$

$$I_A = \frac{R_0 E}{R_0 R - (R_{pa} - \frac{R+r}{2})^2 + \frac{(R+r)^2}{4} + R_0 r}$$

根据上式，当 $R_{pa} = 0$ 时，分母有最小值，故电流有最大值 $I_{A\max} = \frac{E}{R+r}$。

当 $R_{pa} = \frac{R+r}{2}$ 时，分母有最大值，故电流有最小值 $I_{A\min} = \frac{E}{R + r + \frac{(R+r)^2}{4R_0}}$。

所以电流表的读数范围为 $\frac{E}{R+r} \leq I_A \leq \frac{E}{R + r + \frac{(R+r)^2}{4R_0}}$。

（三）利用三角函数

1. 如果 $0° \leq \theta \leq 90°$，当 $\theta = 0°$ 时，$\sin\theta = 0$ 有极小值，$\cos\theta = 1$ 有最大值；当 $\theta = 90°$ 时，$\sin\theta = 1$ 有最大值，$\cos\theta = 0$ 有最小值。

2. 在方程 $y = a\sin\theta + b\cos\varphi$ 中，当 $\theta + \varphi = 90°$ 时，y 有最大值 $y_{\max} = \sqrt{a^2 + b^2}$；当 $\theta + \varphi = 0$ 时，y 有最小值 $y_{\min} = 0$。

例3：在设计屋顶时，为了使雨水尽快流下，屋顶与水平面的夹角应该是多少度？分别考虑屋顶无摩擦和有摩擦两种情况。可把雨滴在屋顶的运动看作初速度为 0 的匀加速直线运动。

解：（1）无摩擦时，雨滴的加速度为 $a = g\sin\theta$，

由位移公式 $s = \frac{1}{2}at^2$ 得雨滴下滑的时间为

$$t = \sqrt{\frac{2s}{a}} = \sqrt{\frac{2\frac{L}{2\cos\theta}}{g\sin\theta}} = \sqrt{\frac{2L}{g \times \sin 2\theta}}$$

当 $\sin 2\theta = 1$ 时，t 有最小值，所以 $\theta = 45°$ 时，最短时间 $t_{\min} = \sqrt{\frac{2L}{g}}$。

（2）有摩擦时，雨滴的加速度为 $a = (\sin\theta - \mu\cos\theta)g$，雨滴下滑的时

间为

$$t = \sqrt{\frac{L}{g(\sin\theta - \mu\cos\theta)\cos\theta}}$$

设 $\mu = \tan\varphi$ 上式可变为

$$t = \sqrt{\frac{2L}{[\sqrt{1+\mu^2}\sin(2\theta - \varphi) - \mu]g}}$$

所以当 $2\theta - \varphi = 90°$，即 $\theta = 45° + \frac{1}{2}\varphi = 45° + \frac{1}{2}\tan^{-1}\mu$ 时，t 有最小值

$$t_{\min} = \sqrt{\frac{2L}{(\sqrt{1+\mu^2} - \mu)g}}$$

其实无摩擦只是有摩擦的一种特例，当无摩擦时 $\mu = 0$，由上两式得 $\theta = 45°$ 时，最短时间为 $t_{\min} = \sqrt{\frac{2L}{g}}$。

（四）利用定和求积与定积求和原理

1. 如果 $x_1 + x_2 = k$，当 $x_1 = x_2 = \frac{k}{2}$ 时，x_1 和 x_2 的积有最大值 $(x_1 \cdot x_2)_{\max} = (\frac{k}{2})^2$。

2. 如果 $x_1 x_2 = p$，当 $x_1 = x_2 = \sqrt{p}$ 时，x_1 和 x_2 的和有最小值 $(x_1 + x_2)_{\min} = 2\sqrt{p}$。

例4：在电源电动势 E、内阻 r 一定的情况下，负载电阻 R 取何值时，电源输出功率最大？

解：负载上获得的功率为 $P = UR = \frac{ER}{R+r} \cdot \frac{E}{R+r} = \frac{E^2}{r} \cdot \frac{R}{R+r} \cdot \frac{r}{R+r}$。

在上式中，由于 $\frac{R}{R+r} + \frac{r}{R+r} = 1$，由定和求积得：当两项相等时，两者乘积最大，由此得 $R = r$ 时有最大输出功率 $P_{\max} = \frac{E^2}{4r}$。

二、用物理方法求最值问题

（一）利用自由弦运动的等时性

在弦光滑的前提下，从竖直圆环上沿不同的弦运动到圆环最低点的时间相同。从竖直圆环最高点沿不同的弦运动到圆周上的时间也都相同，都等于从竖直圆环最高点到圆环最低点做自由落体运动的时间 $t = \sqrt{\dfrac{2d}{g}}$，式中 d 为圆环的直径，此运动规律称为自由弦运动的等时性。

例5：如图 a 所示，一个质点自倾角为 a 的斜面上方定点 A，沿光滑斜槽从静止开始下滑，为了使质点在最短时间内到达斜面，求斜槽与竖直方向的夹角 β 应等于多少？

解：以 A 点为最高点，以 AO 线为直径的位置作一个与斜面相切的圆，如图 b 所示（作图相关的辅助线已略去）。由自由弦运动的等时性可知质点沿 AB、AB_1、AB_2 三条光滑斜槽从 A 点滑到圆周上的时间是相等的，同时也说明只有沿 AB 滑槽才能使质点在最短时间内到达斜面。由几何知识可知斜槽与竖直方向的夹角 $\beta = \dfrac{1}{2}a$。

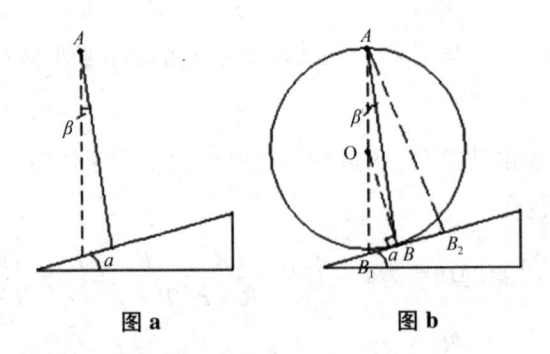

图 a　　　　　图 b

（二）利用图像方法

1. 运动图像：利用 s-t、v-t、a-t 图像的特点来计算涉及运动的最值问题。

2. 矢量三角形图像：利用力的合成特点画出对应的矢量三角形，通过三角形的特点来计算相关的最值问题。

例6：一个物体由静止开始从 M 点出发，沿直线运动到 N 停下。在这段时间内，物体可以做匀速运动，也可以做加速度为 a 的匀变速运动。为了使运动时间最短，试分析物体应如何运动？

解：如图所示，图中 $\triangle OAt_1$ 的面积表示 M 到 N 的位移，OA 表示以加速度 a 做匀加速直线运动，At_1 以加速度 a 做减速运动，梯形 $OBCt_2$ 表示中间有一段做匀速直线运动，由于位移一样，即梯形 $OBCt_2$ 的面积等于 $\triangle OAt_1$ 的面积，所以时间 $t_2 > t_1$。由此可判断出物体以加速度 a 做匀加速直线运动通过一半路程后，再以加速度 a 做减速运动通过另一半路程的运动所用的时间最短。

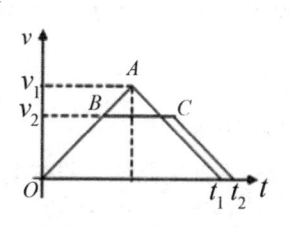

例7：物体与水平地面间的动摩擦因数为 μ，用和水平面夹角为 θ 的力 F 拉物体，使物体在水平面上做匀速直线运动。问 θ 角多大时拉力 F 有最小值？

解：由受力分析可知，物体受到的摩擦力 f 和支持力 N 的施力物体都是水平地面，所以可等效为水平地面对物体只有一个力 P 的作用，这个力 P 就是摩擦力 f 和支持力 N 的合力（如右图所示），$\mu = \dfrac{f}{N} = \tan\alpha$，因为 μ 一定，即角 α 一定，合力 P 的方向也一定；然后根据在三个共点力的作用下物体平衡，则三个共点力组成闭合矢量三角形；重力 G 大小和方向都一定，合力 P 的方向也一定，要想 F 最小，即要求 F 与 P 垂直，有 $\theta = \alpha$；所以有 $\theta = \arctan\mu$ 时，力 F 有最小值。

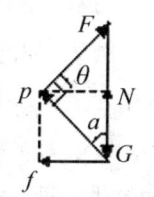

（三）利用最大输出功率

利用负载电阻 R 等于电源内阻 r 时，电动势为 E 的电源有最大输出功率 $P_{max} = \dfrac{E^2}{4r}$ 的电学规律来解决涉及电源输出功率的最值问题。

例8：如图所示，平行金属导轨相距 $l = 0.2m$，$E = 6V$，内阻不计，$R = 10\Omega$，均匀磁场方向垂直纸面。金属棒在安培力作用下由静止开始向左滑行，摩擦力 $f = 0.1N$。为使金属棒有最大速度 v_m，磁感应强度 B 应为多大？

最大速度 v_m 是多少？

解：将 E 与 R 看作内电路，当外电阻等于内阻时，电源输出功率最大有 $P_{max} = \dfrac{E^2}{4R}$。当金属棒速度达最大值时，输出功率 P_m 全部用来克服摩擦力做功 $\dfrac{E^2}{4R} = fv_m$，所以有 $v_m = \dfrac{E^2}{4Rf} = \dfrac{6^2}{4 \times 10 \times 0.1} = 9 \text{m/s}$。

在此电路中，路端电压即为感应电动势，当内阻等于外电阻时，此路端电压等于电源电动势的一半，所以有 $Blv_m = \dfrac{E}{2}$，即 $B = \dfrac{E}{2v_m l} = \dfrac{6}{2 \times 9 \times 0.2} = 1.66\text{T}$。

（四）利用 $a = 0$ 时，v 有最大值

物体在做加速度逐渐减小的变加速直线运动时，当加速度减小到 $a = 0$ 时，速度 v 有最大值。在电磁感应与力学综合的题目中，常利用这种方法来计算切割磁感线的金属棒的最大速度。

例 9：如图所示，均匀电场与磁场均水平方向且垂直相互正交。一长直绝缘棒竖直立于场中，棒上套一小环，质量为 $m = 0.1\text{g}$，带正电 $q = 4 \times 10^{-4}\text{C}$，环可沿棒自由移动，两者之间摩擦因数为 $\mu = 0.1$，且 $E = 10\text{N/C}$，$B = 0.5\text{T}$。求（1）当小环加速度为最大时，其速度是多少？（2）小环最大速度是多少？

解：（1）小环在沿棒方向受重力 mg 和摩擦力 $\mu|qE - qvB|$，所以当电场力与洛仑兹力抵消时，即 $qE - qvB = 0$ 时，摩擦力等于 0，小环加速度最大为 $a_{max} = g$。

（2）随着速度增大，洛仑兹力增大，摩擦力 $\mu(qvB - qE)$ 也增大，加速度逐渐减少。当加速度为 0 时，即 $\mu(qv_{max}B - qE) = mg$。这时小环速度达到最大值

$$v_{max} = \dfrac{mg}{\mu qB} + \dfrac{E}{B} = \dfrac{0.1 \times 10 - 3 \times 9.8}{0.1 \times 4 \times 10 - 4 \times 0.5} + \dfrac{10}{0.5} = 69 \text{m/s}$$

第七节 "垂直最小"的极值解题方法[①]

极值问题是高中物理试题经常考查的知识点，也是重要的区分点。无论是静力平衡问题，还是动力学问题，都可以通过极值的求解来提高问题的区分度。近年来的高考试题，越来越注重考查分析、综合能力，注重考查应用数学知识处理物理问题的能力。极值问题是考查此类能力的一个较好的切入点。求物理的极值问题，经常用到的数学方法：点到直线距离最短、均值不等式、一元二次函数配方、一元二次方程的判别式、三角函数的最值以及求导的方法。笔者将通过对一些特殊的极值问题的分析和探讨，归纳出"垂直最小"的极值求解方法。

在常见的求极值的问题中，作向量图的求解方法是最能体现物理思维能力的一种方法。例如，解决这样一个问题：已知合力的大小和方向以及一个分力的方向，求另一个分力的最小值。利用作图的方法：过合力端点 A 作一向量垂直于已知方向的分力，垂足为 B，那么 A 指向 B 的向量就是要求的最小值。

例1：如图 a 所示，OAB 杆利用铰链连接在墙上的 O 点，并可以上下转动，如何在 B 点加一个最小的力，使得 OAB 杆可以静止在图中所示的方向。

应用力矩平衡的知识，如图 b 所示，只要连接 OB，在 B 点作一力 F 垂直 OB，力 F 便是要求的最小的力。这是一个简单易懂的方法，受之启发，多数极值问题都可以最终转变为"垂直最小"而得到解决。

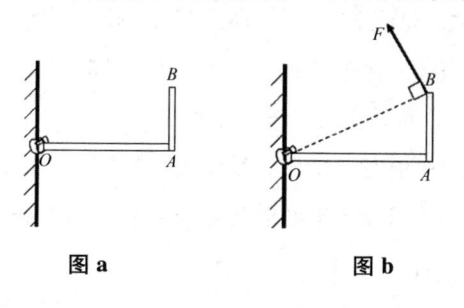

图 a　　图 b

[①] 本节于2016年发表于《中学物理教学参考》（上旬）第12期。

一、应用"垂直最小"解决运动的合成与分解的极值问题

例2：如图所示，一个人站在距离平直公路 $h=50\text{m}$ 远的 B 处，公路上有一辆汽车以 $v_1=10\text{m/s}$ 的速度行驶。当汽车与人相距 $L=200\text{m}$ 的 A 处时，为了使人跑到公路上时能与车相遇，人的速度至少为多大？此时人应该沿哪个方向运动？

（1）采用数学知识处理问题：如图 b 所示，用 a 表示看到汽车的视线与人跑动的方向之间的夹角，θ 表示视线与公路间的夹角。

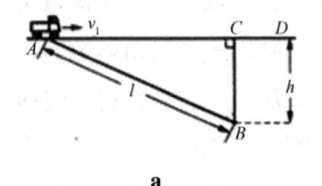

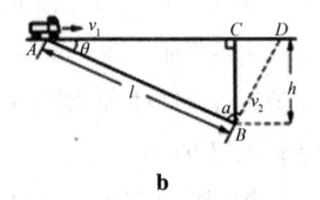

a

b

设人从 B 处跑到公路上的 D 处与汽车相遇，所用的时间为 t。

对 $\triangle ABD$ 有：$AD=v_1 t$，$BD=v_2 t$，$AB=L$，$\angle ABD=a$，$\sin\theta=\dfrac{h}{L}$。

根据正弦定理：$\dfrac{AD}{\sin\alpha}=\dfrac{BD}{\sin\theta}$，可得 $v_2=\dfrac{\sin\theta}{\sin\alpha}v_1=\dfrac{hv_1}{L\sin\alpha}$。可知要使人的速度最小，$\sin\alpha$ 应该最大，$a=90°$。可得最小速度：$v_2=2.5\text{m/s}$。

（2）采用"垂直最小"的处理方法：要使人能与汽车相遇，以车为参照物，人相对汽车的速度必须沿 BA 方向。如图所示，是人相对车运动的矢量图，人相对地的速度可以是虚线所示的不同方向，由此可知，当人对地的速度与 BA 方向垂直时，该速度最小。

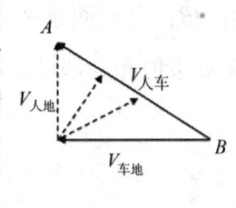

在求物理问题最小值时，采用矢量作图，"垂直"往往可以找到"最小"值。受这个解题思想的启发，下面的问题我们将尝试在作图的过程中，找到"垂直"，并求出"最小"结果。

例3：如图 a 所示，一小船欲从 A 处渡河，已知河宽为 400m，其下游 300m 处是暗礁浅滩的危险水域，水流速度恒为 5m/s，欲使小船能安全到达

对岸，求：船相对静水的最小速度应是多少？此时船头的指向与河岸的夹角又是多大？

应用"垂直最小"解决问题：小船要想在到达危险区域之前恰好到达对岸，则其合位移必为 OA，如图 b 所示。设水速为 v_1，小船速度为 v_2，由平行四边形和几何知识知 $v_2 \perp v$ 时 v_2 有最小值，方向如图 b，由图 b 知 $v_2 = v_1\cos\theta$，$\cos\theta = 0.8$，即 $\theta = 37°$，得最小值：$v_1 = 4\text{m/s}$。

图 a

图 b

例 4：由于船速比水速小，不论船的航向如何，总是被水冲向下游，即无论向哪个方向划船都不能使船头垂直于河岸，只能尽量使船头不那么斜。那么怎样才能使该船渡河的距离最短呢？

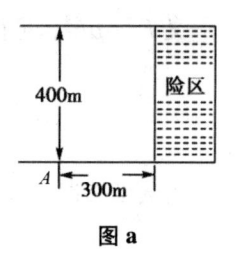

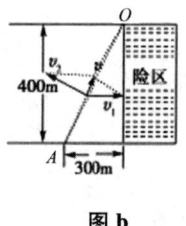

应用"垂直最小"的方法解决问题：设船头 $v_{船}$ 与河岸成 θ 角。合速度 v 与河岸成 α 角。可以看出 α 角越大，船的航程越短，那么，在什么条件下 α 角最大呢？以 $v_{水}$ 的矢量端点为圆心，$v_{船}$ 为半径画圆，当 v 与圆相切时，α 角最大，此时船速垂直合速度，根据 $\cos\theta = \dfrac{v_{船}}{v_{水}}$；此时渡河的最短位移 $s = \dfrac{d}{\cos\theta} = \dfrac{dv_{水}}{v_{船}}$。

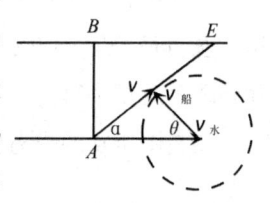

由上述问题可知，在求解运动的合成与分解的极值问题时，采用矢量作图的方法，找到"垂直"的矢量，便可轻松获得"最小"值的求解思路。

二、应用"垂直最小"解决共点力平衡的极值问题

例 5：如图 a 所示，一个物体放置在水平地面上，物体与地面之间的动摩擦因数为 μ，物体重为 G，欲使物体沿水平地面做匀速直线运动，所用的最小拉力 F 为多大？

（1）采用数理结合的方法求解：物体受力分析如图 b 所示，由平衡条件得：

水平方向，$F_f = F\cos\theta$；竖直方向，$N + F\sin\theta = G$。

又 $F_f = \mu N$，可得

$$F = \frac{\mu G}{\cos\theta + \mu\sin\theta} = \frac{\mu G}{\sqrt{1+\mu^2}\sin(\theta+\varphi)}$$

由数学知识可得当 $\tan\theta = \mu$ 时，F 的最小值为 $F = \dfrac{\mu G}{\sqrt{1+\mu^2}}$。

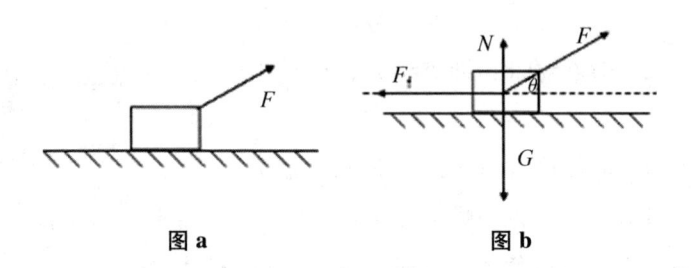

图 a   图 b

（2）应用"垂直最小"的方法解决问题：经历了前面几个问题，在解决这类问题时，自然会想到能不能应用"垂直最小"的方法来求解呢？那么，如何通过作图找到两个互相垂直的矢量呢？

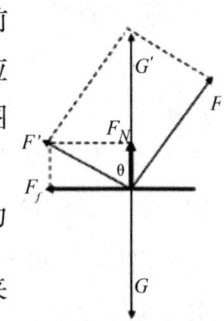

如右图所示的受力分析图中，作支持力 F_N 和摩擦力 F_f 的合力 F'，由于 $\tan\theta = \dfrac{F_f}{F_N} = \dfrac{\mu F_N}{F_N} = \mu$，可知 F' 与 F_N 的夹角 θ 是一个定值（也称摩擦角）。于是问题就转化为已知合力 G' 和分力 F' 的方向，求另一个分力 F 的最小值。不难发现，当 F 垂直 F' 时，F 的值最小。由几何关系可得 $F = G\sin\theta$，从而得 $F = \dfrac{\mu G}{\sqrt{1+\mu^2}}$。

比较上述两种解法，解法（1）主要通过数学运算，用三角函数找到力 F 的最小值；解法（2）侧重物理的分析方法，从力的合成与分解的本质过程出发，找到"垂直最小"的结果。众所周知，在动态平衡的问题中，判断力的大小的变化时，也经常采用"垂直最小"来找到力变化的转折点。

经过上述问题的分析、探索，笔者觉得意犹未尽，是否所有求矢量最小值的物理问题，都可以采用"垂直最小"的方法来解决呢？带着这个问题，笔者查阅了不少资料，验证了所能发现的矢量求最小值的物理问题，基本可以应用这个方法。当然，也不能否定存在用这个方法解决不了的问题，只是笔者能力有限，暂时没有发现。

三、应用"垂直最小"解决问题的其他实例

在电场中，极值的求解也是常考的能力之一。下面对几个常见的极值问题，应用"垂直最小"的方法进行分析、解决。

例6：如图所示，一带正电的小球用一轻绳悬挂在天花板上，轻绳与竖直方向的夹角为 θ，若在平面内加一个匀强电场，则所加匀强电场的电场强度最小时，场强的方向如何？

解：不难发现，当电场力与轻绳方向垂直时，场强最小。

例7：如图所示，有一水平向右的匀强电场，一带正电的小球在电场中以速度 v_0 竖直向上抛出，小球始终在电场中运动。已知小球质量为 m，重力加速度为 g，其所受电场力为重力的 $\dfrac{3}{4}$。求小球在运动过程中的最小速度的大小和方向。

应用"垂直最小"解决问题：如图 b 所示，作出重力和电场力的合力 F，由于开始时小球做减速运动，可知当小球速度与合力 F 互相垂直时，小球不再减速，速度最小。

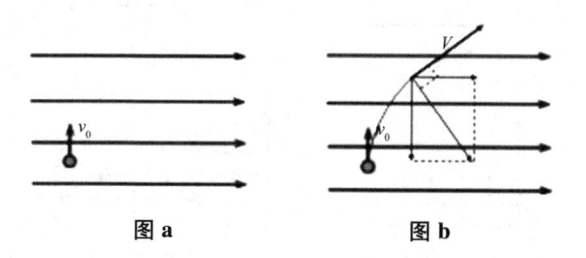

图 a　　图 b

带电小球在匀强电场和重力场的复合场中做圆周运动，求最小动能问题，也可采用类似的方法，找到"垂直最小"的点。在求解类似物理问题的最小值时，是否存在"垂直最小"的方法解决不了的问题呢？如果存在，希望读者可以进行补充和拓展。

第八节　探析一类"非常规"高考试题的常规解法

全国高考物理试题基本按照高中学生的能力命制，考查学生的关键能力和必备知识。本节要讨论的"非常规"试题，指的是试题呈现的物理知识看似超出学生知识范围，却往往可以用基本的原理和规律等"常规"方法解决的一类问题。

2020年全国高考物理I卷第17题属于这类"非常规"问题，R-C电路本身已超出多数高中学生的知识范围，但该题却以"非常规"的方式处理R-C电路，迫使学生应用最基本的物理知识和规律解决问题，即运用常规方法解决问题。原题如下：

例1：图a所示的电路中，K与L间接一智能电源，用以控制电容器C两端的电压U_C。如果U_C随时间t的变化如图b所示，则下列描述电阻R两端电压U_R随时间t变化的图像中，正确的是（　　）。

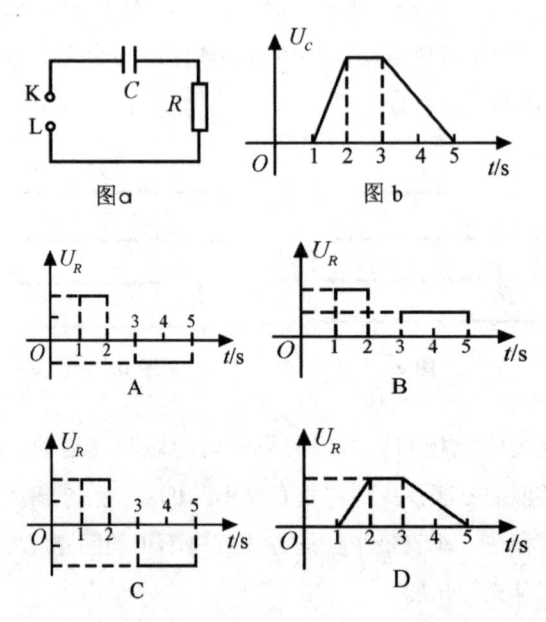

该题正确答案为A，抛开题目的分析过程，该题给人最直接的印象就是考

了 R-C 回路，但如果从 R-C 回路的角度去分析，那与命题者的意图将大相径庭。由于该题呈现了物理过程的电容的充电和放电，我们先对 R-C 回路进行剖析。

（1）开关 S 刚合上时，由于 $U_C(0_-)=0$，所以 $U_C(0_+)=0$，$U_R(0_+)=E$，该瞬时电路中的电流为 $i(0_+)=\dfrac{E}{R}$。电路中电流开始对电容器充电，U_C 逐渐上升，充电电流 i 逐渐减小，U_R 也逐渐减小。当 U_C 趋近于 E，充电电流 i 趋近于 0，充电过程基本结束。理论和实践证明，R-C 电路的充电电流按指数规律变化，回路中电流 i、电阻两端的电压 U_R 及电容器的电压 U_C 变化规律为 $i=\dfrac{E}{R}e^{-\frac{t}{RC}}$；$U_R=iR=Ee^{-\frac{t}{RC}}$；$U_C=E-U_R=E(1-e^{-\frac{t}{RC}})$。所以，常规的 R-C 回路电容器的电压和电路电流随时间变化如图 5-28 所示。（注：表达式均可以采用微积分推导，这里不做赘述）

（2）如图 5-29，开关 S 从 1 向 2 闭合时，电容器放电，电路中电流 i、电阻两端的电压 U_R 及电容器的电压 U_C 变化规律为 $i=-\dfrac{E}{R}e^{-\frac{t}{RC}}$；$U_R=iR=-Ee^{-\frac{t}{RC}}$；$U_C=Ee^{-\frac{t}{RC}}$。

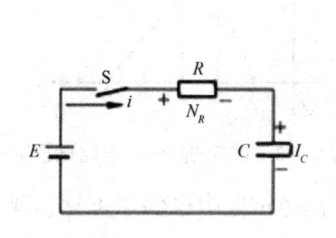

图 5-27　R-C 电路 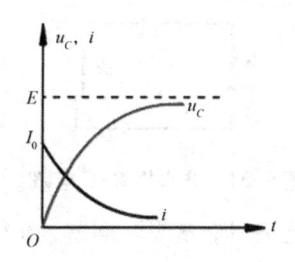　　图 5-28　电压、电流变化图像

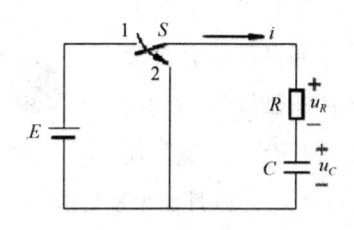

图 5-29　电容通过电阻放电电路 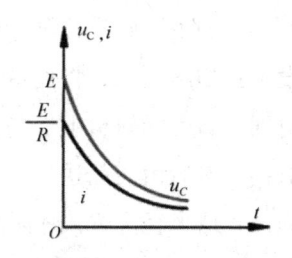　　图 5-30　电容器放电时电压和电流变化曲线

从上述分析不难发现，常规 R-C 回路充电和放电时电流和电压变化图像与全国 I 卷第 17 题的题设条件相差甚远，造成这种差异的原因是题设条件中的"智能电池"。对，就是这种智能电池控制了电路中的电压，其变化规律如图 5-32 所示。因此，不能用 R-C 回路的规律解决该题，必须回到电路电压、电荷量和电流的基本关系上进行分析。

运用常规的方法分析与解答：

电容器的电荷量 $q = CU$，根据电流的定义得回路电流为 $i = \dfrac{dq}{dt} = C\dfrac{dU_C}{dt}$，即电流 i 与电容器电压 U_C 随时间变化率成正比，电阻 R 的电压 $U_R = iR = CR\dfrac{dU_C}{dt}$，即 U_R 也与 U_C 随时间变化率成正比。

如图 5-32 所示，0~1s 内，U_C 变化率为 0，则 $U_R = 0$；1~2s，U_C 变化率为正值且不变，故 U_R 为正值且恒定不变；2~3s 内，U_C 变化率为 0，故 U_R 为 0；3~5s 内，U_C 变化率为负，且该斜率为 1~2s 内的斜率的一半，故 U_R 为负且大小等于 1~2s 内电压的一半，故正确答案为 A。

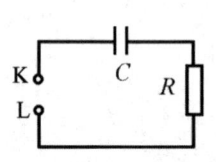

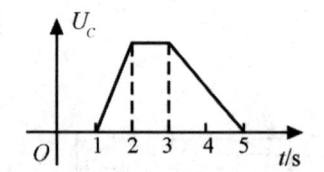

图 5-31　非常规 R-C 电路　　图 5-32　非常规 R-C 电路电压变化图像

类似这种"非常规"问题，在往年高考试题中也偶尔可见，现分析、归纳如下。

例 2：2013 年我国相继完成"神十"与"天宫"对接、"嫦娥"携"玉兔"落月两大航天工程。某航天爱好者提出"玉兔"回家的设想：如图所示，将携带"玉兔"的返回系统由月球表面发射到 h 高度的轨道上，与在该轨道绕月球做圆周运动的飞船对接，然后由飞船送"玉兔"返回地球。设"玉兔"质量为 m，月球半径为 R，月面的重力加速度为 $g_月$。以月面为零势能面，"玉兔"在 h 高度的引力势能可表示为 $E_p = \dfrac{GMmh}{R(R+h)}$，其中 G 为引力常量，M 为月球质量。若忽略月球的自转，从开始发射到对接完成需要对"玉兔"做的功为（　　）。

A. $\dfrac{mg_{月}R}{R+h}(h+2R)$ B. $\dfrac{mg_{月}R}{R+h}(h+\sqrt{2}R)$

C. $\dfrac{mg_{月}R}{R+h}(h+\dfrac{\sqrt{2}}{2}R)$ D. $\dfrac{mg_{月}R}{R+h}(h+\dfrac{1}{2}R)$

"非常规"考点分析：该题给出了引力势能公式 $E_p = \dfrac{GMmh}{R(R+h)}$，让学生对这个未学过的公式进行现场学习，并立即应用在解决问题当中，增加了问题的难度。类似的公式还有点电荷的电势公式 $\varphi = \dfrac{kq}{r}$；无限长直导线周围的磁感应强度公式 $B = \dfrac{kI}{r}$；等等。

常规解答：本题以月面为零势面，开始发射时，"玉兔"的机械能为 0，对接完成时，"玉兔"的动能和重力势能都不为 0，该过程对"玉兔"做的功等于"玉兔"机械能的增加。忽略月球的自转，在月球表面上，"玉兔"所受重力等于地球对"玉兔"的引力，即 $G\dfrac{Mm}{R^2} = mg_{月}$。对于在 h 高处的"玉兔"，月球对其的万有引力提供向心力，即 $G\dfrac{Mm}{R^2} = m\dfrac{v^2}{R+h}$，"玉兔"的动能 $E_k = \dfrac{1}{2}mv^2$，由以上可得，$E_k = \dfrac{g_{月}R^2m}{2(R+h)}$。对"玉兔"做的功 $W = E_k + E_p = \dfrac{mg_{月}R}{R+h}(h+\sqrt{2}R)$。

例 3：在水下气泡内空气的压强大于气泡表面外侧水的压强，两压强差 Δp 与气泡半径 r 之间的关系为 $\Delta p = \dfrac{2\sigma}{r}$，其中 $\sigma = 0.070$ N/m。现让水下 10m 处一半径为 0.50 cm 的气泡缓慢上升。已知大气压强 $p_0 = 1.0 \times 10^5$ Pa，水的密度 $\rho = 1.0 \times 10^3$ kg/m³，重力加速度大小 $g = 10$ m/s²。

207

（1）求在水下 10 m 处气泡内外的压强差；

（2）忽略水温随水深的变化，在气泡上升到十分接近水面时，求气泡的半径与其原来半径之比的近似值。

"非常规"考点分析：该题涉及液体表面张力产生的压强，属于"非常规"内容。题干明确了在水下气泡内空气的压强大于气泡表面外侧水的压强，两压强差 Δp 与气泡半径 r 之间的关系为 $\Delta p = \dfrac{2\sigma}{r}$，其中 $\sigma = 0.070$ N/m。这个提示虽然很清晰，但属于新的知识，学生心理上已经有了一定的畏惧感，所以无形增加了试题的难度，需要学生及时调整，采取"常规"方法解答。

常规解答：（1）当气泡在水下 $h = 10$ m 处时，设其半径为 r_1，气泡内外压强差为 Δp_1，则①$\Delta p_1 = \dfrac{2\sigma}{r_1}$，代入题给数据得②$\Delta p_1 = 28$ Pa。

（2）设气泡在水下 10m 处时，气泡内空气压强为 p_1，气泡体积为 V_1；气泡到达水面附近时，气泡内空气压强为 p_2，内外压强差为 Δp，其体积为 V_2，半径为 r_2。气泡上升，由玻意耳定律：

③$p_1 V_1 = p_2 V_2$；④$p_1 = p_0 + \rho g h + \Delta p_1$；⑤$p_2 = p_0 + \Delta p_2$。

气泡体积 V_1 和 V_2 分别为⑥$V_1 = \dfrac{4}{3}\pi r_1^3$；⑦$V_2 = \dfrac{4}{3}\pi r_2^3$。

联立③④⑤⑥⑦式得⑧$\left(\dfrac{r_1}{r_2}\right)^3 = \dfrac{p_0 + \Delta p_2}{\rho g h + p_0 + \Delta p_1}$。

由②式知，$\Delta p_i \ll p_0$，$i = 1, 2$。故可略去⑧式中的 Δp_i 项。代入题给数据得 $\dfrac{r_2}{r_1} = \sqrt[3]{2} \approx 1.3$。

在处理第⑧式时，采用了忽略小量近似处理的方法，也属于"非常规"内容，本节最后也将介绍这类问题。

例4：一质量为 $m = 2000$ kg 的汽车以某一速度在平直公路上匀速行驶。行驶过程中，司机突然发现前方 100 m 处有一警示牌，立即刹车。刹车过程中，汽车所受阻力大小随时间变化可简化为图（a）中的图线。图（a）中，0~t_1 时间段为从司机发现警示牌到采取措施的反应时间（这段时间内汽车所受阻力已忽略，汽车仍保持匀速行驶），$t_1=0.8$ s；$t_1 \sim t_2$ 时间段为刹车系统的启动时间，$t_2=1.3$ s；从 t_2 时刻开始汽车的刹车系统稳定工作，直至汽车停止，已知从 t_2 时刻开始，汽车第 1 s 内的位移为 24 m，第 4 s 内的位移为 1 m。

（1）在图 b 中定性画出从司机发现警示牌到刹车系统稳定工作后汽车运动的 v-t 图线；

（2）求 t_2 时刻汽车的速度大小及此后的加速度大小；

（3）求刹车前汽车匀速行驶时的速度大小及 $t_1 \sim t_2$ 时间内汽车克服阻力做的功；从司机发现警示牌到汽车停止，汽车行驶的距离约为多少（以 $t_1 \sim t_2$ 时间段始末速度的算术平均值替代这段时间内汽车的平均速度）？

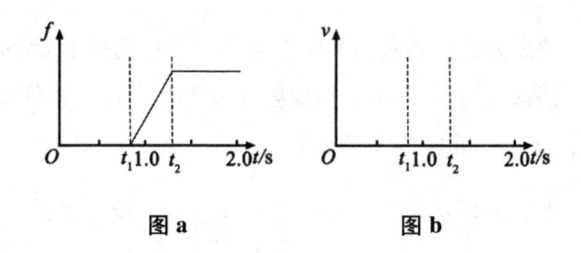

图 a

图 b

"非常规"考点分析：该题的第（3）问中涉及 t_1 到 t_2 时间位移的求解，由于该时间段阻力随时间线性增大，是一个复杂运动的问题，阻力大小 $f=kt$，可得加速度大小 $a=\dfrac{f}{m}=\dfrac{kt}{m}$。如果直接用 $v=v_1-\int_{t_1}^{t_2}\dfrac{kt}{m}dt$、$s=\int_{t_1}^{t_2}vdt$ 也能求解，但这明显属于"非常规"问题。因此，题目明确告知该段的平均速度可以用始末位置的速度平均值求解，并让学生用这个"新知识"去解决问题，采取"常规"方法解答。

常规解答：这里主要讨论与本节主题相关的第（3）问。设刹车前汽车匀速行驶时的速度大小为 v_1，则 t_1 时刻的速度也为 v_1，t_2 时刻的速度为 v_2，在 t_2 时刻后汽车做匀减速运动，设其加速度大小为 a，可解得 $a=8$ m/s^2，$v_2=28$ m/s。

设汽车的刹车系统稳定工作时，汽车所受阻力的大小为 f_1，由牛顿定律有 $f_1=ma$。在 $t_1 \sim t_2$ 时间内，阻力对汽车冲量的大小为 $I=\dfrac{1}{2}f_1(t_2-t_1)$，由动

209

量定理有 $I' = mv_1 - m_2$。由动量定理，在 $t_1 \sim t_2$ 时间内，汽车克服阻力做的功为 $W = \frac{1}{2}mv_1^2 - \frac{1}{2}mv_2^2$，解得 $v_1 = 30 \text{ m/s}$，$W = 1.16 \times 10^5 \text{ J}$。从司机发现警示牌到汽车停止，汽车行驶的距离约为 $s = v_1 t_1 + \frac{1}{2}(v_1 + v_2)(t_2 - t_1) + \frac{v_2^2}{2a}$，解得 $s = 87.5 \text{ m}$。（距离"S"的求解应用了"算术平均值"）

例题 5：如图 a，两等量异号的点电荷相距为 $2a$。M 与两点电荷共线，N 位于两点电荷连线的中垂线上，两点电荷连线中点到 M 和 N 的距离都为 L，且 $L \gg a$。略去 $(a/L)^n$（$n \geq 2$）项的贡献，则两点电荷的合电场在 M 和 N 点的电场强度之比多大？

"非常规"考点分析：该题给出了忽略高阶小量的提示 $L \gg a$，略去 $(a/L)^n$（$n \geq 2$）。虽然这里有了提示，但要解决一个符合这个条件的式子也是一个困难的事情，属于"非常规"的内容。

常规解答：如图 b 所示，合电场在 M 和 N 点的强度分别为 $E_1 = \frac{Kq}{(L-a)^2} - \frac{Kq}{(L+a)^2}$，$E_1 = \frac{Kq}{L^2}\left[\frac{1}{(1-\frac{a}{L})^2} - \frac{1}{(1+\frac{a}{L})^2}\right] = \frac{Kq}{L^2}\left[\frac{1}{1-\frac{2a}{L}+(\frac{a}{L})^2} - \frac{1}{1+\frac{2a}{L}+(\frac{a}{L})^2}\right]$。这个式子中，由于 $a \ll L$，故 a/L 是一个较小量，$(a/L)^2$ 可视为高阶小量，因此可以忽略，可得 $E_1 = \frac{4Kqa}{L^3}$。

由几何关系：$E_2 = 2\frac{Kq}{L^2+a^2} \times \frac{a}{\sqrt{L^2+a^2}} = \frac{2Kqa}{L^3} \times \frac{1}{1+(a/L)^2} \times \frac{1}{\sqrt{1+(a/L)^2}}$，同样忽略二阶小量 $(a/L)^2$，可得 $E_2 = \frac{2Kqa}{L^3}$，得比值 $E_1 : E_2 = 2 : 1$.

图 a　　　　**图 b**

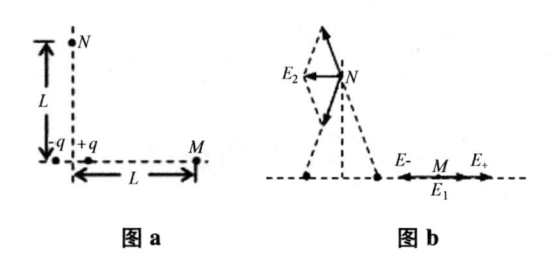

　　类似忽略高阶小量近似处理的问题，在 2016 年全国 I 卷 25 题中也出现过，这些问题在高考试题中出现，多数会给人"非常规"的感觉。

　　这种"非常规"的考法，命题的策略和内容都大同小异，考查的是学生临场发挥、将常规的知识和方法迁移应用以及解决问题的能力。如果学生具有较好的物理素养，回归到应用最基本的原理和规律来分析、解决问题，以不变应万变的策略上，那问题将迎刃而解。因此，"非常规"问题考查的不仅仅是知识和能力，更重要的是物理学科的核心素养。

第六章

高中学生思维进阶实践成果

在课堂教学外，笔者常常会引导学生就感兴趣的问题进行深入的思考和探究，把研究过程和结论写成小论文。这种学习方式，可以促使学生从学习、生活和社会实践中发现问题，并能初步解决问题。学生主动学习的过程，需要经历查阅资料、实地考察或动手实验，再到综合归纳形成结论报告等一系列科研过程。在这个思维进阶的过程中，学生解决问题的能力可以得到很好的培养。

本章选取的学生思维进阶实践成果有三个来源。一是对学习问题的深入研究，例如，"测量液体密度实验误差的研究""测量'重力加速度'实验设计与研究""运用计算机技术建立'密立根油滴实验'模型"；二是对生活问题的改进，例如，"利用光学原理对汽车大灯的改进""可调式黏滞阻力测量仪"；三是在华南师范大学附属中学高中农村社会实践活动中发现的问题研究，例如，"传统农具的力学原理分析与改进建议""如何改善农村房屋通风采光的效果""农村农业机械化发展初探""飞来峡水利枢纽工程发电及输电机制的调查报告"等。这些学生思维进阶实践成果，较好地体现了学生具有永不满足、追求卓越的态度，培养学生发现问题、提出问题，从而解决问题的能力。

第一节　测量液体密度实验误差的研究

张琳（华南师范大学附属中学高二1班）
指导老师　黄爱国（华南师范大学附属中学）

利用"流体静力测衡法"和"比重瓶法"测量盐水和酒精这两种液体的密度，利用实验误差理论对这两个实验的结果进行误差分析，并对两个实验结果和误差进行综合比较，提出用上述两种方法测量盐水和酒精等液体时实验仪器的选择和实验过程中应注意的问题。

一、前言

误差是不能避免的，由于测量仪器、实验条件以及种种因素的局限，测量时无法做到无限精确，误差存在于一切测量之中，而且贯穿测量过程的始终。实验误差可以表征测量结果的可靠程度，反映测量的精确度。研究实验误差，可以使人们在接受一项测量任务时，根据对测量误差的要求设计实验方案，选择仪器和实验环境。在实验过程中和实验后，人们通过对误差大小及成因进行分析，找到影响实验精确度的原因并加以校正。抱着这个目的，笔者选择本课题作为研究课题。

二、科学实验

（一）实验一：流体静力测衡法

1. 器材：物理天平、烧杯、蒸馏水、铝块、待测液体。（室温下水的密度为 $\rho_0 = 1.00\text{g/cm}^3$）

2. 原理：阿基米德原理指出，物体在液体中减少的重量等于它所排开的同体积的液体的重量。

3. 步骤：

（1）物理天平测定铝块在空气中的质量 m；

（2）将铝块用细线悬挂于秤盘的挂钩上，再轻轻将其放入天平托盘上盛有水的烧杯中，称出此时固体在水中的视质量 m_1；

（3）将盛有水的烧杯，换上盛有待测液体的烧杯，称出固体浸没在这种液体中的视质量 m_2。

则待测液体的密度 $\rho = \dfrac{m-m_2}{m-m_1}\rho_0$。

4. 注意事项：

（1）天平的调节；

（2）多次测量取平均；

（3）测定视质量时，铝块须完全浸没在液体中，且不能接触容器器壁；

（4）铝块放入待测液体前，须擦干其上的水珠。

5. 数据记录与处理：

表 6-1　流体静力测衡法测量盐水和酒精的密度实验记录

	m (g)	Δm (g)	m_1 (g)	Δm_1 (g)	m_2 (g)	Δm_2 (g)
1	20.65	0.00	13.06	0.01	12.86	0.00
2	20.65	0.00	13.05	0.00	12.85	0.01
3	20.66	0.01	13.05	0.00	12.87	0.01
平均值	20.65	0.00	13.05	0.00	12.86	0.01

盐水的密度：$\rho = \dfrac{m-m_2}{m-m_1}\rho_0 = \dfrac{20.65-12.86}{20.65-13.05} \times 1.00 \text{g/cm}^3 = 1.025 \text{ g/cm}^3$；

酒精的密度：$\rho = \dfrac{m-m_2}{m-m_1}\rho_0 = \dfrac{20.66-14.54}{20.65-13.05} \times 1.00 \text{g/cm}^3 = 0.805 \text{ g/cm}^3$。

6. 实验结论：

（1）盐水的密度：1.025 g/cm³。

（2）酒精的密度：0.805 g/cm³。

（二）实验二：比重瓶法

1. 器材：物理天平、比重瓶、镊子、吸水纸、移液管、细铜丝、待测液体、水。

2. 原理：比重瓶是用玻璃制成的容积固定的容器，为保证瓶中容积恒定，瓶塞是用一个中间有毛细管的磨口塞子做成的。使用时，用移液管注入液体至瓶口，塞子塞紧，多余液体就会通过毛细管流出来，保证了比重瓶容积恒定不变。

3. 步骤：

（1）用物理天平测定空比重瓶（连同瓶塞）质量 m；

（2）测定比重瓶盛满待测液体后总质量 m_1；

（3）倒出液体，待其挥发后，重新在瓶内注满水后总质量为 m_2。

则 $\rho = \dfrac{m_1 - m}{m_2 - m}\rho_0$。

4. 注意事项：

（1）天平调节；

（2）吸水纸的使用，保证瓶外、壁底无水珠；

（3）实验程度的合理性，应考虑液体（酒精）的挥发，合理的程序可减少误差；

（4）整个实验过程都要用镊子拿取比重瓶，因为 ρ_0 与温度有关，且温度变化会引起玻璃的热胀冷缩而使比重瓶的体积发生变化，违背等容的原则。

5. 数据记录与处理：

表 6-2　比重瓶法测盐水和酒精密度实验记录

测量物质	测量次数	m（g）	m_1（g）	m_2（g）	计算结果（g/cm³）
酒精	1	19.16	39.38	44.27	0.805
酒精	2	20.50	40.26	45.10	0.803
盐水	3	19.16	45.17	44.27	1.036
盐水	4	20.50	45.92	45.10	1.033

6. 实验结论：

（1）酒精的密度为：0.804g/cm^3。

（2）盐水的密度为：1.035g/cm^3。

三、误差分析

由于间接测量有误差存在，势必导致间接测量也引起误差，这就是误差的传递。各部分误差组合成总误差，就是误差的合成。以上实验的误差的算术合成公式，如表6-3所示。

表6-3 不同函数下的误差传递公式

函数表达式	误差传递公式
$N=x-y$	绝对误差 $\Delta N = (\Delta x + \Delta y)$
$N=x/y$	相对误差 $\Delta N/N = \Delta x/x + \Delta y/y$

（一）实验一误差分析

盐水：$E_1 = \Delta\rho/\rho \times 100\%$

$= [\Delta(m-m_2)/(m-m_2) + \Delta(m-m_1)/(m-m_1)] \times 100\%$

$= [(\Delta m + \Delta m_2)/(m-m_2) + (\Delta m + \Delta m_1)/(m-m_1)] \times 100\%$

$= (0.01/7.79 + 0.00/7.60) \times 100\%$

$= 0.13\%$

酒精：$E_2 = \Delta\rho/\rho \times 100\%$

$= [\Delta(m-m_2)/(m-m_2) + \Delta(m-m_1)/(m-m_1)] \times 100\%$

$= [(\Delta m + \Delta m_2)/(m-m_2) + (\Delta m + \Delta m_1)/(m-m_1)] \times 100\%$

$= (0.01/6.12 + 0.01/7.60) \times 100\%$

$= 0.29\%$

所以实验一的测量结果为：

盐水密度：$1.025 \pm 0.002 \text{g/cm}^3$。

酒精密度：$0.805 \pm 0.003 \text{g/cm}^3$。

（二） 实验二误差分析

酒精：$E_1 = \Delta\rho/\rho \times 100\%$

$$= [\Delta(m_1 - m)/(m_1 - m) + \Delta(m_2 - m)/(m_2 - m)] \times 100\%$$

$$= [(\Delta m + \Delta m_1)/(m_1 - m) + (\Delta m + \Delta m_2)/(m_2 - m)] \times 100\%$$

$$= (0.04/19.99 + 0.04/24.86) \times 100\%$$

$$= 0.36\%$$

盐水：$E_2 = \Delta\rho/\rho \times 100\%$

$$= [\Delta(m_1 - m)/(m_1 - m) + \Delta(m_2 - m)/(m_2 - m)] \times 100\%$$

$$= [(\Delta m + \Delta m_1)/(m_1 - m) + (\Delta m + \Delta m_2)/(m_2 - m)] \times 100\%$$

$$= (0.04/25.42 + 0.04/24.6) \times 100\%$$

$$= 0.32\%$$

所以实验二的测量结果为：

酒精密度：0.804 ± 0.003 g/cm^3。

盐水密度：1.035 ± 0.004 g/cm^3。

（三） 综合分析

1. 在误差合成中，两个实验的合成公式是一样的（所测数据的意义及数目是相似的）。

2. 从实验原理来看，两个实验都是合理的，这两个实验都可以达到比其他同类实验减小误差的目的。主要反映在以下两方面：①由于这两个实验的实验仪器都是较精密的，因此可以减小仪器误差；②由于这两个实验一个利用了阿基米德原理，另一个则是利用了等容原则，这两个理论是很经得起推敲的，因此，如果实验过程得当，是可以避免理论误差的。

从这两个角度来看，这两个实验所得结果是属于正常误差范围内的。

3. 从实验过程来说，也存在不足之处：（1）实验一中，"铝块放入待测液体前，须擦干其上的水珠"，若铝块上的水珠没擦干，或人手和环境湿度较高，用手去拿铝块，都会影响结果。

（2）实验二中，"吸水纸的使用，保证瓶外、壁底无水珠"，若吸水纸的碎屑或水珠粘在瓶外、瓶底，会影响结果。由于酒精挥发较快，因此"倒出液体，待其挥发后，重新在瓶内注满水"这个步骤是较合理的。但在测盐水密度时，这个因素难以避免，因此造成了盐水的测量结果不够准确。这就是这个实验测盐水密度一个很大的不足之处，因此一般也不用这个方法测盐水密度。

结语

由于各种物体有它特有的物理特性或化学特性，因此在测量其密度时，必须考虑到各方面的因素（如挥发性、溶解性、化学反应等），根据误差分析，恰当选择器材，限制影响误差的若干主要因素，将实验的最大误差控制在较小的范围内。

第二节　运用计算机技术建立"密立根油滴实验"模型

王愈喜（华南师范大学附属中学高二1班）

指导老师　黄爱国（华南师范大学附属中学）

美国著名实验物理学家罗伯特·安德鲁·密立根（Robert Andrens Millikan）花了7年时间（1909—1917）所做的测量微小油滴上所带电荷的工作在近代物理学发展中具有重要意义，实验设计巧妙，简单方便地证明了所有电荷都是基本电荷 e 的整数倍，明确了电荷的不连续性，还由此测得了基本电荷为

$$e = (1.602 \pm 0.002) \times 10^{-19} \text{ C}$$

由于该实验必须有特定的仪器，并且难以成功（我校物理实验室也没有这套仪器），所以我们根据密立根的实验原理，利用 Flash 软件来模拟演示密立根的油滴实验。

一、软件模拟过程和内容

（一）实验装置介绍

如图 6-1 所示，M、N 是两块平行放置的水平金属板，两金属板分别与

电源的正负极相连，开关 K（如图 6-3）用来控制极板是否带电。在上极板 M 上有一个喷雾器，油滴从喷雾器中喷出。

（二）不加电场时，油滴的运动情况和测量方法

1. 当开关 K 拨到 1 处时（如图 6-3），平行板间不加电压时，油滴受重力而加速下降，但空气的黏滞性对油滴所产生的阻力与下降速度成正比。当油滴在空气中下降一段距离达到某一速度 v 时，油滴开始匀速下降。通过软件设计，可以模拟带电油滴在两平行板间的运动。

2. 分析匀速下落的油滴受力情况可知：如图 6-2 所示，油滴受到的黏滞阻力 f_r 与空气对它的浮力 $\frac{4}{3}\pi r^3 \rho' g$ 之和等于油滴所受重力 $\frac{4}{3}\pi r^3 \rho g$，则有 $\frac{4}{3}\pi r^3 \rho g = 6\pi r \eta v$，由上式求得油滴半径。

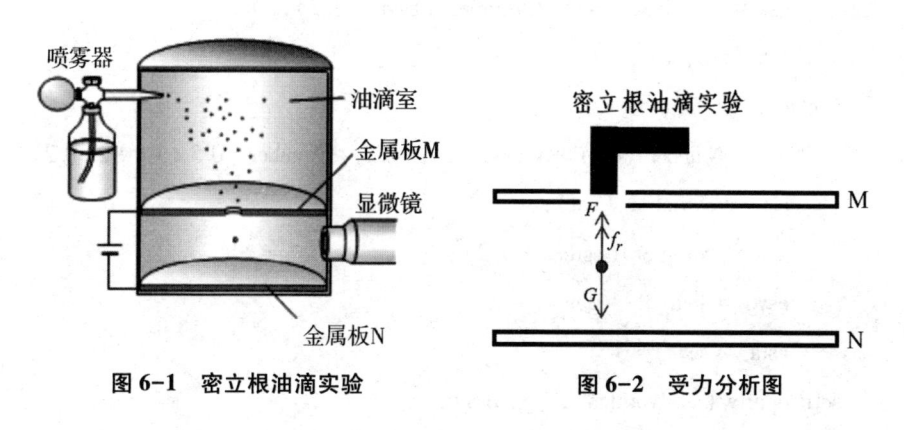

图 6-1　密立根油滴实验　　图 6-2　受力分析图

3. 图 6-3 所示的装置图可以测量密立根实验中油滴匀速下降的速度 v。通过 Flash 的 Action Script 功能控制带电粒子，使其在只受重力和空气阻力作用的情况下，经历从变加速到匀加速的运动过程，并可以实时将油滴运动的加速度和速度的瞬时值显示出来（如图 6-4 所示）。

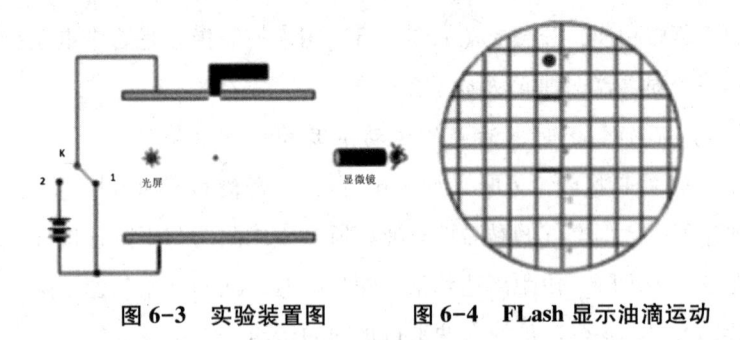

图 6-3　实验装置图　　图 6-4　FLash 显示油滴运动

下面是所设计的源程序：

```
a = a-0.01;
cst = Number (cst) +0.2;
if (Number (a) <=0) {
    css = Number (css) +Number (csyu*0.2);
    csta = 0;
} else {
    css = Number (css) +Number (csu*0.2) +Number (0.5*a*0.2*0.2);
    csty = Number (cst);
    csu = Number (csu+a*0.2);
    csyu = csu;
    csta = a;   }
setProperty ("/youdcs", _y, css);
if (Number (css) >335) {
    prevFrame ;}
    play ();
```

密立根通过油滴在无电场的作用下做变加速—匀速的运动，利用做匀速运动的过程测出速度 v，然后计算出油滴的半径和体积。

（三）有电场时，带电油滴的运动情况和测量方法

1. 油滴在喷射时，由于有摩擦，一般都带有电荷，设油滴所带电量为 q，在两平行极板间加电压 U，调节电压大小和方向，可使油滴在平行极板

间所受静电力 $qE = q\dfrac{V}{d}$ 与油滴重力 mg 平衡。通过软件设计了人机对话的模式（如图 6-5 所示），可以通过点击电源来改变电压，然后通过程序的反馈实时改变带电油滴在电场中的运动，很好地模拟了带电油滴在电场中的实际运动情况。下面是实现人机对话、控制带电粒子在电场中运动的源程序：

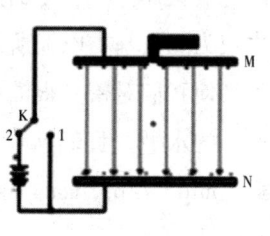

图 6-5 油滴受力平衡

```
t = Number（t）+0.2；
a = diany. a0；
v = a * t；
s = Number（s）+Number（0.25 * a * t * t）；
setProperty（"/youd"，_y，s）；
if（Number（s）>279）{
    gotoAndPlay（1）；
} else if（Number（s）<95）{
    gotoAndPlay（1）；
}
```

首先，通过人机对话，改变电源电压，我们发现在改变到某一个电压值时，带电油滴在电场中做匀速直线运动，有的油滴处于静止状态。其次，通过分析油滴的受力情况，得到 $mg = q\dfrac{V}{d}$，对同一个油滴，如果我们改变它所带的电量，能使油滴达到平衡的电压必须是某些特定的值 V_n。研究这些电压变化规律，我们可以发现，它们都满足下列方程：$q = ne = mg\dfrac{d}{V}$，式中 $n = \pm 1$，± 2，…，而 e 是一个不变的值。至此，密立根油滴实验的整个模拟过程就已经完成了。

二、结论

通过计算机技术来建立实验模型是我们的一次尝试，这个模型虽然与实际的实验还存在一定的差距，但通过这个模型我们能更充分地认识和了解密立根为测量基本电荷所设计的油滴实验的实验原理和设计思想。这次的软件设计使我们对密立根油滴实验有了深入的了解，极大地提高了我们应用 Flash 软件的水平。我们所设计的软件在附带的软盘上，大家可以到下述网址下载：http：//huangaig. hsfz. net. cn/kej/migsy. html。欢迎大家使用并提出宝贵意见。

第三节 利用光学原理对汽车大灯的改进

张文耀（华南师范大学附属中学高二1班）
指导老师 黄爱国（华南师范大学附属中学）

在夜晚，有一些汽车司机在会车时依然开着远光灯，导致对面的司机眼睛疲劳，看不清路况，容易发生交通事故。因此，笔者将利用光学原理对汽车大灯进行改进。

一、现在的大灯结构

现在的汽车大灯有两个灯丝，一个在反光镜的焦点上（远光灯），另一个不在反光镜的焦点上（近光灯）。司机通过接通不同灯丝的电路来获得远光灯、近光灯。而在会车时，有的司机未切换到近光灯，依然开着远光灯，因此会导致对面的司机眼睛疲劳，看不清路况，容易发生交通事故。

二、改进的大灯

（一）自然光和偏振光、偏振片

自然光：普通光源中各个分子或原子内部运动状态的变化是随机的，发光过程又是间歇的，他们发出的光是彼此独立的，从统计规律上来

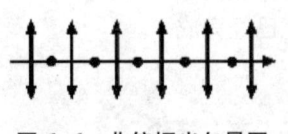

图 6-6 非偏振光矢量图

说，相应的光振动将在垂直于光束的平面上遍布所有可能的方向，而且所有可能的方向上相应光矢量的振幅（光强度）都是相等的。我们把"在垂直于光传播方向的平面内沿各方向振动的光矢量呈对称分布"的光称为自然光。

由于自然光的对称性，所有取向的光矢量在这两个方向上的分量的时间平均值彼此相等。因此自然光可分解为两个任意垂直方向上的、振幅相等的独立分振动，它们的相位之间没有固定的关系，不能把它们叠加成一个具有某一方向的合矢量，两者的光强度各等于自然光总光强度的一半。

自然光的表示方法如图6-6所示。图6-7和图6-8用短线和点分别表示在纸面内和垂直于纸面的光振动。

图6-7 振动方向平行于纸面的线偏振光

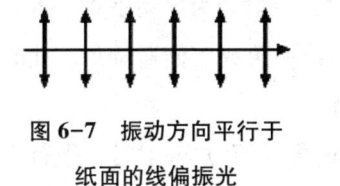

图6-8 振动方向垂直于纸面的线偏振光

偏振光：光矢量只沿某一固定方向振动的光为线偏振光。偏振光的振动方向与传播方向组成的平面称为振动面。线偏振光也可称为完全偏振光或平面偏振光，有时也简称偏振光。

偏振片是一种常用的起偏器和检偏器，它只能透过沿某个方向的光矢量或光矢量振动沿该方向的分量。我们把这个透光方向称为偏振片的偏振化方向或透振方向。

因此，可在汽车挡风玻璃上装一偏振片（做检偏器，方向为斜向左上），而使大灯发出偏振光（偏振方向也为斜向左上）。这样，自己的灯光不会减弱，对方看到的灯光却会大幅减弱，从而达到我们的目的。

（二）大灯的光的起偏

1. 原理一：平板致偏振

自然光在两种各向同性介质分界面上反射、折射时，反射光和折射光都是部分偏振光。反射光中垂直振动多于平行振动，折射光中平行振动多于垂直振动（如下图6-9和图6-10）。

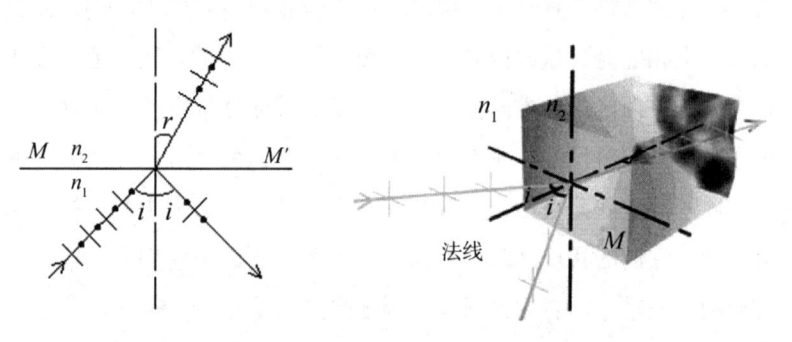

图 6-9　自然光在两种各向同性
分界面上反射、折射的原理图

图 6-10　自然光在两种各向同性
介质分界面上反射、折射的实物图

当入射角满足关系式：$\tan i_0 = n_2/n_1$ 时，反射光为振动垂直于入射面的线偏振光，该式称为布儒斯特定律，i_0 为起偏振角或布儒斯特角。此时折射光偏振化的强度最强，但它不是完全偏振光。

对于 $n=1.5$ 的单个玻璃表面，在起偏角（57°）入射时，平行于入射面振动的光在起偏角下 100% 透过，而入射面振动的光只有 85% 透过，其余 15% 被反射。

2. 原理二：旋光

（1）线偏振光

线偏振光可分解为左、右圆偏振光（如图 6-11）。

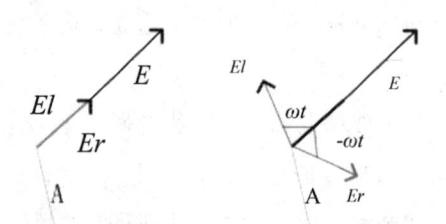

图 6-11　将线偏振光分解为左、右圆偏振光

El 和 Er 是两个大小相等（皆为 A）且不变的旋转矢量，角速度（$\pm\omega$）大小相等方向相反。$t=0$ 时，El 和 Er 重合。t 时刻有 $E = 2A\cos\omega t$。由此可见，El 和 Er 两个旋转矢量合成一个沿直线做简谐振动的矢量 E，其振幅为 2A，方向永远在 El 和 Er 的角平分线上。

将这个原理运用到光学上，就可以将线偏振光分解为左、右圆偏振光。

(2) 旋光

根据菲涅耳的假设（菲涅耳已用复合棱镜验证了它是对的），在旋光晶体中偏振光沿光轴传播时分解成左旋和右旋圆偏振光（L光和R光），它们的传播速度 v_l、v_r 略有不同，或者说二者的折射率 $n_l=c/v_l$、$n_r=c/v_r$ 不同，因而经旋光晶片产生不同的相位滞后：$\varphi_l=2\pi/\lambda \times n_l \times d$，$\varphi_r=2\pi/\lambda \times n_r \times d$，式中 λ 为真空波长，d 为旋光晶片厚度。

当光束穿出晶片后左、右旋圆偏振光的速度恢复一致，又可合成一个线偏振光。但这时左、右旋圆偏振光两者相位差 $\varphi=\varphi_l-\varphi_r=2\pi/\lambda \times (n_l-n_r) \times d$，故线偏振光穿过旋光晶体整个过程中旋转过了角 $\varphi/2$。如图6-13，其中 α 为偏振光的偏振方向和旋光物质的光轴的夹角。

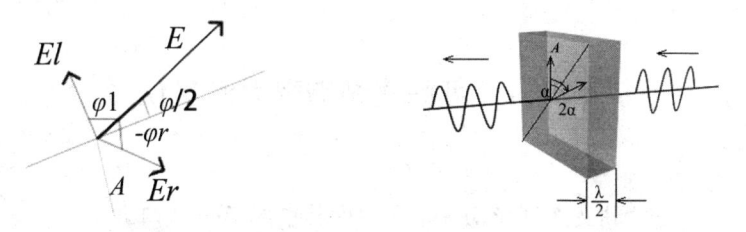

图6-12 线偏振光穿过旋光晶体原理图　图6-13 线偏振光穿过旋光晶体示意图

综上所述，我们可以在现在的大灯基础上增加图6-14的装置。

下面考虑光强变化：

将自然光分解为两个任意垂直方向上的、振幅相等的独立分振动，两者的光强度各等于自然光总光强度 I 的一半，为 I/2；经过偏振后，只有一个方向，光强度为 2×I/2=I，不变。

再考虑光在介质分界面、介质中反射、折射时的损失，这部分能量损失不大，故光强还近似为 I。

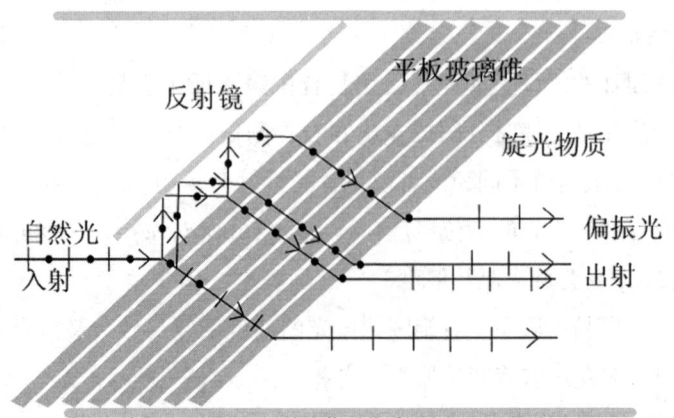

对于钠光（波长 589.290nm），旋光物质若采用水晶，则只须 4.143mm。

图 6-14 改进的装置图

第四节 可黏式黏滞阻力测量仪

林奕爽（华南师范大学附属中学 高一 1 班）
指导教师 黄爱国（华南师范大学附属中学）

一、背景

测量黏滞阻力在工业生产、科学研究和国防建设等领域中具有重要意义。例如，工业上选择润滑油进行石油制品检验；化学上测定高分子化合物的分子量；水利工程中研究流体运动；环境保护学上测定流体的杂质含量；医学上测定血液的黏滞性便于诊断病变；食品和药物生产过程的自动控制；国防建设上对飞机、船舶、舰艇的模型设计等各方面都需要进行黏度测试。

二、前言

在水运会前夕，我们班的同学都在认真训练。在训练时，笔者发现同学们入水时和水面的角度以及入水后身体的姿势都对出发速度有很大的影响，而游泳队的同学在出发后都采用"海豚泳"在水底潜泳 10 多米后才出水面，因此在出发时就能超越对手一大截。这种方法不仅是为了获得前进的动力，更是为了减小阻力，提高成绩。笔者在查阅资料后发现，游泳姿势对速度有很大的影响，用正确的姿势能减小游泳时的阻力。那么，究竟怎样的姿势能减小阻力呢？它们又有什么样的物理特性呢？因此，笔者想动手研究一下运动物体在流体中受到的阻力和它们的物理性质之间的关系，并在研究中锻炼自己的动手能力，提高自己的创新能力。

三、原理

1. 黏滞阻力：在不可压缩的流体缓慢流过静止的物体或者物体在流体中运动时，流体内各部分流动的速度不同，存在黏滞阻力。黏滞阻力的大小与物体的运动速度成正比，即 $f \propto v$，可以写为 $f = C_1 v$，C_1 称为黏滞阻力系数。斯托克斯（George G. Stokes）测出球形物体在流体中缓慢运动时，所受到的黏滞阻力大小为 $f = 6\pi\eta vr$。上式称为斯托克斯公式，式中的 η 为流体的黏性系数、r 为球形物体的半径。

2. **黏滞系数（动力黏度）：液体的黏滞系数又称为内摩擦系数或黏度**，是描述液体内摩擦力性质的一个重要物理量。它表征液体反抗形变的能力，只有在液体内存在相对运动时才表现出来。黏滞系数除了因材料而异还比较敏感地依赖温度，液体的黏滞系数随着温度升高而减小。在国际单位制中，黏滞系数的单位为帕秒（Pa·s）。

3. 运动黏度（动态黏度）：流体的黏度与密度的比值 $v = \dfrac{\eta}{\rho}$。

4. 剪应力：在一般的平行流动中（如可能发生在一个直管中），剪切应力正比于速度梯度。相互平行的相邻层之间的移动速度不同，产生剪切。而流体的剪切黏度是描述对剪切流动的抵抗能力。在理想情况下，它被定义为库爱特流——被困在水平板（一侧固定，一侧以恒定速度水平运动）间的一层流体。（通常认为板块非常大，不需要考虑边缘附近的情况）

如果顶板的速度足够小，流体粒子将平行于它流动，并且它们的速度从底部的 0 到顶部的 v 呈线性变化。流体的每一层流动速度快于它的下一层，它们之间会产生一个抵抗它们相对运动的摩擦力。特别是流体将在顶板运动的反方向施加一个力，在底板也会产生一个等大反向的力，因此需要一个外力来维持顶板以恒定的速度运动。

剪应力 F 的大小正比于每块板的运动速度 u 和面积 A，而反比于两板之间的距离，即

$$F = \mu A \frac{u}{y}$$

在这个公式中，比例系数 μ 是流体的黏度（特别是动态黏度）；$\frac{\partial u}{y}$ 的比值称为剪切变形或剪切速度，是垂直于板的速度上流体速度的导数。牛顿用微分方程表达出了黏性力：

$$T = \mu \frac{\partial u}{\partial y}$$

这个公式假设流动是沿着平行线的，并且垂直于流动方向的 y 轴指向最大剪切速度。这个方程可以用于速度非线性变化的情况，如在流体流经管道中时的情况。

5. 雷诺数：一种可用来表征流体流动情况的无量纲数，以 Re 表示，$Re = \rho v d / \eta$，其中 $v、\rho、\eta$ 分别为流体的流速、密度与黏性系数，d 为一特征长度。例如，流体流过圆形管道，则 d 为管道直径。利用雷诺数可区分流体的流动是层流或湍流，也可用来确定物体在流体中流动所受到的阻力。

雷诺数较小时，黏滞力对流场的影响大于惯性力，流场中流速的扰动会因黏滞力而衰减，流体流动稳定，为层流；反之，若雷诺数较大时，惯性力对流场的影响大于黏滞力，流体流动较不稳定，流速的微小变化容易发展、增强，形成紊乱、不规则的紊流流场。对于在流体中的球，特征长度就是这个球的直径，特征速度是这个球相对于远处流体的速度，密度和黏度都是流体的性质。

6. 斯托克斯定律：$F_d = 6\pi\mu RV$，球形物体在流体中运动所受到的阻力，等于该球形物体的半径 R、速度 V、流体的黏度 μ 与 6π 的乘积。

如果物体在流体中因自身的重量而下落，则其最终速度为：

$$V_s = \frac{2r^2 g(\rho_p - \rho_f)}{9\eta}$$

7. 黏度与温度的关系：一般来说，一种简单液体的黏度随温度的升高而下降（反之亦然），随着温度的升高，液体中分子运动的平均速度增大，与邻近分子的接触时间变短。确切地说，两个变量的变化是非线性的，当有相变发生时，变量发生突变。加热时，液体更易流动，气体变稠。气体的黏度随温度的升高而增大，且黏度正比于温度的平方根。这是由于在更高的温度下，分子间碰撞的频率增大了。因为气体中的分子大部分时间在空间中自由运动，任何增加一个分子与另一个分子接触时间的因素，都会降低分子作为一个整体参与协调运动的能力。这类分子彼此发生碰撞，运动变得更加杂乱无章，充分解释了气体黏度对温度的依赖性。

黏度与温度并不成线性关系，它与温度范围有关，温度越低，黏温关系越密切。又如，在 0℃、20℃ 及 100℃ 下，当 $\Delta T = \pm 1℃$ 时，水的黏度变化，分别约为 3.4%、2.5% 及 1.1%。此外，气体与液体的黏度温度变化的规律完全相反，气体的黏度随温度升高而增大，因为气体的黏性是动量传递所致，当温度升高时，分子的热运动加剧，动量增大，流层间的内摩擦加剧，所以黏度增大。而液体的黏性来自分子引力，温度升高，分子间的距离加大，分子引力减小，内摩擦减弱，所以黏度减小。因为黏度是如此依赖于温度，所以在描述黏度时离不开温度。

8. 兰登堡修正公式：小球在内径为 D 的管中下落，高度为 H，不能满足无限宽广的条件，所以要对实际进行修正：$f = 3\pi\eta dv$（$1 + 2.4d/D$）（$1 + 3.3d/2H$）。

9. 光电测量：将红外发光二极管与红外接收二极管对称固定在管壁两侧，当小球遮挡对射光线时，自动触发秒表计时，当小球通过第二个光电开关时，停止计时，减小了手工测量的误差。

四、研究过程

1. 设想：通过查阅资料，笔者知道运动物体在流体中受到的阻力和相对运动速度有一定的关系，因此笔者想设计一个装置能改变并控制物体的运动速度，从而对其进行研究。

2. 技术路线：为了控制物体的运动速度，比较方便的是使其匀速直线运动，而要达到这一条件，就要让物体受力平衡。运动的物体在流体中受到浮力、重力、阻力等作用。当物体在流体中下落到一定速度后就不再做加速运动而保持匀速运动，此时就适合进行研究。

笔者设计并制作了一个装置，主体是一个可绕固定轴转动的长直透明塑料管，可绕金属导轨在竖直平面内进行转动，可以调节塑料管与水平面的夹角，并用滑块和金属支架支撑住塑料管使其稳定。在管的末端选择两点放置光电检测开关，连同秒表进行计时从而测量并计算出物体运动的速度。把管的下端封口，在管内充入液体，并在另一端放入小球进行测量。当小球通过光电开关遮挡住红外线时，秒表自动触发进行计时。后续工作主要为计算速度、阻力等物理量。

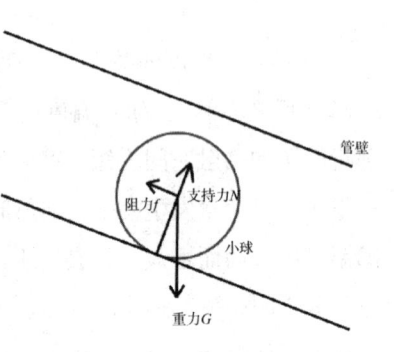

图 6-15 小球的受力图

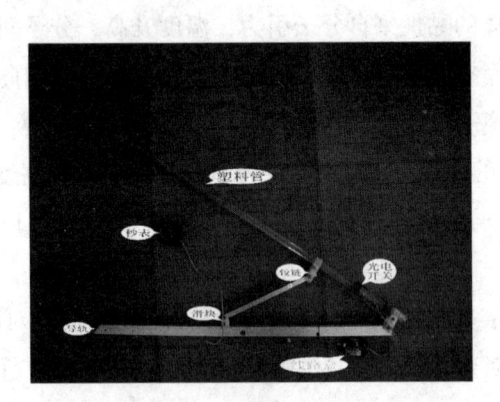

图 6-16 测量装置图

3. 制作：
（1）我使用的导轨和滑块来自家里旧的蚊帐架，经过切割后制成。
（2）铰链由电线的保护皮、螺丝、铝片等制成。

（3）光电检测线路如图6-17。

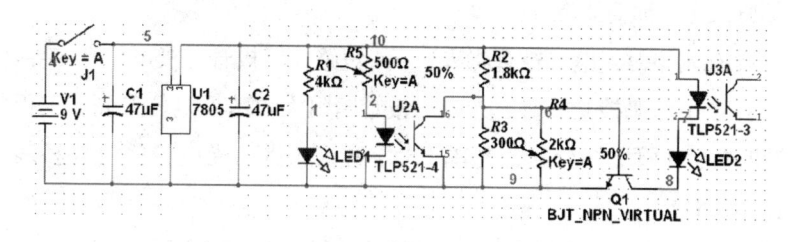

图6-17 光电检测线路原理图

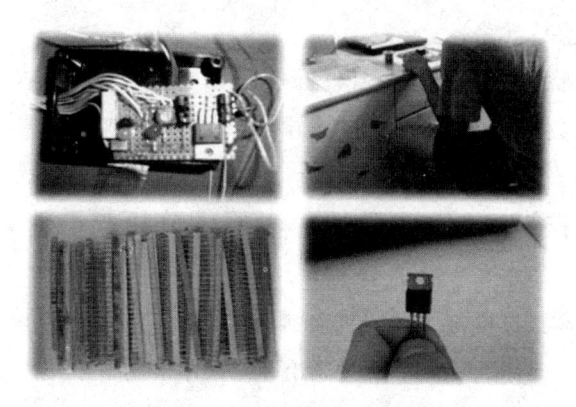

图6-18 电路板实物图与实验过程

（4）焊接电路板。

4. 使用：

（1）在导轨底部插入支撑棒，保持平衡。

（2）将塑料管下端盖紧，从上端充入液体。

（3）调整塑料管角度，用螺丝刀调螺丝使滑块夹紧，读出滑块位置。

（4）打开开关，在管口无初速度地放下小球，当小球通过光电开关时，黄色LED灯闪亮，触发秒表。

（5）读出秒表读数，并记录。

5. 原理：

（1）9V电池经C1、C2和7805集成稳压器输出稳定的5V直流电压，并由红色LED1指示灯指示电路工作。

(2) 光电开关的发光二极管由 500 欧可调电位器限流，光电二极管受光照时导通，无光照时阻断。

(3) 有光照时光电二极管将 $R3$、$R4$ 短路，三极管基极电位低未导通。

(4) 当小球遮挡光线时，光电二极管暗阻大，基极电位升高，三极管导通，同时黄色 LED2 灯导通，光耦 U3 导通，光耦的光电二极管接秒表计时器，自动计时。

(5) 调节 $R5$ 大小可调节红外二极管强度，调节 $R4$ 可调节三极管导通程度。

6. 试验记录：（略）。

分析：实验结果与经过兰登堡修正公式所得结果相近，大约为相同温度时水的黏滞系数的 2500 倍，实验所用液体为立白洗洁精。

第五节　传统农具的力学原理分析与改进建议

张恩瑞　徐泰梁（华南师范大学附属中学高二）

指导老师蔡钳（华南师范大学附属中学）

石磨、锄头、铲子和镰刀是我国传统的农业用具，本节从物理的力学知识对这四种农具作业过程进行分析，并提出改进意见。

一、石磨

石磨是中国农村传统的磨粉工具。石磨使用广泛，尤其是在广东农村。石磨通常由两块石头组成，下面的一块是磨盘，上面的一块是磨轮。磨盘是一个圆形的平台，用于放置谷物或豆类。磨轮则是一个圆锥形的石头，通过在磨盘上旋转，将谷物或豆类磨成粉。使用石磨可以将坚硬的谷物和豆类变成细腻的面粉或浆糊，从而用于制作面食和粥食等传统饮食。

石磨的基本物理原理是运动学中的往复运动和动力学中的摩擦力。磨轮在磨盘上往复运动，这种运动是由水力或机械力驱动的。在这个过程中，磨轮与磨盘之间的摩擦力将固体谷物和豆类磨成粉末或浆糊。磨的速度和磨的颗粒大小取决于磨轮的旋转速度、磨轮与磨盘所使用的石头的材质和形状、磨盘的角度以及磨轮与磨盘之间的距离。

改进石磨的方法有很多，如改善磨盘和磨轮之间的配合度、改进磨轮的材质和形状、增加机械自动调整磨盘角度的功能等。同时，我们也可以开发出一套电动或智能化的石磨系统，以提高石磨的效率和四化水平。

（一）物理原理分析：

1. 对谷物或豆类作受力分析

考虑上下两半对谷粒的摩擦力 f_1、f_2，压力 N_1、N_2，重力 G。若假设石磨下盘表面平整，受力分析如图 6-19 所示。谷粒被磨碎时内部的应力主要取决于 N_1、N_2 与夹角 θ。显然谷粒所受合力矩朝纸面向外，即使谷粒有逆时针转动的趋势，谷粒由静止到运动的加速度主要与磨盘速度 v 相关，进一步影响使其运动的 f_1、f_2、N_2。f_1、f_2 与摩擦系数 μ 即石材材质，以及压力 N_1、N_2 有关。θ 又受磨盘的角度以及磨轮与磨盘之间的距离影响。综合以上因素，磨轮与磨盘之间的距离、石头材质等因素共同决定了谷粒磨浆的效果。

2. 对动力的分析：考虑动力 F 与阻力 f

石磨匀速转动时，由刚体定轴转动的规律可知，角加速度 $\beta = 0$，则合力矩 $M = 0$。假设摩擦力平均作用点距离圆心 x（$x<r$），推磨杆长为 l，则显然动力 $F = rf_x/l$，代入实地考察数据 $r = 0.4\text{m}$，$l = 1.0\text{m}$，可知所需动力 F 不到阻力 f 的 0.4 倍，大大节省了力气。

（二）改进建议

由上述分析可知，在磨轮的半径 r 一定时，适当增大推磨杆的长度 l，可以省力；在推磨杆的长度 l 一定时，将磨轮半径适当减小，可以省力；当然，实际应用中磨轮的半径 r 较难改变，故改变 l 是比较好的选择。

二、锄头

锄头是中国农村常见的一种农具。锄头通常用于种植作物和处理土壤。锄头由两部分组成，一个是锄头，另一个是长柄。锄头通常有两种形状，一种是犁形，用于犁耕作业，另一种是锄头状，用于锄除杂草和培土。锄头的

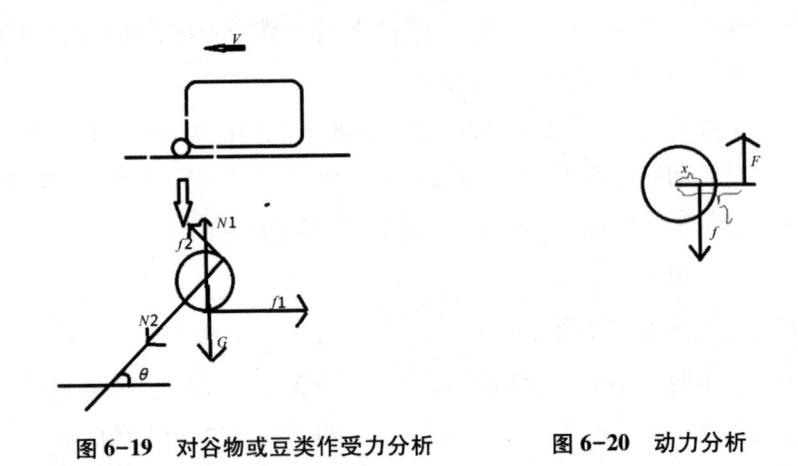

图 6-19　对谷物或豆类作受力分析　　图 6-20　动力分析

使用频率非常高，是广东农民进行种植和耕作的必备工具之一。

锄头的基本物理原理是力学中的杠杆原理和地质学中的土壤力学。当农民用锄头对土壤进行犁耕或处理时，锄头需要承受下沉力和侧推力来完成工作。因此，农民的力量需要通过锄头柄传递到锄头部分，其利用杠杆原理的作用，使锄头在土中切割和翻转。在挖掘和锄除杂草时，锄头需要用力将锄头扎入土中，以利用土壤的摩擦力和支持力来完成挖掘和锄除工作。

要改进锄头的使用效果和减轻劳动强度，可以改善锄头的重量和平衡性，防止反作用力对工作者产生伤害。此外，农民也可以使用更强的柄梢和更耐用的钢质材料来加强锄头的可靠性和耐用性，并提高生产效率。

（一）物理原理分析

锄头与土地接触面积小，根据压强公式 $p=F/S$ 可知，这种设计有效增大了锄地时土地所受压强，更易于松土。

使用锄头时，一手握住木杆末端作为支点，过程可大致看作锄头绕该支点转动与向下平移的合运动。假设两手距离为 d，杆长为 l，角速度为 ω，落地瞬间质心速度为 v，杆与地面夹角为 θ，则竖直方向上手的运动速度 $v_1=v+\omega d\cos\theta$，锄头的运动速度 $v_2=v+\omega L\cos\theta$。因此，手只需运动较小的 v_1 即可使得锄头得到较大的速度 v_2，落地瞬间加速度 a 较大，F 较大。

（二）改进建议

从刚体转动的角度分析，设木杆质量为 m_1，铁制锄头质量为 m_2，转动

惯量 $J=l^2m_1/3+l^2m_2$，由角动量定理可知 $J\omega=FLt$（t 为与地面相互作用的时间），可计算出 $F=(l^2\omega m_1+3l^2\omega m_2)/3lt$，由表达式可以看出，锄头的质量越大，铲地产生的作用便越大，当然这里假设了时间一样。因此，可以进行这样的改进：（1）用密度较大的待料制锄头以增大 m_1，可有效增大作用力 F；（2）适当增大杆的长度 l。

三、铲子

铲子是中国农村广泛使用的工具之一，通常用于挖掘、运输和堆积土壤和其他材料。广东农村铲子的设计和材质各不相同，例如，用于挖土的铲子不同于用于铲取堆积物的铲子。

铲子的基本物理原理涉及杠杆原理和静力学。当农民使用铲子时，他们需要用手把持铲子柄杆，用力将铲子扎入土中或堆积物中，并向上提起铲子以将重物提起。然后借助杠杆原理，使用铲子传递产生的力，移动土壤或物体，并将它们运输到需要的地方。

要改进铲子的设计和使用，可以考虑改变铲子的重心、改进铲子的设计和材料，以适应不同的使用场景。此外，应该增强铲子的握持力，以防止手部滑动和劳动者疲劳。

（一）物理原理分析

1. 仍然运用了杠杆原理来实现省力，原理如图 6-21 所示，详细分析类似上文，略过。

2. 利用铲子铲土时主要需要对铲子施加两方面的力，其一为使杆旋转的力，其二为使杆插入土中的力。设铲子尖端角度为 θ，土壤阻力为 f，受力分析得施力 $F=2f\sin\left(\dfrac{\theta}{2}\right)$，显然 θ 越小 F 越小，即越"锋利"的铲子越易入土。

四、镰刀

镰刀是中国农村使用最广泛的农具之一，用于收割稻谷、麦子等农作物。广东省也是中国重要的农业省，镰刀在当地非常常见。镰刀的设计包括刀身、刀柄和刀齿。

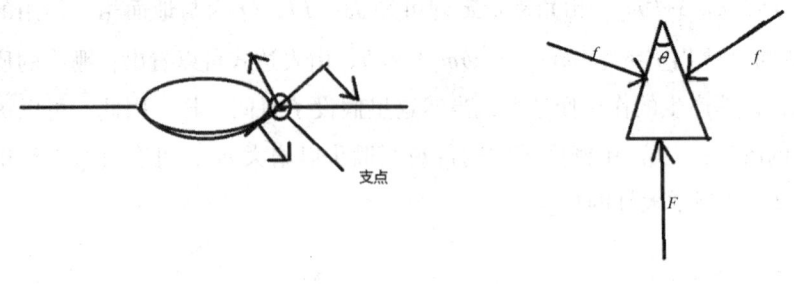

图 6-21　铲土时受力图

镰刀的基本物理原理涉及运动学中的往复回转运动和杆件力学。镰刀刀柄部分是偏移的，可使刀齿沿着地面或植物茎干运转。镰刀的刀刃通常呈弧形排列，容易沿植物茎干或地面斜面运转并割断作物。当农民使用镰刀时，他们的手臂通过往复回转运动来控制刀刃运转的弧形路径，利用杠杆和双重力臂原理提供足够的切割力和控制力。刀齿与农作物的切割质量主要取决于刀刃的锋利度和刀刃与农作物的接触质量。

要改进镰刀的设计并提升其使用效果，可以考虑采用山形镰或梨形镰的曲面设计，使其与作物的形状和大小相匹配。同时，农民也应该使用更锋利的刀刃和更合适的切割角度，以获得更高的效率，减轻劳动强度。

总的来说，对广东农村常见的农具物理知识进行深入了解可以帮助我们更好地认识传统农业和农民使用工具的技艺。改进农具的设计和材质，可以极大地提高生产效率和减轻农民的劳动负担，推动农业现代化和可持续发展。

(一) 物理原理分析：

对镰刀的转动进行分析，镰刀做成弧形有助于节省力气。比较面积相同、割草的有效长度相同的矩形刀片与弧状刀片的转动惯量。已知参数圆环两半径为 R、r，长方形长 $2R$，宽 $\dfrac{\pi(R^2-r^2)}{4R}$。显然 $\dfrac{\pi(R^2-r^2)}{4R} > R-r$，不妨用宽 $R-r$ 的矩形简便运算。由平行轴定理可知，两者绕轴的转动惯量可分解为两者绕其质心的转动惯量与质心绕轴的转动惯量。而两者质心绕轴的转动惯量相等，因而只需比较两者分别绕其质心的转动惯量。计算得 $J_{环} = \dfrac{mR^2}{2}$；

$J_{矩}=\dfrac{(5R^2-2Rr+r^2)}{3}$，$J_{矩}-J_{环}=\dfrac{m\ (7R^2+5r^2-4Rr)}{6}>0$。

（二）改进建议

镰刀主要利用了转动切割，由类似前面锄头的分析可知，适当增大刀柄长度、增大刀头的质量可以增大切割时的作用力。

同样地，为了增大切割力，刀锋部分楔形夹角应尽量小。

五、结论

广东农具中主要蕴含的物理知识与力学知识有关，对其分析并加以改进，可以显著提高生产效率，改善生产体验。

第六节 如何改善农村房屋通风采光的效果

吴蕴彦 伍昊 徐海青 李凤珍（华南师范大学附属中学高二7班）

指导老师黄爱国（华南师范大学附属中学）

本节介绍了农村的各种通风采光设施，剖析了它们的利弊，结合实际情况提出了一些可行的改善措施。

一、前言

光是人类在地球上生存的重要条件之一，假如没有光，植物就不能进行光合作用，动物就不能存活，人类也将不复存在。离生活最近的例子：没有光，人眼就看不到任何东西，人类也不能进行一切社会活动。空气是人类生存的物质基础之一，一个人的一生，无时无刻不在呼吸空气，如果一个人5天不喝水不至于死亡，10天不吃饭也不会死亡，但是3分钟不呼吸就要死亡。人类之所以能在地球上生产、繁衍，是因为地球有独有的大气环境。由以上两点看来，光与空气在人类的生产活动中占有很重要的地位。人们居住的房屋，一般都有良好的采光、通风设备，这对人体的健康必定是百利而无一害的。我们在广东清远市大连乡学农期间，对农村房屋的采光、通风效果进行了初步的研究。

二、现状

(一) 窗户

窗户是最主要的采光和通风设备。我们在清远市大连乡看到的大多数是古老的木板窗，其结构非常简单，仅由两块木板拼凑而成，连玻璃也没有，规格由 $30\times40cm^2$ 到 $55\times65cm^2$ 不等。这种木板窗打开时透光率为100%，关闭时透光率则为0，太过极端化。遇上春天梅雨季节，室内就是漆黑一片，伸手不见五指。加之木窗的简陋，防水性能甚差。雨水很轻易就从缝隙间渗入室内，使室内变得阴暗潮湿，滋生蚊虫，影响身体健康。

(二) 门

农村房屋的门比起城市住宅的门要大得多，尤其是在一些老旧的平房。经过在大连乡的调查，这些门的高度有3~4m，宽至少有2m。因此，我们觉得它的作用不仅是人们进出房间和室内的通行口，更重要的是，有利于采光和通风。这些高大的门打开时，室内不但能大量采光，更能流入大量新鲜的空气，改善室内空气质量。

(三) 窗花

窗花在城市中是很少见的，在农村却比较普遍。窗花不仅可以用于采光、通风，还可以美化居室。窗花一般设在屋墙的上部，类似于城市住宅的抽风机，缺点是下雨天时雨水容易通过窗花飘入室内。

(四) 天窗

天窗的作用主要是采光。在瓦房的房顶上，用做成瓦形状的玻璃代替瓦，利用玻璃的透明作用来采光。但由于天窗比较小，而且随着时间的推移，玻璃上会积累许多灰尘，大大减低了玻璃的透光率，所以天窗的采光效果并不明显。

三、改进措施

(一) 加强房屋设计和整体规划

解决房屋通风有两种方式：机械通风和自然通风。从农村的实际情况出发,应最大限度地利用自然通风。自然风的成因,从物理学的角度来分析,是热压作用和风压作用造成的压力差,引起空气流动,产生风。热压的成因是室内、外空气温差造成的空气密度差和进出口的高度差。风压是指风作用在建筑物上,由于空气动力的作用而产生的压力差。

为了更好地利用自然风,在房屋的朝向、间距,即布局方面,就必须注意如何创造自然通风条件。从自然通风角度分析,大连村夏季的主导风是南风,朝向南的房屋在风压作用下具有良好的自然通风优越性,一年四季大部分时间居民可享受舒适的生活环境。

对于居住房间内的小环境的通风效果,通过改变门窗的布局及门窗的开启方法也能产生极大的影响,从而满足对通风气流的走向和范围的要求,如图6-22所示的(1)(2)门窗位置促使对流风的风速加大,但风所扫及的面积却比较窄;(3)(4)的门窗位置促使对流风扫及房间的范围比较宽;(5)(6)由于入口风的位置不同,产生了两种效果区别较大的对流风。

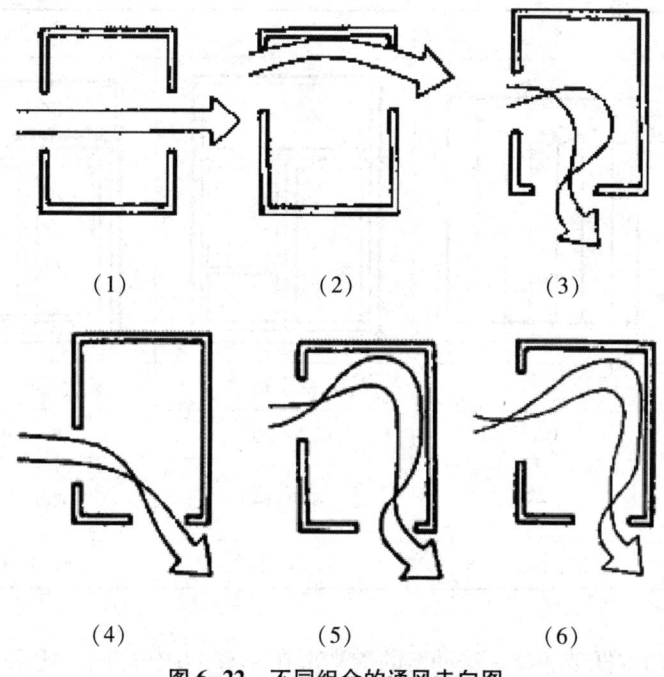

图6-22 不同组合的通风走向图

当房屋所在地的主导风和采光所要求的朝向不一致时,房屋设计可采用台阶式平面组合以及设置导流板的方法,改变气流的方向达到引风入室的效果;或利用窗户的开启来加强房屋的通风,如图 6-23 所示。

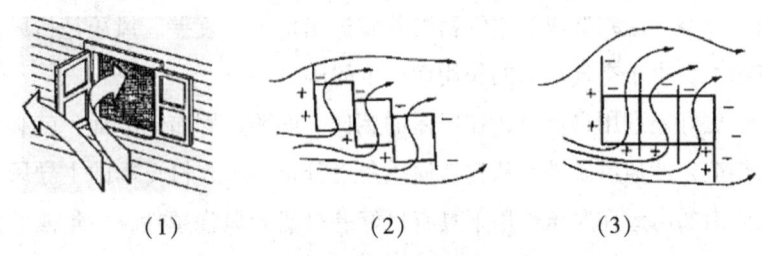

(1)　　　　　(2)　　　　　(3)

图 6-23　台阶式组合通风图

(二) 改用新型材料增大窗户面积

在农村,窗是自然通风和采光的最主要设施,窗的通风和采光作用取决于窗的面积和窗的形式(如表 6-4 所示)。

表 6-4　面积和形式对采光和通风的影响

房屋结构	平房	二层	二层半
窗户式样			
材料	木板	木框、玻璃	铝合金、玻璃
透光率	0%	47%~50%	77%~79%
窗户透光面积(m^2)	7~9	100~140	150~180
采光系数	1/12~1/8	1/14~1/7	1/13~1/7

1. 改用木框玻璃窗。这种窗的透光率在 47%~64% 之间,比木板窗要好得多,而且它的成本比较低,加工方便,适合农村经济水平。
2. 改用新型的铝合金窗。铝合金窗的优点在于耐久、坚固、防火、挡光

少,还可以节省木材,保护森林资源,最重要的一点是它对采光有利。铝合金窗的透光率在74%~79%之间,有利于增大采光系数的比值,使其达到一般居住房间采光系数为1/8的标准。特别是在气候炎热的南方地区,窗的面积要求大,甚至采用空透型窗口(只做挡雨措施,不做扇窗)。

结语

通过这短短的几天,我们在清远市大连村,不仅学到了做农活的基本技能,更让我们了解了我国农村的现状,发现了农村与城市的巨大区别,感受到自身的重大责任。我们是祖国未来的希望,我们要好好学习,为祖国的现代化建设做出贡献。

第七节 农村农业机械化发展初探

钟鸣 陈天鸿 周彦宁(华南师范大学附属中学高二7班)
指导老师黄爱国(华南师范大学附属中学)

笔者通过在清远市大连乡的实地调查和访问,对当地农业机械化发展情况进行分析,并以此推测中国南方农村农业机械化的现状及其发展前景。

1. 研究背景。中国自古以农立国,传统农业技术丰富而完备,尤其是改革开放以来中国农业所取得的巨大成就举世瞩目,被视为奇迹。而中国农村的机械化水平又如何呢?笔者借本次学农,调查清远市大连乡的农业机械化水平,借以推测我国南方农村的情况。

2. 研究目的。通过对清远市大连乡的农业机械化详细分析和研究,推测中国南方农业机械化的发展趋势,并提出改善现有设施的建议。

3. 研究方法。(1)考察地点:广东省清远市大连管理区西门村。

(2)调查方法:访问当地农户了解情况;实地考察摄影;查阅文献资料。

在人类历史上,生产工具是生产力发展水平的重要标志。从原始人刀耕火种到现在的农业现代化生产，从原始石器工具再到金属工具到现在的机器生产工具，生产工具已发展了一百几十万年。而当今中国农村的生产工具又已发展到了什么程度呢？现在让我们就清远市大连乡的农具情况来探讨一下，以达到以小见大的效果吧。

一、本村生产工具的整体情况

对本班学生入住的大连村 26 户全部调查。得到以下结果，如表 6-5 和图 6-24 所示。

表 6-5 农户拥有生产工具类型状况表

	收割工具	单位（户）	脱粒工具	单位（户）	运输工具	单位（户）
人力农具	镰刀	26	人力脱粒机	24	手推车	23
机械农具	机械收割机	0	柴油脱粒机	2	拖拉机	3
					摩托车	4

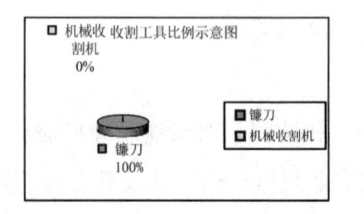

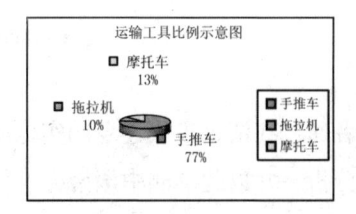

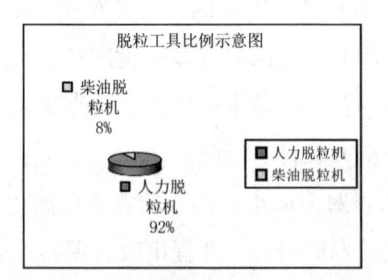

图 6-24 农户使用不同工具作业的比例图

其中一户既使用手推车，也使用摩托车；两户既使用手推车，也使用拖拉机。

总体来说，本村生产工具绝对倾向于人手操纵的工具，而某些机械化工具也初步开始应用。这样的生产工具应用架构往往使得农民生产效率不高，而且付出的劳力也较多。大连已是清远市里一个较富裕的农村，所以我国南方农村的生产工具发展情况可能会更差，有的农民可能需要使用扁担之类更为原始的工具。

二、具体分析本村生产工具状况

（一）人力工具与机械化工具比例严重失衡

从调查数据结果可以看出，大多数农民还是偏向于使用人力工具。其中原因很简单，就是使用人力工具成本低，无须耗材，这样就可以为农民平时微薄的收入节省一笔"生产工具机件损耗维修费"之类的费用了。况且农民经过十几二十年的劳动，他们已经习惯了使用人力工具。而机械化工具虽可以提高工作效率，但由于其本身价格昂贵，对年收入只有几千元的一般农民来说，实在负担不起这么一笔额外的费用。

（二）机械化工具虽已初露端倪，但使用率不高

对某些比较富裕，已添置了机械化生产工具的农户来说，他们仍不想频繁地使用机械化工具。我们从农户口中得到了原因："柴油脱粒机、拖拉机、摩托车都需要燃油，而燃油价格也不算便宜，所以一般都不会使用。除非是要赶着活干，才会拿出来用用，否则平时都是放在家里较多。"如此看来，由于农民不常使用机械化工具，所以更显得本村机械化程度低。

（三）农业机械化进程缓慢

农民虽然也知道农业机械化的好处，但是村内一些较为富裕的农户还是不肯投资购买机械化工具，仍然未意识到农业机械化的重要性和必然性。农民们大多是离土不离乡的兼业户，农忙时有在乡协助的可能，所以对农业机械化并不迫切，这就形成了农民能省就省的心态，导致了村内农业机械化的停滞不前。

三、造成农业机械化现状的原因

(一) 农村经济不发达,农业机械化欠缺资金

农户多为中低收入家庭,收入用于应付日常开支已捉襟见肘,没有多余资金投资于农业机械化方面。就算农民能够有一笔款项空余,但他们在朝不保夕的压力下仍然不敢贸然投资。这也是农村至今仍未实现农业生产机械化的主要原因。

(二) 农民对农业机械化认识不足,重视不够

大部分农民的知识水平都不高,加上政府的宣传教育不足,使得农民并未认识到农业机械化的重要性和必然性。有的农民在生产方面安于现状,认为农业机械化麻烦,多此一举。这也是造成现状的原因之一。

(三) 客观条件制约农业机械化的发展

我国南方地形以丘陵为主,田块一般较小,可机耕面积有限,使用大机器较难。这也成了阻碍农村机械化发展的其中一个因素。

总结以上三个因素,大致可知我国的基本情况。事实上,经有关调查,在1820—1950年这130年里,中美农业动力与生产工具的演变存在很大分别(见表6-6)。这就直接导致了中美农业现状的差距。直至1999年,美国每一位农业劳动者可供养约3000人,而中国只可以供养约100人。美国农业劳动力仅200万,而中国却超过6亿。可见,中国与其他发达国家的差距绝不是决定于投入劳动力的多少,而是决定于开发和利用新技术的能力。由此可见,大力发展中国的农业机械化是势在必行的。

表6-6 中美农业动力与生产工具的演变

	1820年以前	1820—1860	1860—1914	1914—1950
美国	耕牛与人力锄、犁、铲、耙、镰	牛、马、骡与人力犁、锄、兜、部分马拉农具	马、骡、蒸汽机各种马拉农机具	内燃拖拉机、马拉各种配套农机具
中国	耕牛、骡马与人力锄、犁、铲、耙、镰	同前	同前	同前

四、预测我国农业机械化的前景

在 1959 年 4 月，毛主席曾指出："农业的根本出路在于机械化。"[①] 要求农业机械化要"四年以内小解决，七年以内中解决，十年以内大解决"[②]。但由于对形势判断失误，这个愿望自然没有实现。在此后十几年内，即使全党动员、全民奋斗，遍地设厂、四处售机，所定目标仍远远无法实现。1980 年机械化程度最高的机械耕作一项也只达 41.3%，其余各项作业的机械化程度更是低得可怜。纵使到了今天，虽然机械化发展迅速，但仍未达到当年定下的目标，而且即使不考虑人口增多、耕地减少等因素，农用机械实际发挥的效率也令人怀疑。当然，在今天全国的"四个现代化"口号高呼的情况下，农业机械化的前景还是十分乐观的。只要政府加强对农民这方面的知识传播并多做宣传，以当今中国经济发展的速度，相信不久的将来农业机械化就可实现。但值得注意的是，在大力发展农业机械化的同时，必须注意结合农村的实际情况来发展。假如不注意这点，农业机械化不但无法实现，而且会得到反效果。例如，若在剩余劳动力严重滞积的农村里大力发展节省劳力的技术，这无异于"医脚以治眼疾"，越治越成问题。所以，只有在处理好各种关系的前提下，大力发展农业机械化，我国的农业才有可能飞速发展。

五、提高农业机械化的措施

把农业机械化提高到一个更高的水平，并非一朝一夕就可做到的事，必须有一套正确的政策。笔者就此抛砖引玉，提出几点建议，以供参考。

（一）政府加强对农民的宣传教育

农民由于客观条件所限，大部分未受过正规教育，因此，他们的知识水平低下，未能正确认识农业机械化，重视不够。政府可先加强人力资本投资，提高农民素质。通过加强教育，可以提高农民的知识水平，令他们充分重视农业机械化；提高农民投资决策的科学性、合理性，使他们不会盲目投

---

① 毛泽东．毛泽东文集：第八卷 [M]．北京：人民出版社，1999：49.
② 毛泽东．毛泽东文集：第八卷 [M]．北京：人民出版社，1999：49.

资，分散资金。另外，政府也要加强宣传农业机械化，使农民认识多些，为实现农业机械化做好铺垫。

（二）完善农村信贷功能

农业是一种自身效益偏低的特殊产业，这就直接制约了农业信贷投入的安全性、盈利性和周转率，所以农民不敢随便拿出银行里的储蓄来投资机械化。因此，政府必须完善农村的信贷政策，鼓励农民投资，才可以改善农业机械化的现状。例如，中国农业银行及一些农业信用社可实行"低息政策"，向一些较为贫穷的农户提供低息贷款，以供他们购买机械化工具。这样，农户就提高了生产效率，收入自然提高。若能全村实行的话，农村的经济自然被带动起来，而农民还款后又已得到了机械化工具，实在一举两得。

（三）村集资购买机械化工具，再按需分配使用

聚沙成塔，集腋成裘。农民若不愿单独购买机械化工具，可以选择集资购买。这种方法虽然可能短期内无法实现全村农业机械化，但长远来说，当农民体验到机械化工具的好处后，自然会下决心购买，这就可以实现全村农业机械化了，只是时间上可能会慢一点而已。

结语

总的来说，中国完全具备实现农业机械化的条件。但面对这个中国五十年都没有解决的问题，唯有靠全国人民共同努力奋斗，才有机会解决。我们期待着中国实现农业机械化的一天。

第八节　飞来峡水利枢纽工程发电及输电机制的调查报告

梁炜轩　葛长辉　陈梓凯　欧阳辰昊（华南师范大学附属中学高二）

指导老师蔡钳（华南师范大学附属中学）

飞来峡水利枢纽位于清远市东北约 40 千米的北江河段上，是广东省目

前最大的综合性水利枢纽工程。它主要以防洪为主，同时兼有发电、航运、供水和改善生态环境等作用，是北江流域综合治理的关键工程。

学农拉练期间，有一位向导叔叔向我们详细介绍了飞来峡水利枢纽工程的基本情况，深深感受到其对飞来峡的巨大作用，受此启发，我们以飞来峡的供电输电为切入点，进行了深入研究。

一、飞来峡水利枢纽工程的概括及重要地位

飞来峡水利枢纽工程是广东省最大的水利工程，用于纵向围堰防冲固堰，位于广东省北江干流中游清远市飞来峡管理区内，坝址控制流域面积3.41万平方千米，占北江流域面积的73%，水库总库容19.04亿立方米，防洪库容13.36亿立方米，多年平均年发电量5.54亿千瓦时。飞来峡水利枢纽工程的开发目标以防洪为主，兼顾航运、发电、养殖、供水、旅游和改善生态环境。

工程建成后，近期可将北江下游的防洪标准从50年一遇提高到200年一遇，远期在北江大堤加固后可防御300年一遇洪水，为北江下游提供更可靠的防洪安全保障。除结合发电调节下泄流量改善下游通航条件，还在库区形成干、支流渠化河道116千米，使通航标准大大提高，可通航300~500吨级船舶，年货运量可达475万吨。工程距广东省内用电负荷中心近，有条件进行调峰运行。对缓和广东省电力供需矛盾有一定的作用。库区上、下游有丰富的旅游资源。此外，工程还可以改善库区的生态环境，促进养殖业的发展。飞来峡水利枢纽工程是北江流域综合治理和开发利用的关键性工程。对保障广州市、佛山市和珠江三角洲及其他地区的防洪安全，促进粤北山区经济发展，具有十分重要的作用。库区一般以某一重现期（如10年一遇洪水、100年一遇洪水）的设计洪水为标准。在一般情况下，当实际发生的洪水不大于设计防洪标准时，通过防洪系统的正确运用，可保证防护对象的防洪安全。

二、飞来峡水利枢纽工程的发电机制

水轮机工作基本原理：在水轮机中，水流通过蜗壳的导流作用径向流入导水机构，将液体动能转化为静压能，再通过叶片将静压能转换为转子的动能。转轮通过主轴与发电机转子联轴，带动转子旋转并切割发电机定子磁力线圈，利用电磁感应原理在发电机线圈中产生高压电，再经过变压器升压通过输电线路将电力输出到电网中，水流最后轴向流出转轮。

飞来峡水利枢纽工程发电采用灯泡式贯流式发电，发电装机容量14万千瓦，可为清远市清城区供电提供一定保障。2014年3月，水库来水量20.62亿立方米，出库水量21.05亿立方米，其中发电水量17.55亿立方米，过闸水量3.50亿立方米。月平均发电流量655立方米每秒，发电水量利用率85.1%。月可发电量为6025万千瓦时。

飞来峡水利枢纽工程的特点如下：

（1）灯泡式：导水机构斜向布置，导叶呈圆锥形分布，发电机安装在灯泡形的引水壳体内，直接由水冷却，并以空心的固定支柱（围定导叶）作为进出机组的内部通道。灯泡体外尺寸越小，水流性能越好。

（2）过流部件简单。由于其过流部件简单，因而其水力损失较小，过流能力较大，它消除了立式机组蜗壳及时管所形成的弯曲流道，从而减小了由此产生的附加水力损失。

（3）结构紧凑。无蜗壳、座环及项盖等大件，使机组间距缩小，厂房建筑面积相应减少；且因其是卧轴布置，厂房起吊高度比立式机组低得多。

（4）能在极低水头下运行。

（5）机组尺寸相对庞大，特别是全贯流及灯泡贯流式水轮机，其结构较复杂，发电机在水下的密封和防潮问题，均有特殊的要求。

其组成部分如图6-25。

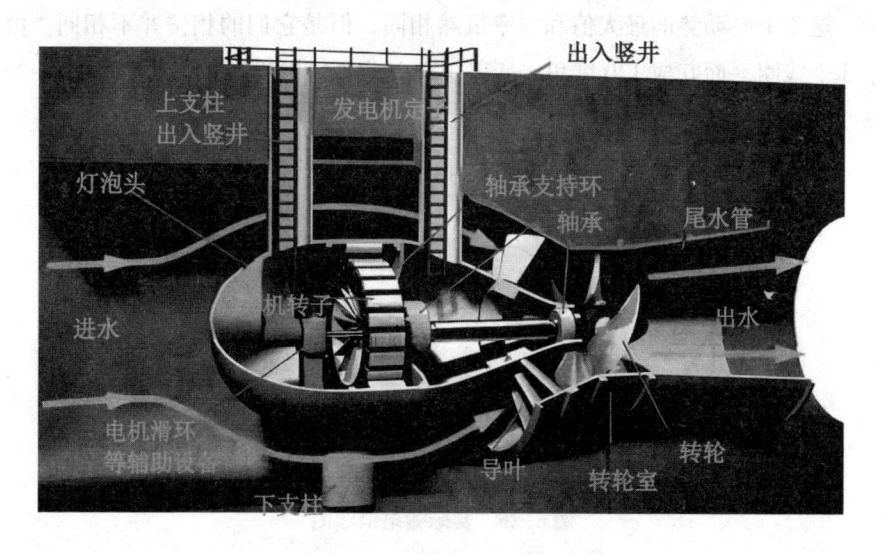

图 6-25 发电机的组成部分图

三、飞来峡水利枢纽工程的输电机制

飞来峡水利枢纽工程采用三相交流电进行输电。三相交流电是由 3 个频率相同、电势振幅相等、相位差互差 120°角的交流电路组成的电力系统。目前，我国生产、配送的都是三相交流电。三相交流电与单相交流电相比有很多优越性，在用电方面，三相电动机比单相电动机结构简单、价格便宜、性能好；在送电方面，采用三相制，在相同条件下比单相输电节约输电线用铜量。实际上单相电源就是取三相电源的一相，然而，三相交流电得到了广泛的应用。

使一个线圈在磁场里转动，电路里只产生一个交变电动势，这时发出的交流电叫作单相交流电。如果在磁场里有 3 个互成角度的线圈同时转动，电路里就发生 3 个交变电动势，这时发出的交流电叫作三相交流电。

交流电机中，在铁芯上固定着 3 个相同的线圈 AX、BY、CZ，始端是 A、B、C，末端是 X、Y、Z。3 个线圈的平面互成 120 度角，匀速转动铁芯，3 个线圈就在磁场里匀速转动。3 个线圈是相同的，它们发出的 3 个电动势，最大值和频率都相同。

这 3 个电动势的最大值和频率虽然相同,但是它们的相位并不相同。由于 3 个线圈平面互成 120 度角,所以 3 个电动势的相位互差 120 度。图 6-26 是实际输电电线图。

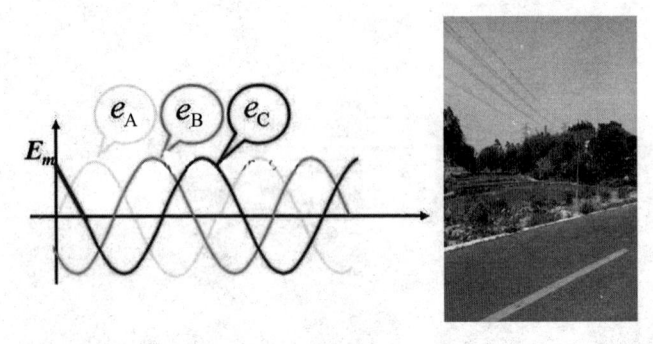

图 6-26　实际输电电线图

交流的一回线路有 A、B、C 三相,输电铁塔最顶端顶着的是避雷线。雷暴多的地区或电压等级高的线路是两根避雷线,雷暴不严重或电压等级低的线路可以减少到一根避雷线,这个是从工程实际和省钱的角度选择的,反正大家看到最顶端细细的一或两根线就知道是避雷线了。

避雷线都是跟铁塔相连的,为的是把雷击时的电流顺着铁塔引到地里面。不过在接的时候,避雷线和杆塔中间是有段绝缘体或绝缘子的,仔细看,能看到跳线。这样做的目的是可以在雷击时方便击穿泄流,同时在平时减少输电损耗。如果避雷线直接连着铁塔,则线中对导线的感应电流会直接流入大地,导致输电损耗。

避雷线一般用于高电压等级的空旷地区的输电铁塔,我们目前看到的电线杆上一般很少有避雷线:一是电线杆一般在城市内,有其他更高的建筑易被雷劈;二是低电压等级的电线杆无法输送大量电,架避雷线的成本高。

避雷线下面就是输电线路了,根数都是 3 的倍数,3 根线的叫一回线,6 根线的叫两回线,12 根的叫四回线,每一回里都有 A、B、C 三相的 3 根线。

参考文献

一、著作

[1] 郭玉英，姚建欣，张玉峰．基于学生核心素养的物理学科能力的研究 [M]．北京：北京师范大学出版社，2017．

[2] 怀特海．思维的模式 [M]．姜骞，译．成都：天地出版社，2019．

[3] 教育部基础课程教材专家工作委员会．普通高中物理课程标准（2017年版）解读 [M]．北京：高等教育出版社，2018．

[4] 申克．学习理论 [M]．何一希，译．6版．南京：江苏教育出版社，2012．

[5] 斯腾伯格．认知心理学 [M]．杨炳钧，陈燕，邹枝玲，译．3版．北京：中国工业出版社，2006．

[6] 张大同．通向金牌之路 [M]．杭州：浙江大学出版社，2013．

[7] 张庆林，邱江．思维心理学 [M]．重庆：西南师范大学出版社，2007．

[8] 中国高考报告学术委员会．中国高考报告（2022）[M]．北京：新华出版社，2022．

[9] 中华人民共和国教育部．普通高中物理课程标准 [M]．北京：人民教育出版社，2018．

二、期刊

[1] 蔡建国．"一个目的，两个构建"：提升学生解决实际问题的能力

[J]．物理教学，2016，38（8）．

[2] 蔡钳，陈信余．创设情境体验 引入概念教学［J］．中学物理教学参考，2020，49（28）．

[3] 蔡钳，卢志军．变换运动形式场景 促进策略高路迁移［J］．中学物理教学参考，2015，44（9）．

[4] 蔡钳．一类碰撞问题的深度分析与思维过程［J］．物理教师，2020，41（10）．

[5] 蔡钳．由"铁球下落"引发的思考［J］．物理教师，2022，43（7）．

[6] 蔡钳．在"万有引力定律"的教与学中寻找学科的核心素养［J］．中学物理教学参考，2016，45（13）．

[7] 曹宝龙．基于学科核心素养的学业质量评价探索［J］．物理教学探讨，2018，38（6）．

[8] 邓靖武．大概念统摄下物理单元知识结构构建及教学探讨［J］．课程·教材·教法，2021，41（1）．

[9] 杜爱慧．学生有效提问的特征及策略分析：以物理课堂教学为例［J］．中国教育学刊，2013（10）．

[10] 胡晓雄．从教育生态学视角对物理课堂有效提问的思考［J］．物理教学探讨，2015，33（2）．

[11] 贾丽芳，刘健智．中学生物理分析与综合思维方法的培养［J］．湖南中学物理，2010（6）．

[12] 江秀梅，刘大明．物理建模与物理解模教学探究：以"轻物"模型教学为例［J］．课程教学研究，2018（9）．

[13] 蒋伟波，赵坚．物理核心素养的试题命制与评价策略研究：以物理观念为例［J］．物理教学，2019，41（11）．

[14] 蒋炜波，王宏．物理实验的设计如何指向学生科学思维的培养［J］．物理教学，2019，41（12）．

[15] 李春密．物理实验操作能力的结构模型初探［J］．学科教育，2002（6）．

[16] 李俊鹏. 以"宇宙航行"为例谈基于核心素养导向的教学设计 [J]. 物理教师, 2019, 40 (6).

[17] 李康思, 王连红. 根据教材插图编写习题的尝试 [J]. 物理教师, 2008 (2).

[18] 李双艳, 吴伟. 高中物理教材插图资源的开发与利用探究 [J]. 物理通报, 2016 (11).

[19] 李正福, 谷雅慧. 论物理核心素养视野下的科学思维教育内容 [J]. 课程·教材·教法, 2018, 38 (2).

[20] 梁树森, 张晓灵, 王文莲. 解决社会生活情景物理问题的思维过程及特点 [J]. 中学物理教学参考, 2008 (3).

[21] 梁旭. 科学论证试题的特点及对教学的启示 [J]. 物理教学, 2021, 43 (6).

[22] 楼松年. 思维进阶视阈下物理模型学习引导路径探索: 以"质点"模型教学为例 [J]. 物理教师, 2021, 42 (9).

[23] 马亚明. 高中物理课堂如何做到有效提问 [J]. 物理教学, 2014, 36 (10).

[24] 任虎虎. 物理教学中有效提问的策略浅析 [J]. 物理教学, 2015, 37 (2).

[25] 宋军锋. 物理临界与极值问题的数学方法 [J]. 中学物理教学参考, 2009 (6).

[26] 孙龙周. 指向学生科学思维的初中物理教学 [J]. 物理教师, 2023, 44 (5).

[27] 魏兴, 高杰. 高中学生科学推理能力发展水平的诊断与分析 [J]. 考试研究, 2021 (2).

[28] 夏旭, 姜玉梅, 柏杨, 等. 2021年高考物理试题中科学推理能力考查的定量分析 [J]. 物理通报, 2022 (4).

[29] 徐斌. 分析与综合思维在物理教学中的渗透 [J]. 物理教师, 2017, 38 (1).

[30] 杨佳婷, 张军朋. 基于教材逻辑解读高中物理人教版新教材的改

变：以"电磁感应"内容为例［J］．物理通报，2021（1）．

［31］杨卫婵．建构物理模型 提升学科核心素养：以2022年6月浙江省高考题第21题为例［J］．物理教师，2022，43（9）．

［32］应俊．创设教学情境 激活课堂思维 发展核心素养：以高中物理"超重与失重"教学为例［J］．物理教学，2020，42（4）．

［33］余耿华．指向高阶思维的高中物理实验闯关教学策略探索：以必修1"力的分解"一课为例［J］．物理教师，2020，41（7）．

［34］赵绍明，王腾．用真实情境促成物理思维进阶：以"自由落体运动"教学为例［J］．物理教师，2021，42（3）．

［35］郑维鹏．测定电源的电动势和内阻实验误差分析方法探讨及拓展［J］．物理教师，2010，31（7）．

［36］周雨青，叶兆宁，吴宗汉．球类运动中空气阻力的计算和分析［J］．物理与工程，2002（1）．

三、学位论文

［1］蔡日宇．基于广州中考物理实验操作考试的实验教学改进研究［D］．广州：广州大学，2021．

［2］解问鼎．基于数字实验平台的中学生物理实验操作能力智能化测量与评价系统研究［D］．苏州：苏州大学，2015．

［3］罗雁雁．基于高阶思维发展的高中物理课堂提问策略研究［D］．福州：福建师范大学，2020．

［4］肖花．中学生物理问题解决的思维障碍分析及教学对策研究［D］．长沙：湖南师范大学，2009．

［5］杨洪山．高中物理实验教学中促进学生创新思维发展的策略探讨［D］．济南：山东师范大学，2011．

［6］岳大楚．基于新课标高中物理科学思维培养的研究［D］．上海：华东师范大学，2022．

［7］邹家俊．高中物理"学生必做实验"教学现状的调查研究［D］．广州：广州大学，2023．

附录　华南师范大学附属中学学生物理实验能力发展评价报告

班级＿＿＿＿＿＿　学号＿＿＿＿＿＿　姓名＿＿＿＿＿＿

评价时间：＿＿＿＿年＿＿＿＿月＿＿＿＿日

评价项目	评价内容	自我评价 A B C D	小组评价 A B C D
学习态度	・积极主动地反思以往的学习过程，优化自己的学习方法，勤奋刻苦，不断进步，有进取心 ・对待学习有很浓的兴趣和热情，以及旺盛的求知欲		
参与程度	・踊跃发表个人意见，敢于提出问题 ・积极动手，敢于改造实验 ・参加物理小论文、小发明、小制作		
合作意识	・主动配合教师、同学，互相促进 ・积极参与讨论与探究，愿意帮助同学 ・积极主动分担任务		
探究意识	・能通过个人思考或与同学讨论进行实验探究活动 ・善于观察、猜想，把看到的现象归纳为规律 ・积极参与完成实验探究，有积极探索坚持真理的态度		
实验技能	・设计实验方案 ・动手操作能力 ・完成实验的能力		
评价态度	・公平、公正、如实进行自我评价和评价他人 ・评价过程认真、负责、诚信		
个性素养	・能经受考验、有耐力、踏实、不断进取等个性与生存能力		
出勤情况	・未出勤时数及原因 ・出勤时数		
突出表现	・进步程度 ・相关特长		

续表

评价项目	评价内容	自我评价				小组评价			
		A	B	C	D	A	B	C	D
自我小结									
综合评价等级	自我评价得分		小组评价得分		教师评价得分				
	本人签名		组长签名		教师签名				

注：评价得分满分10分，10、9分为优秀，8、7分为良好，6分为一般，5分为有待改进。